살아 역사하는 믿음

OF FAITH II

by

David Clarkson

살아 역사하는 믿음

차 례

추천의 글_ 박순용 목사 ……………………………………………… 7
옮긴이 머리말_ 송영의 목사 ……………………………………… 11
지은이 머리말_ 데이비드 클락슨 ………………………………… 14

제1장_ 무엇이 믿음으로 사는 삶인가? …………………………… 17
  1. 믿음의 행동들
  2. 믿음의 대상이신 하나님

제2장_ 어떻게 믿음으로 살 수 있는가?(1) ……………………… 27
  1. 하나님의 속성
  2. 그리스도의 사역들

제3장_ 어떻게 믿음으로 살 수 있는가?(2) ……………………… 61
  1. 약속 안에서 살아 움직이는 믿음
  2. 절대적으로 믿어야 할 약속의 성취

제4장_ 믿음으로 구하는 기도 ……………………………………………… 89

  1. 필요조건

  2. 기도에 없어서는 안될 본질적인 요소들

제5장_ 믿음의 기도를 드릴 수 있게 하는 격려들 ……………………… 105

  1. 기도를 듣고 계신다는 확신 위에서

  2. 호칭과 속성들이 보장하는 약속 위에서

  3. 기꺼이 응답하시겠다는 풍성한 증거들과 격려들

제6장_ 믿음의 기도에 대한 확신 ……………………………………… 149

  1. 믿음의 기도에 대한 특별한 확신

  2. 낙심케 하는 것들

  3. 믿음으로 기도하고 있는가에 대한 점검

제7장_ 믿음의 기도를 확신하지 못하는 자들에게 ……………………… 187

   1. 확신의 근거가 되는 빛과 증거

   2. 추정의 기도와 육적인 확신, 그리고 믿음의 기도의 구별

제8장_ 믿는 자, 믿음 안에서 죽다 ………………………………………… 211

   1. 믿음 안에서 죽은 믿음의 선조들

   2. 적용 – 우리가 본받아야 할 선조들의 삶과 죽음

   3. 믿음에서 살고 죽으라는 명령

제9장_ 믿는 자, 이 땅에서 나그네로 살다 ……………………………… 225

   1. 믿음 안에서 죽는 길은 나그네로서 사는 것

   2. 하나님의 사람이라고 자처하는 자들에게의 적용

추천의 글

믿음으로 살기를 원하는 이에게
확신의 근거를 제시하는 책

박순용 목사

청교도들은 어떤 내용이든지 성경이 말하는 것을 폭넓게 살피고 그 핵심에 깊이 다가가는 자들입니다. 그러한 특징은 '믿음'에 관해서도 결코 예외가 아니었습니다. 특히 저자 데이비드 클락슨이 쓴 *Of Faith*(이 책, '살아 역사하는 믿음'과 그 전편에 해당하는 '구원 얻는 믿음')는 하나님과 믿는 자 사이에 존재하는 '구원에 합당한 믿음'에 대해 그 믿음의 본질이 무엇인가를 명쾌하게 정리한 책입니다.

예수 믿는 사람들이 믿음의 대상이신 성부, 성자, 성령 하나님 이외에 가장 흔하게 사용하는 말이 있다면, 그것은 바로 '믿음' 혹은 '신앙'이라는 말일 것입니다. 그 이유는 한 사람이 그리스도인이 되는 과정에서부터 그 이후로 이어지는 모든 삶, 즉 죽는 그 순간까지의 삶을 믿음과 연관해서 말하게 되고 그것을 '믿음의 삶'이라고 말하기 때문입니다.

여기서 한 가지 흥미로운 사실은 교회 안의 많은 사람들이 그처럼 근본적이고도 중요한 '믿음'을 의외로 너무 막연하게, 그리고 단편적으로 알고 있을 뿐만 아니라 왜곡되게 이해하고 있다는 사실입니다. 극단적으로는 그 믿음을 거의 자기 암시와 신념 정도의 수준으로 여기며 적용하기까지 합니다. 물론 그런 식의 왜곡과 무지가 현실 속에 있게 된 것은 가르치는 사람들이 더러는 믿음을 너무 성공주의적인 시각에서 해석하고, 그런 관점을 반영한 예화들과 간증들을 통해 그것들이 마치 믿음의 전형인 것처럼 전하고 수용하기 때문이기도 합니다. 그러나 성경을 바르게 아는 사람들, 그리고 성경이 말하는 믿음을 따라 진지하게 살려고 하는 사람들은 그처럼 왜곡되고, 심지어 미신적이기까지 한 믿음에 대한 보편적인 이해와 분위기 때문에 때때로 당혹스러움과 혼란에 빠집니다.

특히 믿음이 무엇인지에 대해서 잘 알지 못하는 그러한 현실과 그릇된 신앙관으로 인해서 형성되는 믿는 이들의 왜곡된 삶은 기독교를 오염시킬 뿐만 아니라 불신자들로 하여금 기독교를 오해하게끔 만듭니다. 뿐만 아니라 세대를 거치면서 그 정도가 더욱 심해지고 있습니다. 그 증거는 성경이 말하는 믿음을 아주 단순화시키는 추세를 보아서 알 수 있습니다. 아니 사람들이 그것을 정답처럼 알면서 받아들이고, 그렇게 살며 더 나아가서 그렇게 가르치고 있다는 사실이 그 증거라 할 수 있겠습니다.

믿음에 관한 최고의 강론

그러한 현대의 추세를 잘 지적한 근래의 글들 중에는 존 맥아더(John MacArthur Jr.) 박사의 『무모한 신앙과 영적 분별력』(Reckless Faith, 생명의 말씀사), 『구원 얻는 믿음이란 무엇인가』(The Gospel According To Jesus, 여수룬), 『역사하는 믿음』(Faith Works, 죠이 선교회)이 있습니다. 그 중에서 나중의 두 권은 세트로서 청교도들이 균형 있게 강조한 믿음론을 반영하고 있습니다. 그러나 그 내용의 깊이와 풍성함은 역시 청교도들의 그것에 미치지 못했습니다.

이 책 『살아 역사하는 믿음』은 믿음에 관한 청교도의 대표적인 글이면서도 동시에 믿음에 관한 모든 것, 곧 구원 얻는 믿음(Saving Faith 또는 Justifying Faith)에서부터 믿음으로 사는 것(Living by Faith)과 믿음과 기도(Faith in Prayer), 그리고 믿음 안에서 죽는 것(Dying in Faith)과 나그네로서 사는 것(Living as Stranger)까지 그야말로 믿음의 처음과 나중을 총망라하고 있는 특징적인 글입니다.

청교도들이 남긴 믿음에 관한 글들 중, '최고의 내용'으로 여겨지고 있는 것은 토마스 굿윈(Thomas Goodwin)이 쓴 『의롭다함을 얻는 믿음』(Of the Object and Acts of Justifying Faith)입니다. 그것은 클락슨이 강론한 것의 세 배 분량의 대작입니다. 그 외에도 리챠드 백스터(Rechard Baxter)가 쓴 『믿음의 삶』(The Life of Faith)과 윌리엄 브릿지(William Bridge)와 토마스 만톤(Thomas Manton)이 믿음에 관해서 설교한 것들이 주목할 만합니다. 그리고 뒤이은 시대 속에서 주목할 만한 책은 청교도 시대 말에 스코틀랜드 언약도의 후예로 사역했던 토마스 핼리버튼(Thomas Halyburton)의 설교집과 18세기 부흥 시대의 윌리엄 로메인(William Romaine)이 제법 길게 쓴 『믿음의 삶과 동행과 승리』(The Life, Walk and Triumph of Faith)가 있습니다.

그러나 토마스 굿윈의 글을 제외한 대부분의 글들은 '구원 얻는 믿음' 또는 '의롭다함을 얻는 믿음'만을 다루거나 '역사하는 믿음' 또는 '믿음의 삶'만을 다루고 있습니다. 그에 반해서 클락슨의 이 책은 믿음에 관해서 이를 총체적으로 다룰 뿐만 아니라, 그 내용을 대중에게 설교한 것으로 비교적 평이한 호소력을 띠고 있습니다. 그러하기에 믿음에 대한 왜곡된 이해로 인해서 혼합주의적인 신앙 태도와 삶을 가지고 있는 우리의 현실을 생각하면 이 책은 너무나 시대 적절하고도 가치가 있는 책이라고 할 수 있습니다.

성경이 말하는 믿음의 삶을 살고 싶다면

일찍이 매튜 미드(Matthew Mead)는 그의 글 *The Almost Christian Discovered*(유사 그리스도인, 장호익 옮김, 2000, 지평서원 간)에서 구원에 대한 그릇된 확신에 안주하다가 어느날 갑자기 마지막 날을 맞는다면, 그는 얼마나 비참한 사람인가고 묻습니다. 그렇습니다. 구원을 얻게 하는 확실한 믿음은 바로 성경이 말하는 그 믿음 외에는 달리 없을 것입니다.

그러므로 누구든지 성경이 말하는 믿음의 삶을 살고 싶다면, 아니 믿음으로 살고 믿음 안에서 죽기를 원한다면, 그래서 믿음의 승리를 얻고 싶다면, 먼저 이 책을 통해서 믿음에 대한 바른 이해를 가지기를 권합니다. 이 책과 이 책에 앞서 나온 같은 저자의 글 『구원 얻는 믿음』은 이 책과 함께 읽으면 더욱 유익할 것입니다. 물론 다소간에 인내를 요할 부분도 있을 것입니다. 그러나 그 수고는 천금 같은 가치를 독자에게 안겨 줄 것입니다.

박순용(朴淳用) 목사는 총신대 신학과를 거쳐 동대학 신학대학원을 졸업한 후, 영국 Free Church College of Edinburgh와 The Evangelical Theological College of Wales에서 영국의 18세기 부흥과 청교도를 연구했습니다. 그 후 호주 퍼스(Perth) 한인 장로교회에서 담임목회를 하다가 귀국하여 현재 서울 강동구 암사동 소재 하늘영광교회를 담임하고 있습니다.

옮긴이 머리말

이 책을 통해
성숙한 믿음의 정진이 있기를

송영의 목사

　청교도의 저작을 한글로 번역하는 것은 엄살 같지만 정말 쉽지 않은 일입니다. 그 글들에 쓰인 영어는 현대 영어가 아니라 적어도 백 년 이상이 지난 고어이기 때문입니다. 지난날 기미독립선언문을 배워보신 경험이 있는 분들은 아마 이해하실 것입니다. 채 백 년도 되지 않은 글이지만 어찌 그리 낯설고 이해가 안 되던지요. 청교도의 저작은 그보다 훨씬 더 오래된 영어로 이뤄진 작품들입니다. 때로는 현대 영어에서 단어의 뜻이 변했기 때문에 갈팡질팡할 때가 있습니다. 그 때는 기도하는 수밖에 없습니다.

　청교도 저작들은 대부분 그들의 설교를 필사해서 출판한 것들입니다. 그러므로 때로는 논리적으로 비약하는 부분들이 있어서 이해하기가 쉽지 않습니다. 영문판 편집자가 독자들의 편의를 위해 번호를 붙여 나가다가, 내용이 아주 장황하게 들어가는 부분에 있어서는 때로는 혼동을 하고, 때로는 포기를 한 듯한 부분이 있는 것을 여러 차례 발견했습니다. 그래서 잘못된 번호를 바로잡고, 없는 번호를 새로 붙이기도 했습니다. 사실, 영문판 그대로를 번역하는 것이 속 편하기는 합니다. 그렇지만 번역하는 사람이 이해되지 않는다면 읽는 사람들은 더욱 그러하리라 싶어서, 몇 번 지웠다가 다시 붙이고, 새로 붙이는 작업을 반복했습니다.

　설교를 필사했기 때문에 전문적인 출판을 위해 준비된 원고가 아니므로, 영문판 자체에서 성경 인용이나 원어 인용에서 더러 오류가 있기도 합니다. 옛날에 출판되었으므로 조판상의 오류도 상당수 포함되어 있습니다. 그러므로 어떤 때는 마치 퍼즐 조각 맞추기 작업을 하는 것처럼 바른 성경 본문을 찾기 위해 성경의 여기저기를 찾아 헤매게 됩니다. 성구사전이나 원어사전의 이곳저곳을 기웃거리게 됩니다. 그러다가 마침내 제대로 발견하게 되면, 숨겨진 보물을 찾거나 한 것처럼 탄성을 지르게 됩니다.

　신학적으로도, 현대의 신학은 청교도들의 신학보다 사소한 부분이기는 하지만 훨씬 풍부해졌습니다. 예를 들어, '회개'라는 헬라어 단어인 〈메타노이아〉를 〈메트〉 + 〈아노이아〉라고 해석하는 것입니다. 고고학 자료들이 많이 발굴된 상태에서 발전한 헬라어 지식으로 볼 때, 이것은 〈메타〉 + 〈노이아〉가 되어야 합니다. 생각과 행동을 전적으로 바꾸는 것입니다. 이런 것에 역자주를 많이 붙이면 글의 흐름을 방해할 것 같아서, 역자주를 붙이지 않고 그냥 지나갔습니다. 혹시라도 주의하시기 바랍니다.

　그렇지만 이런 신학적인 것은 청교도들의 신학에서 정말이지 어쩌다가 하나 있는 실수입니다. 정직하게 말하자면, 현대의 뛰어난 신학 저서들도 이런 정도의 실수에서 예외는 없을 것입니다. 오히려 청교도들은 현대 신학자들이 생각하지 못하는 중요한 성경 교리를 아주 깊게 다뤄 주므로, 잃어버려서는 안 되는 귀중한 유산입니다. 말 그대로 '영원한 고전'인 것입니다.

　현재의 여러 한글 번역에서 번역자들이 그냥 편하게 번역하는 어떤 용어들은(특히 십자가 구속에 관련된 중요한 용어들은), 사실은 더 정확하게 번역되어야 깊은 은혜를 제대로 전달할 수 있습니다. 부족하지만 거기에도 신경을 쓰려고 노력했습니다. 이 책의 전편인 경건신서 28번 『구원 얻는 믿음』의 pp. 59-61에 있는 각주 2번을 참고하시기 바랍니다.

번역의 짐을 내려놓고 역자의 마음을 가볍게 펴는 곳에서 이렇게 장황하게 말씀드리는 것은, 청교도 서적의 번역이 요즘 나오는 경건서적처럼 가볍게 할 수 있는 것이 결코 아니어서, 번역 자체가 아니라 엉뚱한 것에 신경을 쓰다 보니 때로는 번역이 애매하게 표현되거나 거칠게 표현되었는데도, 그것을 매끄럽게 다듬지 못한 경우가 더러 있기 때문에, 괜히 송구스러운 마음에 양해를 구하기 위해서입니다. 그리고 이런 어려운 작업을 묵묵히 감당하고 읽을 만한 책으로 정성들여 출판하는 몇몇 출판사나 번역자들을 위해, 생각날 때 한 번쯤 기도해 주십사 하는 마음을 전하기 위해서입니다.

초역으로 도와주신 김대혁 목사님과 안석일 목사님께 감사드립니다. 또 어려운 작품들을 양서로 만들기 위해 항상 애쓰시는 지평서원 박은 장로님께 감사드립니다. 두꺼워서 가까이 하고 싶지 않은 책이 될 뻔했는데, 다루거나 읽기 좋은 두께로 나눠서 전편과 후편으로 편집한 것은 장로님의 공입니다. 그리고 읽기 편한 책으로 출판하기 위해 수고하신 편집실 여러분들께 감사드립니다. 이 책을 읽으시는 여러분들께 청교도들 같은 성숙한 믿음의 정진이 있으시기를 기원합니다.

옮긴이 올림.

지은이 머리말

믿음으로 사는 삶, 그리고 죽음

데이비드 클락슨
(David Clarkson)

"오직 나의 의인은 믿음으로 말미암아 살리라"(히 10:38).

이 말씀은 하박국서 2장 4절, 로마서 1장 17절, 갈라디아서 3장 11절과 여기, 이렇게 모두 네 번 성경에 나타나는 말씀입니다.[1] 로마서와 갈라디아서에서, 로마인들과 갈라디아인들은 의로움을 중요시했기 때문에 바울은 우리가 믿음으로 의롭게 되었다는 것을 증명하고자 이 말씀을 사용하였습니다.

---

1. 합 2:4 보라, 그의 마음은 교만하며 그의 속에서 정직하지 못하니라. 그러나 의인은 그 믿음으로 말미암아 살리라.

롬 1:17 복음에는 하나님의 의가 나타나서 믿음으로 믿음에 이르게 하나니, 기록된 바 오직 의인은 믿음으로 말미암아 살리라 함과 같으니라.

갈 3:11 또 하나님 앞에서 아무나 율법으로 말미암아 의롭게 되지 못할 것이 분명하니, 이는 의인이 믿음으로 살리라 하였음이니라.

하박국서 2장 4절과 하박국서 전체에서, 그들은 하나님과 하박국 선지자의 대화를 중요시했으며, 그래서 무엇이 모든 위험과 곤핍한 상황 가운데 있는 의인들을 안전하게 하며, 또한 도와주는지를 이 말씀을 통하여 제시하였습니다.

이 선지서는 1장에서 갈대아 사람들이 유대인들에게 가져다줄 재앙에 대하여 예고하고, 바로 이 구절에서 선지자는, 믿음만이 이 모든 비참한 상태에서 의로운 자가 택할 수 있는 가장 안전한 대책이라고 말합니다. 의인은 믿음으로 살게 되고, 다른 사람은 칼로 죽게 될 것임을 말합니다. 유대가 진노의 물결로 일렁거릴 때, 믿음이 의인을 살게 하고, 수면 위로 머리가 나올 수 있도록 합니다.

또한 히브리서 기자 역시 하박국서의 이 말씀을 가져와서[2] 히브리인들의 안전책은 믿음이라고 주장하고 있습니다. 그들이 이 땅에 있는 동안, 즉 다시 오리라 약속하신 주님께서 오셔서 그들에게 믿음의 완성을 주시기 전까지는 믿음이 그들의 안전책이라고 주장합니다.

히브리서 기자는 히브리인들에게 인내하며 믿음의 절개를 지킬 것을 독려하고, 간곡히 타이르고 있으며(히 10:31 참고), 인내는 믿음이 완성되기 위해서 반드시 필요한 것이라고 제시하고 있습니다(히 10:36 참고). 또한 그들이 인내로써 믿음을 훈련하는 것은 지겨운 것이 아니며, 열매가 없는 것이 아니라고 합니다. 왜냐하면 주님께서 오셔서, 영광의 승리로 그들의 인내에 상을 베푸실 것이기 때문입니다. 그러기까지, 의인들은 필요한 것을 공급받아 살아가며, 모든 위험과 역경에서 안전할 것입니다.

"의인은 믿음으로 말미암아 살리라."

---

2. 그는 70인역을 따랐기에, 뒷부분에서 히브리어 본문을 따르지 않았습니다.

그러하다면 의인이 믿음으로 살아가는 것은 특권인가, 아니면 의무인가? 라는 논제가 불거집니다.

이에 답하기 위해서, 저는 다음과 같은 방법으로 진술해 나가고자 합니다. 무엇이 믿음으로 사는 삶인가? 어떻게 살아야 믿음으로 살 수 있는가? 그리고 믿음으로 사는 자에게 있어서의 기도, 믿는 자에게 있어서의 확신의 문제, 믿음 안에서의 죽음, 이 땅에서의 나그네의 삶에 대하여 논하겠습니다.

제1장

무엇이 믿음으로 사는 삶인가?

믿음으로 사는 것은 일회적이며 일시적인 행동이 아니라, 습관적이며 영원한 행동입니다. 그러므로 다른 행동의 본질과는 달리, 믿음으로 사는 삶의 본질은 그 행동과 대상 속에서 잘 나타납니다.

I. 믿음의 행동들

성경은 믿음의 행동을 의존(依存)과 의지(依支)의 개념으로 설명합니다. 그래서 우리는 이렇게 서술할 수 있습니다. 믿음으로 사는 것은 마치 우리가 어떤 특정한 사람이 없이는 살아갈 수 없듯이, 하나님을 계속해서 의지하는 것을 말합니다. 여기에는 세 가지 요소가 있습니다.

1) 하나님 없이 살아갈 수 없다는 인식과 지식

이것을 우선적으로 인정해야 합니다. 우리의 삶은 그분께 달려 있습니다. 우리의 생명과 생명의 폭과 범위, 그 생명에 속한 모든 것들, 육체와 영혼의 생명과 생명력, 존재와 행복, 행동, 그리고 생명을 유지하는 모든 것들은 하나님께 달려 있습니다. 영혼이 육체를 살아 있게 하며 행동하게 하듯이, 하나님께서는 영혼을 살아 있게 하시며 행동하게 하십니다. 마찬가지로 그리스도께서는 영혼을 활기차게 만드시며 움직이게 하십니다.

육체는 영혼이 없으면 살아갈 수도, 움직일 수도, 자라날 수도, 듣고 볼 수도, 냄새 맡고 만질 수도 없습니다. 그리스도 없는 영혼도 이와 마찬가지입니다. 그리스도께서는 영혼의 생명이시고, 믿음은 그 둘을 묶어 주는 것으로 영혼을 그리스도와 연합되도록 합니다. 그러므로 믿음을 통하여 우리가 살며, 믿음은 우리를 삶의 원리, 즉 그리스도와 연합되도록 합니다.

갈라디아서에서 이 둘은 탁월하게 제시되어 있습니다. "내가 그리스도와 함께 십자가에 못 박혔나니, 그런즉 이제는 내가 산 것이 아니요, 오직 내 안에 그리스도께서 사신 것이라. 이제 내가 육체 가운데 사는 것은 나를 사랑하사 나를 위하여 자기 몸을 버리신 하나님의 아들을 믿는 믿음 안에서 사는 것이라"(갈 2:20). 비록 육체가 살아 숨을 쉰다고 하더라도, 그 속에 영혼이 없으면 그 육체는 산 것이 아닙니다.

또한 살아 있는 생명은 영혼과 연합한 생명입니다. 이와 같은 관점에서 보면 영적인 차원에서 영혼이 살아 있다고 할지라도, 그리스도께서 그 속에 계시지 않으면, 그것은 살아 있는 영혼이 아닙니다. 살아 있는 생명은 그리스도 안에 있는 믿음으로 그리스도와 연합한 생명입니다.

2) 하나님을 의지함에 달린 소유의 유지와 부족의 공급

의지는 우리 자신과 우리가 가진 일상의 짐들을 하나님께 맡기는 것입니다. 이것이 믿음의 일반적인 행위입니다. 또한 의지는 우리가 미치지 못하는 것으로, 소수의 사람만이 이것에 익숙할 뿐입니다.

이해를 돕기 위해서, 히브리어 한두 단어를 가지고 설명하고자 합니다. 그 첫 단어는 '솨안(שען)'으로, '기대다' 혹은 '머무르다' 혹은 '의지하다' 라는 뜻입니다. 이 단어는 사무엘하에서 사울이 '자기 창을 의지하였고'(삼하 1:6)에 사용되었으며, 같은 단어가 잠언에서 "너는 마음을 다하여 여호와를 의뢰하고, 네 명철을 의지하지 말라"(잠 3:5)에서 '의지하지 말라' 라는 구절에 사용되었습니다.

같은 의미로 "여호와의 이름을 의뢰하며 자기 하나님께 의지할찌어다"(사 50:10)라고 이사야에서 사용되고 있습니다. 여기에서 '의뢰하다' 에는 '이솨안(שען)', '의지하다' 에는 '이바타흐(בטח)' 이라는 단어가 사용되었는데, 이 단어들은 같은 의미입니다.

하나님을 의뢰하는 것은 우리 자신이 하나님 안에 머무르는 것입니다. 마치 높은 낭떠러지에서 떨어질 위기에 처해 있는 사람이 나뭇가지를 붙들고 그것에 자신을 맡기는 것과 같습니다. 그는 그 가지를 붙들고 있으므로 산다고 말할 것입니다. 왜냐하면 그 가지가 그를 죽음에서부터 구해 주고 있기 때문입니다.

이와 마찬가지로, 우리는 믿음으로 사는 것입니다. 왜냐하면 그 믿음으로 인해 우리가 하나님께 머무를 수 있으며, 지옥과 죄와 영원한 죽음으로 떨어지는 것을 피할 수 있기 때문입니다. 비록 낭떠러지에 매달려 있기는 하지만 말입니다.

우리는 믿음으로 삽니다. 믿음이 없다면, 우리는 죽을 수밖에 없기 때문입니다. 이런 머무름이 없다면, 사탄은 우리를 지옥으로 떠밀 것이며 우리의 마음을 죄의 구덩이로 밀어 넣고 그 속에 가라앉혀서 결국에는 우리를 파멸시킬 것입니다. 그러나 믿음, 즉 그리스도를 붙잡고 그분께 기대는 것은 우리를 물 위로 나올 수 있게 합니다. 마치 물에 빠진 사람이 자신을 가라앉지 않게 해주는 그 무엇에 의지해서 생명을 유지하듯이, 믿음에 의지해서 살 수 있는 것입니다.

믿음에 대한 또 다른 단어는 '아마나(אמונ)' 인데, 이것은 '오멘(אמן)' 에서 나온 단어입니다. 이것의 의미는 '젖을 먹이다, 영양분을 주다' 라는 뜻으로 '오메나(אמנה)'는 유모라는 말이 됩니다. 이 단어는 또 다른 풀이가 가능한데, 그것은 우리의 부족함 때문에 하나님께 의존하는 행위를 분명하게 설명할 수 있습니다. 마치 아기가 엄마의 가슴을 의지하고 그것에 매달리는 것처럼, 그렇게 의지하고 매달리는 것으로 살아 있는 것입니다.

이와 같이 우리도 그러한 믿음의 행동으로 살아 있는 것입니다. 젖가슴이 아기들에게 많은 것을 제공하는 것처럼, 주님께서는 우리의 믿음에 대해 약속과 섭리와 계명을 주십니다. 믿음은 약속과 섭리와 계명으로부터 생명과 편안함과 양분을 빨아냅니다. 아기가 젖을 빠는 것으로 살아가듯이, 의인은 믿음으로 살아갑니다.

3) 항구성, 주기

이것은 계속적인 것을 말합니다. 믿음의 삶은 하나의 믿는 행동만을 말하는 것이 아니라 행동하는 모든 삶을 말합니다. 우리는 항상 죄와 죽음의 언저리에 서 있으므로 떨어지지 않는다고 보장하지 못합니다. 그러므로 생명을 지키시는 하나님을 붙들며 의존하고 매달려야 합니다.

우리의 버팀목을 떠나보내서는 안 됩니다. 그렇게 된다면, 우리는 회복할 수 없이 추락하게 됩니다. 우리는 믿음으로 살기 때문에, 믿음을 무시하면 죽게 됩니다. 우리의 모든 삶은 하나님을 의존하는 계속된 행동이어야 합니다. 우리가 먹고 마시며, 자고 일하거나 쉴 때도 우리는 하나님께 믿음으로 매달려야 합니다. 마치 아기가 어머니의 가슴이 없이는 살 수 없어서 그것에 매달리듯이 말입니다.

또한 우리는 음식을 먹는 것보다 더 자주 믿음을 훈련시켜야 합니다. 왜냐하면 우리는 음식보다는 믿음으로 살기 때문입니다. 사람은 하나님의 말씀으로 삽니다. 떡만으로는 살 수 없습니다(마 4:4 참고). 우리가 믿는다면, 하나님께서 음식의 부족을 채우고자 하실 것입니다. 여기에 바로 믿음의 행동과 대상이 따라오는 것입니다.

2. 믿음의 대상이신 하나님

믿음의 대상은 그리스도 안에 나타난 하나님입니다. 그분의 속성과 사역, 관계, 약속, 섭리가 믿음의 대상입니다. 이제 다음과 같은 제목으로 믿음의 대상과, 또 그 대상이 믿음을 어떻게 지탱해 주는지를 설명하고자 합니다.

1) 하나님의 속성

하나님의 속성은 믿음이 안전하게 쉴 수 있는 베게이고 믿음의 운동장이며, 영원한 바위라는 것입니다. 비록 이 땅은 없어질지라도, 주님의 이름은 (그분의 속성은) 강한 요새로서, 의로움이 그리로 날아갑니다.

믿음은 그분의 속성을 인정하고 취하는 것입니다. 그러므로 우리에게 알려진 주님의 속성의 영광을 위하는 것이 성경에서 믿음이 일반적으로 요구하는 것입니다. 이러한 하나님의 속성은 성경에 자주 나타나며, 믿음의 대상이 되고 믿음을 지탱하게 합니다.

(1) 능력

아브라함의 영웅적인 믿음은 하나님의 능력에 주목하고 있습니다. "약속하신 그것을 또한 능히 이루실 줄을 확신하였으니"(롬 4:21).

(2) 지혜

주님께서 베드로의 사랑에 대하여 자주 질문하셔서, 베드로로 하여금 그리스도를 향한 자신의 사랑에 대하여 의구심을 가지도록 하셨을 때, 지혜는 베드로의 믿음을 붙들어 줍니다. "주여, 모든 것을 아시오매 내가 주를 사랑하는 줄을 주께서 아시나이다"(요 21:17). 또한 이 속성은 시편 139편[1]에서 하나님의 전지하심과 광대하심에 따라 행동한 다윗의 믿음도 붙들어 주는 것입니다.

(3) 정의

정의는 시편에 나오는 다윗의 간구였습니다. "여호와여, 주의 이름을 인하여 나를 살리시고 주의 의로 내 영혼을 환난에서 끌어내소서"(시 143:11), 또한 "주여, 내가 구하옵나니, 주는 주의 공의를 좇으사"(단 9:16)라고 하는 다니엘의 간구였습니다.

(4) 신실하심

하나님의 신실하신 속성은 솔로몬이 믿음으로 가득 찬 기도를 올릴 때 근거로 삼았던 것입니다. "가로되, 이스라엘 하나님 여호와여, 상천하지(上天下

---

1. 시 139:1-6 여호와여, 주께서 나를 감찰하시고 아셨나이다. 주께서 나의 앉고 일어섬을 아시며, 멀리서도 나의 생각을 통촉하시오며, 나의 길과 눕는 것을 감찰하시며, 나의 모든 행위를 익히 아시오니, 여호와여, 내 혀의 말을 알지 못하시는 것이 하나도 없으시니이다. 주께서 나의 전후를 두르시며 내게 안수하셨나이다. 이 지식이 내게 너무 기이하니 높아서 내가 능히 미치지 못하나이다.

地)에 주와 같은 신이 없나이다. 주께서는 온 마음으로 주의 앞에서 행하는 종들에게 언약을 지키시고 은혜를 베푸시나이다"(왕상 8:23). 또한 다니엘서 9장 4절2과 히브리서 10장 23절3의 말씀에도 나타나 있습니다.

(5) 진리

다윗은 진리를 시편에서 "주의 진실하심을 인하여"(시 115:1)라고 사용했고, 또한 "주의 말씀대로 행하사"(시 119:154)라고 사용하고 있습니다.

(6) 자비

믿음은 자비에서 보다 더 강한 지지를 얻고, 더 큰 기쁨이 됩니다. 시편의 "주의 인자하심을 따라 내 소리를 들으소서"(시 119:149), "이스라엘아, 여호와를 바랄찌어다. 여호와께는 인자하심과 풍성한 구속이 있음이라"(시 130:7), 그리고 "오직 나는 하나님의 집에 있는 푸른 감람나무 같음이여, 하나님의 인자하심을 영영히 의지하리로다"(시 52:8)라는 말씀에 잘 나타나 있습니다.

2) 그리스도의 사역

잘 사용되지는 않지만, 그리스도의 사역은 다른 어떤 것보다 믿음을 강하게 붙들어 줍니다.

(1) 제사장직

사도 바울은 히브리서에서 이 그리스도의 제사장직에 대한 믿음과 확신을 가지고 은혜의 보좌 앞에 담대히 나갈 것을 강력하게 주장하고 있습니다(히

---

2. 단 9:4 내 하나님 여호와께 기도하며 자복하여 이르기를, 크시고 두려워할 주 하나님, 주를 사랑하고 주의 계명을 지키는 자를 위하여 언약을 지키시고 그에게 인자를 베푸시는 자시여.

3. 히 10:23 또 약속하신 이는 미쁘시니, 우리가 믿는 도리의 소망을 움직이지 말고 굳게 잡아.

4:14-16 참고). 또한 로마서에서는 그리스도의 구속이 우리의 믿음의 대상이라고 말합니다(롬 3:24 참고). "이 예수를 하나님이 그의 피로 인하여 믿음으로 말미암는 화목 제물로 세우셨으니"(롬 3:25절). 그리고 이것은 그리스도께서 중보로 함께 하심으로써 바울의 믿음은 승리로 끌어올려집니다. 그래서 모든 적대자들에게 도전을 할 때 확신에 차도록 만듭니다. "누가 능히 하나님의 택하신 자들을 송사하리요? …… 누가 정죄하리요?"(롬 8:33,34)

(2) 왕직

베드로는 유대인들에게 그리스도께서 구세주이실 뿐만 아니라, 왕이심을 주장합니다. "이스라엘로 회개케 하사 죄사함을 얻게 하시려고 그를 오른손으로 높이사 임금과 구주를 삼으셨느니라"(행 5:31). 또한 요한복음에 나타난 나다나엘의 믿음은 여기에 적당한 위치를 잡고 있습니다. "당신은 이스라엘의 임금이로소이다"(요 1:49).

(3) 선지자직

선지자직은 신명기에서 이미 예언되었습니다. "네 하나님 여호와께서 너의 중 네 형제 중에서 나와 같은 선지자 하나를 너를 위하여 일으키시리니 너희는 그를 들을찌니라"(신 18:15).

이 말씀은 다시 말하면 믿으라는 것입니다. 그리고 이 말씀은 사도행전 3장 21절과 7장 37절[4]에서 믿도록 설득하기 위해서 두 번이나 더 인용되었습니다.

---

4. 행 3:21 하나님이 영원 전부터 거룩한 선지자의 입을 의탁하여 말씀하신 바 만유를 회복하실 때까지는 하늘이 마땅히 그를 받아 두리라.

행 7:37 이스라엘 자손을 대하여 하나님이 너희 형제 가운데서 나와 같은 선지자를 세우리라 하던 자가 곧 이 모세라.

3) 하나님과 하나님의 백성들 사이의 상호 관계

하나님과 하나님의 백성들 사이의 상호 관계는 믿음의 달콤한 음식으로 소화되어 양분을 제공하고, 믿음이 튼튼해져서 왕성한 활동을 하도록 만드는 것입니다. 이러한 목적으로 이것이 성도들에 의해 자주 사용된 것을 발견합니다. "나는 주의 것이오니, 나를 구원하소서"(시 119:94), "여호와여, 주는 오히려 우리 중에 계시고, 우리는 주의 이름으로 일컬음을 받는 자이오니 우리를 버리지 마옵소서"(렘 14:9)라고 합니다.

또 특별한 관계의 종으로서, "주의 인자하심으로 나의 원수들을 끊으시고 내 영혼을 괴롭게 하는 자를 다 멸하소서. 나는 주의 종이니이다"(시 143:12)라고 합니다. 또 예레미야서에서는 퇴보하는 이스라엘의 믿음을 격려시키기 위해서 주님께서는 남편으로 나타나십니다. "배역한 자식들아, 돌아오라. 나는 너희 남편임이니라"(렘 3:14). 또 이사야서에서는 아버지로 나타납니다. "주는 우리 아버지시라"(사 63:16). 이런 다양한 관계 안에서 강력한 믿음의 행동이 나타나는 것입니다.

4) 믿음의 젖줄인 약속

약속은 주로 믿음과 함께 연결되는 것입니다. 약속은 믿음이 젖을 빨며 위로 받는 가슴입니다. 또한 약속은 구원의 우물입니다. 이 우물에서 믿음은 기쁨을 길러냅니다. 약속은 어떠한 상황에서도 성도들의 믿음을 지탱하는 것이었습니다.

많은 예가 필요 없을 것입니다. 열왕기상에 나타난 솔로몬을 보십시오. "주의 종 내 아비 다윗에게 허(許)하신 말씀을 지키사, 주의 입으로 말씀하신 것을 손으로 이루심이 오늘날과 같으니이다"(왕상 8:24). 그리고 창세기에서 야곱은 말합니다. "주께서 전에 내게 명하시기를 네 고향, 네 족속에게로 돌아가

라. 내가 네게 은혜를 베풀리라 하셨나이다"(창 32:9).

5) 믿음의 격려가 되는 하나님의 섭리

하나님의 섭리는 믿음의 대상이며, 믿음을 격려하는 것이기도 합니다. 하나님께서 다른 사람들에게 어떻게 해 오셨는지를 돌아보는 것은 성도들을 든든하게 지지해 줍니다. 하나님의 섭리로 하나님의 손을 펴신 것이며, 믿음은 그것을 붙드는 것입니다.

다윗은 시편에서 "주의 이름을 사랑하는 자에게 베푸시던 대로 내게 돌이키사, 나를 긍휼히 여기소서"(시 119:132)라고 합니다. 그리고 그의 경험에서 나온 것으로 사무엘상에서는 "여호와께서 나를 사자의 발톱과 곰의 발톱에서 건져 내셨은즉 나를 이 블레셋 사람의 손에서도 건져 내시리이다"(삼상 17:37)라고 말합니다. 또한 하나님의 섭리에 대한 믿음은 디모데후서에서 극한 처지에 있는 사도 바울을 모두가 버렸을 때, 그를 붙잡아 주었습니다.[5]

도마처럼 직접 보거나 만져 보지 않고서는 하나님을 믿지 않는 사람들이 있습니다. 하나님께서는 바로 이 섭리 가운데서 자신을 보게도 하시고 만지게도 하셔서, 사람들로 하여금 계속해서 불신앙 가운데 있는 것을 변명하지 못하도록 하십니다.

---

5. 딤후 4:17,18 주께서 내 곁에 서서 나를 강건케 하심은 나로 말미암아 전도의 말씀이 온전히 전파되어 이방인으로 듣게 하려 하심이니, 내가 사자의 입에서 건지웠느니라. 주께서 나를 모든 악한 일에서 건져내시고, 또 그의 천국에 들어가도록 구원하시리니, 그에게 영광이 세세 무궁토록 있찌어다 아멘.

제2장

어떻게 믿음으로 살 수 있는가?(1)

우리는 어떻게 믿음으로 살며, 무엇 때문에 믿음으로만 살아야 합니까? 저는 앞에서 제시된 몇 가지 믿음의 대상에 근거하여, 가장 유익한 믿음의 행동과 믿음의 구체적인 방향이 무엇인지를 제시하고자 합니다. 그리고 그 믿음의 대상이 믿음의 행동 가운데서 어떤 지지와 격려를 하는지를 살펴보고자 합니다.

1. 하나님의 속성

하나님의 속성에 대한 근거를 믿음의 방향과 격려와 관련하여 살펴보고자 합니다.

1) 속성을 공부하라

속성을 분명하고도 충분히 알 수 있도록 노력하십시오. 지식 그 자체가 믿음은 아니지만, 지식 없이는 믿음도 없습니다. 더 많이 알수록, 더 많이 믿을 수 있는 것입니다. 시편에서 "여호와여, 주의 이름을 아는 자는 주를 의지하오리니"(시 9:10)라고 말씀합니다. 주님의 이름 속에서 그분의 훌륭함을 보이셨습니다.

하나님에 대한 생각을 풍성하게 하십시오. 자주, 기쁨으로, 계속적으로 생각하시고, 효과 있는 생각으로 풍성케 하십시오. 그런 생각은 영혼에 신령한 영향력을 가져오며, 영혼을 빛과 열기로 채우고, 그 마음에 하나님에 대한 깊은 인상을 남깁니다. 또한 하나님에 대한 모든 불완전한 생각을 추출해 냄으로써 하나님을 볼 수 있고, 상상할 수 있으며 어떠한 완전함보다도 더 높게 할 수 있도록 합니다.

하나님에 대한 생각은 존경을 낳습니다. 수준 높은 이해는 훌륭한 기대를 낳기 때문에, 믿음의 행동이 쉽도록 합니다. 더 많이 알았던 사람들이 더 많이 믿었습니다. 더 많이 묵상했던 사람의 믿음이 더 강했습니다. 아브라함과 모세처럼 말입니다.

다윗을 본받으십시오. 그는 하나님의 광대하심과 전지하심을 공부했던 사람입니다. 그는 시편에서 이렇게 부르짖습니다. "하나님이여, 주의 생각이 내게 어찌 그리 보배로우신지요. 그 수가 어찌 그리 많은지요"(시 139:17). 이 말씀 후에 믿음의 행동이 따라 나옵니다. "주께서 정녕히 악인을 죽이시리이다"(시 139:19).

우리가 본 아름다움보다 더 신령한 아름다움을 위해 사모하십시오. 하나님을 보고자 한 모세의 간절함을 배우십시오. 그는 "주의 길을 내게 보이사"(출 33:13), "주의 영광을 내게 보이소서"(출 33:18)라고 간청합니다. 이에 주님께서는 그분의 선한 형상을 모세 앞에 지나가게 하십니다. 그분의 영광을 보이십니다. 빛나는 광선이 나와서 그분을 드러냅니다. 이것은 나의 눈을 여시고 구름을 흩으시며, 간섭하는 것들을 제거하시는 것입니다. 우리가 더 많이 볼수록, 더 많이 믿을 수 있는 것입니다.

2) 속성을 통한 유익을 확실하게 하라

지식을 적용할 수 있도록 하십시오. 하나님을 본 것에 만족하지 말고, 그분을 본 것이 자신의 것이 되도록 하십시오. 그분 안에서 나타난 것이, 자신의 것이 되게 하십시오. 비스가산 꼭대기에서 약속의 땅을 바라보도록 허락받은 것이 모세에게 있어서는 큰 기쁨이었습니다. 그러나 만약 주님께서 모세가 그 땅을 가질 수 있는 즐거움까지 허락하셨다면, 그가 얼마나 더 기뻐했겠습니까!

하나님의 아름다움을 본다는 것은 믿음에 큰 격려가 됩니다. 그러나 그 속에 있는 유익을 확실하게 알게 되면 그 격려는 승리로 격상되는 것입니다. 다윗은 '하나님은 영원한 분깃'(시 73:26)이라고 합니다. 또한 '여호와는 나의 산업'(시 16:5)이라고 합니다. 그러므로 주님께서 우리의 분깃이시며 산업이시라면, 우리는 주님의 전지전능하심과 광대하심과 모든 충만하심이 나의 분깃이라고 결론 내릴 수 있습니다.

그렇다고 내가 전지전능하게 되어야 한다는 것이 아닙니다. 일치와 유익에는 엄청난 차이가 있습니다. 권리의 양도와 본질의 변화에는 많은 차이가 있습니다.

예를 들어 한 친구가 당신에게 엄청난 보물을 줍니다. 또한 그 보물에 대해 당신이 원하는 모든 보증서도 함께 줍니다. 당신이 그 보물의 본질에 맞게 변화되지 않았다고 해서, 그 보물이 당신의 것이 아니라고 할 수 있습니까? 이와 마찬가지로 하나님의 속성은 우리의 산업과 땅으로 주어진, 우리의 것입니다. 우리가 그 속성에 맞게 변화했기 때문이 아니라, 그 권리가 우리에게 양도 되었고, 우리에게 주어졌으며 우리의 유익을 위해서 주님께서 증진시키시기 때문입니다.

만약 본인 스스로 하는 것보다 더 큰 이익을 가져다주는 사람이 그 산업을 운영한다면, 우리의 권리는 침해받지 않을 것입니다. 이처럼 주님께서는 우리에게 자신을 주셨고, 아울러 그분의 속성에 속해 있는 모든 유익을 주셨습니다. 그 속에 있는 것은 무엇이든 우리의 것이 되며, 그것들은 모두 우리를 위한 것이 됩니다.

또한 주님께서는 우리를 위해서 우리 스스로 얻을 수 있는 것보다 더 많은, 무한한 유익을 가지고 그분의 속성을 증진시키십니다. 주님께서는 자신의 영광을 위해 유익을 움직이시는 것이 사실입니다. 그러나 그것은 우리의 행복과 절대로 무관한 것이 아닙니다.

이 유익들은 결핍되는 것이 아니라, 덧붙여지는 것입니다. 하나님께서 그분의 영광을 진전시키실 때마다, 동시에 우리의 이익도 함께 증진시키십니다. 이러한 일이 하나님에 대한 우리의 권리를 우리의 재산에 대한 권리보다 결코 못하게 만들지는 않습니다. 왜냐하면 이것은 하나님의 영광을 위해서 운영되기 때문입니다. 그렇지 않다면, 우리는 아무것도 얻을 수가 없을 것입니다.

이런 영광스런 산업으로부터 매일 나오는 유익들을 우리는 눈으로 볼 수도 없고, 즐길 수도 없는 것이 사실입니다. 그러나 우리가 영광에 이를 어떤 시점까지는 우리를 위한 유익이 쌓여가는 것도 사실입니다. 그리고 그 쌓여 온 보고(寶庫)가 열려질 때 우리는 하나님께로부터 나오는 모든 영광의 산물, 즉 이 세상에 속하지 않은 그분의 아름다운 모습들이 우리가 생각지도 못한 데서 특별한 관심으로써 우리를 부요하게 했으며, 행복하게 했다는 것을 보게 될 것입니다.

하나님의 모든 속성이 우리의 것이라는 확신은 얼마나 믿음을 지탱하며 격려하는 것입니까! 우리의 것이 더 많은 만큼 아버지께서 우리에게 물려주신 것입니다. 우리의 컵 속의 마실 것만큼, 혹은 우리가 먹을 쟁반 위의 고기만큼 말입니다.

왜냐하면 이와 같은 표현이 성경에 많이 나타나기 때문입니다. 시편 16편 5절[1]의 '메나트 헬키 비코쎄이(מנת־חלקי וכוסי)'는 창세기 43장 34절[2]과 사무엘상 1장 4절[3] 등에서 잔치 가운데 각자에게 할당된 것을 가지는 것을 표현하는 문구에서 따온 것입니다. 그러므로 "내게 줄로 재어준 구역은 아름다운 곳에 있음이여"(시 16:6)라고 말하고 있습니다. 어떠한 상황과 처지에서도 그러한 것을 소유하고, 사용할 수 있다는 믿음은 얼마나 큰 확신입니까!

그러나 어떤 사람들은 이것은 너무 고차원적인 특권이며, 가난하고 허약한 자들에게는 너무 높이 있는 것이며, 이것을 소유하기에는 엄청난 은혜가 필요하다고 말할 것입니다. 그러나 결코 그렇지 않습니다. 가장 낮은 수준에 있는 믿음일지라도 그것은 당신에게 이익을 줍니다. 왜냐하면 아주 작은 믿음의 행동이라도 그것은 당신을 하나님과 한 언약으로 향하게 하기 때문입니다. 그리고 이 언약의 취지는 하나님께서 영원히 당신의 하나님이 되신다

---

1. 시 16:5 여호와는 나의 산업과 나의 잔의 소득이시니, 나의 분깃을 지키시나이다.
2. 창 43:34 요셉이 자기 식물로 그들에게 주되 베냐민에게는 다른 사람보다 오 배나 주매 그들이 마시며 요셉과 함께 즐거워하였더라.
3. 삼상 1:4 엘가나가 제사를 드리는 날에는 제물의 분깃을 그 아내 브닌나와 그 모든 자녀에게 주고.

는 것입니다.

믿음은 확신을 낳고, 그 확신은 믿음을 낳습니다. 이것은 단순한 순환논법이 아닙니다. 그것이 연약한 믿음에 확신을 줄 것이며, 그러한 확신은 강한 믿음을 낳습니다.

3) 하나님의 속성으로 믿음을 증명하라

우리가 믿음으로 행동할 때, 하나님께서는 우리가 믿는 것을 행하실 수 있으며, 또한 기꺼이 행하시는 분이시라는 사실을 증명하는 것으로 하나님의 속성들을 배치하고 방식화해야 합니다. 하나님께서는 기꺼이 하시며, 또한 하실 수 있는 분이시라는 속성은 믿음의 손이 붙드는 두 개의 핸들입니다. 그래서 하나만 사용하는 것보다 두 개를 모두 사용할 때, 믿음의 행위는 보다 강해질 수 있습니다.

물에 빠진 사람이 가라앉지 않기 위해서는 양손을 사용해서 어떤 것을 잡는 것이 한 손만을 사용하는 것보다 훨씬 더 안전할 것입니다. 믿음도 마찬가지입니다. 두 개 중 어느 하나만 붙든다면 연약해 집니다. 어느 하나를 의심하는 것은 믿음이 확고해 지는 것에 걸림돌이 됩니다.

요한복음 11장에서 마르다가 그리스도께서 하실 수 있는지를 여쭈었을 때, 그녀의 믿음은 확고한 것이 아니었습니다. 마태복음에서 문둥병자가 "주여, 원하시면 저를 깨끗케 하실 수 있나이다"(마 8:2)라고 하며 그리스도께서 자신을 고쳐 주실지에 대해서 의문을 품었을 때, 그의 믿음은 흔들리는 것이었습니다.

날마다 믿음의 행위가 강해질 수 있는 길은, 하나님께서는 하실 수 있을 뿐만 아니라 기꺼이 하신다는 두 가지 속성 속에서 믿음을 확실하게 하는 것입니다. 이것은 하나님의 속성들을 사용하는 것으로 증명할 수 있습니다. 하나님께서 하실 수 있다는 믿음은 그분의 전지전능하심과 모든 충만하심으로 이해됩니다. 하나님께서 기꺼이 하신다는 믿음은 그분의 자비하심과 신실하심과 변치 않으심으로 이해됩니다. 또한 그분의 무한하심과 광대하심과 영원하심은 이 양쪽을 모두 증명합니다.

이것에서 논리들을 이끌어 내는 법을 배우십시오. 그리고 이 두 전제가 확실해질 때, 믿음은 유쾌하고도 설득력 있는 결론을 쉽게 이끌어 낼 수 있습니다. 이와 같이, 주님께서는 나의 정욕들을 가라앉게 하실 수 있으며, 모든 은혜들을 풍성하게 하실 수 있고, 나의 발아래에서 사탄을 짓밟게 하실 수 있으며, 또한 기꺼이 그렇게 하시는 분입니다. 믿음은 이런 것들이 이루어질 것이라고 결론 내리는 것을 쉽게 합니다.

소수의 사람들이 확증을 필요로 하는 것은 사실입니다. 우리는 대부분 하나님께서 기꺼이 하시고자 한다는 사실을 의심하게 됩니다. 그러나 주님께서는 이런 것에 대비하여 놀랄 만한 것을 준비하시는 분입니다.

하나님께서 하실 수 있는 분이라는 것을 직접적으로 증명하는 하나의 속성, 즉 그분의 능력이 있다면, 그것의 결과로 그분께서 기꺼이 하시는 분이고 자비로우신 분이며, 선하신 분이고 은혜가 풍성하신 분이며, 사랑이 많으시고 인자하신 분이며, 연민이 많으시고 인내하시며 오래 참으시는 분이라는 것을 직접적으로 증명하는 많은 호칭들도 있는 것입니다. 믿음을 이 두 가지 기초에 고정시키십시오, 그리하면 든든히 서게 될 것입니다.

4) 하나님의 속성에 믿음을 고정시키라

우리의 처지에 가장 알맞은 하나님의 속성에 믿음을 고정시키십시오. 그리하면 믿음은 많은 격려를 받게 될 것입니다.

첫째로, 우리가 아무리 해도 되지 않는 상황이 있을 때 하나님의 속성들은 도움을 제공합니다.

둘째로, 우리가 필요한 만큼, 우리가 원하는 만큼 충분히 하나님의 속성들이 우리를 붙들어 주는 경우가 있습니다.

셋째로, 비록 우리의 처지가 나빠지며, 이전보다 더욱 나쁘다고 하더라도, 우리가 필요로 하는 것보다, 원하는 것보다, 상상하는 것보다 훨씬 많은, 무한한 격려를 얻을 수 있습니다.

어떤 하나의 속성은 우리의 모든 필요에 응답을 해 줄 것입니다. 어떤 속성은 대부분에, 어떤 속성들은 많은 것에 응답을 해 줄 것입니다.

(1) 하나님의 속성들은 모든 상황에서 믿음을 격려합니다

① 하나님의 전능하심 아래 믿음을 두십시오.

우리가 어려움과 위험에 처해 있을 때, 의지할 수 있는 하나님의 능력이 있습니다. 여호사밧이 역대하 20장에서 그러했던 것처럼 말입니다(대하 20:6 참고).

여러분은 자신의 힘이 미치지 못하는 의무들과 반대해야 할 강한 욕정들과 저항해야 할 강한 유혹들과 시작해야 할 힘든 일들을 어려운 것이라고 말합니까? 믿음이 여러분을 돕도록 하십시오. 바울이 그러했던 것처럼, 전능하심 안에 믿음을 놓아두십시오. "내게 능력 주시는 자 안에서 내가 모든 것을 할 수 있느니라"(빌 4:13).

여러분은 고통을 슬픈 것이라고 말합니까? 하나님의 권능에 따라 행동했던 세 명의 아이들을 본받으십시오. "우리가 섬기는 우리 하나님이 우리를 극렬히 타는 풀무 가운데서 능히 건져 내시겠고"(단 3:17).

여러분은 자신이 기대하는 것을 달성하기 위해 수단이 필요하십니까? 그러나 그것을 자연적으로 얻기에는 가능성이 없다는 것을 알고 계십니까? 아브라함같이 행동하십시오. 그는 하나님께서 어떠한 수단도 없이 능히 행하

실 수 있는 분이라는 것을 믿었습니다(롬 4:21 참고).

여러분은 넘어질 것을 두려워하고 계십니까? 하나님의 능력 안에 머무르십시오. 우리는 믿음으로 말미암은 하나님의 능력으로 보호받습니다.

② 하나님의 전지(全知)하심에서 격려를 받으십시오.

여러분은 어찌할 바를 모르기에, 나아갈 방향을 알기를 원하며, 해야 할 것과 하지 말아야 할 것을 알기를 원하십니까? 하나님의 전지하심을 보십시오. 역대하에 "어떻게 할 줄도 알지 못하옵고 오직 주만 바라보나이다"(대하 20:12)라는 말씀이 나옵니다. 주님께서는 의로운 자들을 어떻게 구원해야 하실지를 아시는 분입니다. 여러분이 여러분의 영혼을 찾고, 여러분을 속이고 배반하는 마음을 두려워할 때, 하나님의 전지하심을 믿으십시오. 그분께서 그러한 마음을 아시고, 여러분이 그 마음을 찾을 수 있도록 가르치십니다.

여러분은 위선으로 인해 질책을 당하고, 사탄의 제안에 압도당했습니까? 그래서 그분의 완전하심을 의심합니까? 하나님의 전지하심이 당신을 격려하도록 하십시오. 그분께서는 가장 작은 은혜의 움직임도 보시고, 알고 계십니다. 당신의 시각으로는 발견할 수 없는 그런 사탄의 비밀스런 계획과 악한 자의 교묘한 술책을 두려워하십니까? 하나님의 전지하심을 신뢰하십시오.

③ 하나님의 광대하심에서 격려를 얻으십시오.

여러분은 친구들에게 버림받았습니까? 혹은 질병에 감염되거나, 버림받거나, 감옥에 있어서 그들에게서 떨어져 있습니까? 믿음이 그분의 광대하심을 바라보도록 하십시오. 그리하면 여러분은 "나는 혼자가 아니다"라고 말하게 될 것입니다.

여러분은 다른 나라, 아니 다른 세상이나 지옥에 있게 될 것을 두려워하십니까? 당신은 그곳에 있을 수 없습니다. 그렇습니다. 그러나 주님께서는 어느 곳에나 계십니다.

④ 하나님의 충만하심을 붙드십시오.

여러분의 모든 필요에 대하여 믿음이 이 속성, 하나님의 충만하심을 붙들도록 하십시오. "나는 부유하기를 원합니다. 주님께서는 모든 것에 충만하십니다. 자유와 자녀와 친구들과 신용과 건강에도 마찬가지입니다. 나는 은혜를 원하며, 은혜의 수단들과 안락함을 원합니다." 그분이 바로 그런 필요를 채워 주시는 분입니다.

여러분은 죽음을 두려워하십니까? 주님께서는 생명이십니다. 여러분은 버려지는 것을 두려워하십니까? 주님께서는 변치 않으시는 분입니다. 여러분이 무엇을 두려워하거나, 바라고 원하건 간에, 절대적이고 완전한 도움을 주시는 분이 그분이십니다.

⑤ 그분의 자비하심을 힘으로 삼으십시오.

모든 것에 실패할 때, 이 속성은 믿음을 붙들어 줍니다. 이것은 어떤 상황에서도 도움이 됩니다. 자비가 닿지 못하는 아주 낮은 처지는 없습니다. 자비로 더 좋게 할 수 없을 정도로 나쁜 것은 없습니다. 자비로 달게 할 수 없을 만큼 쓴 것은 없습니다. 자비로 구원할 수 없을 정도로 망가진 것은 없습니다.

자비는 진노의 인식과 죄책감 아래에서 아무것도 할 수 없을 때, 믿음을 지탱합니다. 비참한 처지 가운데 있을 그 시간이 바로 믿음이 자비를 바라보는 시간입니다. 그러므로 여러분은 믿음에 힘을 부여할 수 있을 것입니다. 만약 하나의 속성이 많은, 아니 모든 상황에 대하여 해답을 줄 수 있다면, 모든 속성이 하나의 상황에 해답을 줄 수 있지 않겠습니까?

(2) 하나님의 속성은 충분한 도움을 주십니다

어떤 한 속성은 여러분이 필요로 하거나 원하는 것만큼 충분히 여러분을 도와줍니다. 그러므로 여러분의 타락이 너무 강하지 않도록 하시고, 여러분이 원하는 것이 너무 많지 않도록 하십시오.

(3) 충분한 것보다 더 많은 것을 주십니다

여러분이 필요로 하거나, 원하는 것에 충분하다고 여기는 것보다 더 많이 도와줍니다. 여러분의 상황에 필요한 것보다 더 많이, 여러분의 처지가 아무리 나쁘다고 하더라도 그것에 필요한 것보다 더 많은 것을 넘치도록 도와주십니다.

비록 여러분의 위험이 그 전과 비교해 보아서 더 크며, 세상이 창조되었을 때부터 생겨난 모든 정욕의 맹렬함이 여러분과 함께 하더라도, 여러분이 처한 상황 속에서 필요한 것보다 하나님의 능력이 더 큽니다. 비록 여러분이 이 세상의 모든 불행한 사람들이 고통을 받던 그 모든 부족함으로 괴롭힘을 당한다 할지라도, 하나님의 모든 충만하심은 그 부족함보다 더 많은 것을 공급할 수 있습니다.

생각해 보십시오. 더 많은 세계가 있고, 각 세계에는 이 세계보다 수만 배의 죄악 된 존재들이 있고, 그 모든 사람의 죄가 여러분의 죄의 수만 배라고 생각해 보십시오. 그러하여도 자비는 죄를 용서하는 것뿐만 아니라 더 많은 것을 할 수 있습니다. 그리고 믿음은 다음과 같이 말합니다. 만약 자비가 죄를 용서하는 것보다 많은 것을 할 수 있으며 나보다 더 죄가 많고, 나보다 더 악한 자도 용서할 수 있다면, 나의 죄를 용서하지 못할 까닭이 무엇이겠습니까?

5) 하나님의 속성으로 믿음을 격려하라

하나님의 속성이 믿음을 격려할 수 없는 상황이라고는 절대로 없습니다. 그러므로 어떤 상황에서라도 하나님 안에서는 믿음을 낙심케 하는 것이란 결코 없습니다. 설령 가장 무시무시한 상황에서라도 말입니다. 순결함과 질투와 공의와 같은 가장 무서운 속성들이라도 신자에게는 안락함과 확신을 가져다줍니다.

의심하는 영혼은 말합니다. "내 마음은 정결하지 못하고, 나의 생활에서도, 나의 최상의 예배 가운데서도 나는 정결하지 못합니다. 그리고 주님께서는 죄악을 차마 보실 수 없는 정결한 눈을 가지신 분입니다. 그런데도 내가 믿음 안에서 하나님께로 다가서도록 하는 데 있어서 어떤 격려를 얻을 수 있겠습니까?"

예, 충분합니다. 위에서 우리를 비참하게 만들려고 사용된 내용에 바로 도움이 있습니다. 주님께서는 순결하시며 순결을 사랑하십니다. 그러므로 믿음은 그분께서 나를 순결하게 만드실 것이라고 말합니다. 그분께서는 죄를 질투하시고, 그것을 싫어하시며 그것을 벌하십니다. 그러므로 믿음은 그분께서 나의 정욕들을 파괴하실 것이라고 결론 내립니다. 내가 아니라 나의 정욕이 그분께서 미워하시는 대상이며, 주님께서는 내가 아니라 나의 정욕을 소멸하는 분이십니다. 한 팔로는 믿음을 안으시고, 다른 팔로는 정욕을 때리시는 하나님을 느낍니다.

형벌의 정의이거나 보상의 정의이거나, 정의는 믿음을 격려합니다. 정의는 불신자들을 박살내어, 가루로 만들어 버리는 공격의 바위가 되기도 하지만, 믿음에게는 쉴 만하고 안전한 바위이기도 합니다. 가장 무서운 하나님의 속성이 오히려 가장 편안한 속성인 것입니다.

"주님! 저는 죄를 지었으며, 하나님의 진노를 받기에 마땅한 자입니다. 그러나 저의 구세주께서 하나님의 율법이 요구하는 모든 것을 치르셨습니다. 제가 받아야 할 죄의 대가를 그분이 대신 감당하셨습니다. 같은 범죄에 대하여 벌을 두 번 내리는 것은 정의에 맞지 않습니다. 하늘과 땅의 주 하나님께서 정의롭게 하지 않으시겠습니까?"

이와 같이 믿음은 정의 그 자체가 정죄할 수도 없으며, 어떤 고소할 것도 나에게 둘 수 없다(롬 8:33,34 참고)라고 결론을 내리는 것입니다. 아니, 정의는 내가 환난을 당하지 않을 것이라는 나의 보증이 됩니다. 왜냐하면, 그렇지 않다면 그것은 정의가 아니기 때문입니다.

형벌의 정의는 또한 다른 대상을 가지고 있습니다. 그것은 당신이 물리쳐야 할 적들과 죄이며, 당신이 짓밟아야 할 사탄과 악한 자들입니다. "너희로 환난 받게 하는 자들에게는 환난으로 갚으시고 환난 받는 너희에게는 우리와 함께 안식으로 갚으시는 것이 하나님의 공의"(살후 1:6,7)라고 말씀하십니다.

6) 하나님의 속성에 따라 논리를 끌어내라

하나님의 속성을 따라 행동하는 믿음의 확증을 위하여 논리를 끌어내는 법을 배우십시오. 이러한 논리는 다음과 같은 효력을 낳습니다.

첫째로, 하나님과 관련된 것은 어떤 것일지라도 믿음을 격려하는 것이라는 근거를 가지고 있는 우리 자신에게서 나옵니다. 우리와는 아무런 동기나 관계가 없는 사람보다는 약혼한 관계에 있는 사람이 우리를 위해서 행동할 것이라고 믿는 것이 훨씬 쉽습니다.

성경의 보증 없이, 흔히 사람들이 말하는 대로 이야기하자면, 주님께서는 우리를 위해서 그분의 속성이 사용되도록 하기 위한 동기를 가지신, 그러한 약속을 하신 분처럼 보입니다. 우리의 필요 때문에 "저는 가난하고 도움이 필요합니다"라고 말할 수 있습니다.

무능력 때문에 여호사밧은 "이 많은 무리를 대적할 능력이 저희에게는 없습니다"라고 말했습니다. 우리는 다른 사람의 도움이 없을 때 "도우소서. 주님, 사람의 도움은 헛것입니다"라고 기도합니다. 위험으로 인해 "저희를 구하소서. 그렇지 않으면 저희는 멸망합니다"라고 기도하기도 합니다. 우리의 비참한 상태는 "나의 부르짖음을 들으소서. 나는 심히 비천하니이다"(시 142:6) 와 같은 말씀을 인용하게 합니다.

둘째로, 속성들을 하나하나 생각해 보면서 논리를 이끌어 낼 수 있습니다. 예를 들어 대부분 믿음에 사용되는 하나님의 능력과 자비라는 두 속성을 생각해 보십시오. 능력은 모든 것을 쉬운 것으로 만듭니다. 이 능력에 대한 생각은 믿음에 힘을 불어넣습니다.

만약 우리에게 매우 중요한 일을 그것도 매우 쉽게, 어떤 수고와 비용도 들이지 않고, 단순히 손만 내밀거나 손가락만 까닥이고, 말 한마디만 해도 그런 일을 해 줄 수 있는 친구가 있다면, 그 친구가 그 일을 해 줄 것이라고 믿는 것은 당연한 것입니다.

이와 마찬가지로 주님께서는 우리가 손가락을 움직이며, 말 한마디를 하는 것만큼이나 손쉽게 일을 하실 수 있는 분입니다. 그런 주님께서 그 일을 하지 않으실 것이라고 우리가 의심할 수 있겠습니까?

자비라는 속성은 하나님을 즐겁게 하는 것입니다. 그분께서는 자비를 보이시기를 기뻐하십니다. "자랑하는 자는 이것으로 자랑할지니, 곧 명철하여 나를 아는 것과 나 여호와는 인애와 공평과 정직을 땅에 행하는 자인 줄 깨닫는 것이라. 나는 이 일을 기뻐하노라"(렘 9:24). 그분께서 기뻐하시는 그 일을 하지 않으실 것이라고 우리가 의심할 수 있겠습니까?

셋째로, 관련된 속성들에서 논리를 이끌어 낼 수 있습니다. 우리는 피조물들이 가진 능력은 의심할 수 있습니다. 왜냐하면 그것은 제한된 능력이기 때문입니다. 그러나 하나님께서는 전능하신 분입니다. 피조물들은 능력을 소유하고 있다고 하더라도, 지혜가 부족합니다. 이것이 피조물들을 무능력하게 만들고, 우리의 확신을 약화시킵니다. 그러나 하나님께서는 전지하신 분입니다.

　능력과 지혜를 가진 사람이 있다고 하더라도, 그 사람은 우리와는 멀리 떨어져 있는 사람입니다. 그러나 하나님께서는 어디든 계시는 분입니다. 또 이 모든 것을 가진 사람이 있다고 하더라도, 그가 죽음을 막을 수는 없습니다. 그러나 하나님께서는 영원하신 분입니다.

　만약 어떤 사람이 능력과 지혜를 겸비하고, 또 우리와 가까이 있고 생명을 지닌 사람이라고 하더라도, 그가 우리에게 기꺼이 무엇을 해 주려고 하지는 않을 것입니다. 그러나 하나님께서는 자비가 많으시고 은혜로우시며, 사랑이 많으시되, 그분의 다른 모든 속성들을 그분의 자비에 결합시키십니다. 특히 믿음을 확증하는 데는 더욱 그러하십니다.

　자비는 영원합니다. 그분의 모든 일 가운데는 그분의 광대하심이 있습니다. 그분의 풍성한 선하심에는 무한함이 있습니다. 그분의 인자에는 실패가 없으며, 거기에 그분의 불변함이 있습니다.

　넷째로, 자신의 속성을 사용하시는 하나님의 계획, 다시 말해 그분의 영광에서부터 논리를 이끌어 낼 수 있습니다. 하나님의 영광은 믿음의 강한 요새가 됩니다. 이것은 우리의 관심사일 뿐만 아니라, 우리를 위해 자신의 속성을 사용하시는 하나님의 관심거리입니다. 우리 자신의 행복일 뿐만 아니라, 그분 자신의 영광입니다. 그러므로 "당신의 이름을 위하여"라는 논리가 그처럼 자주 사용된 것입니다.

　비록 우리가 멸망한다고 하더라도 그것이 하나님께 어떤 문제가 되지 않습니다. 그러나 당신이라면 당신의 이름을 위해서 무엇을 하시겠습니까? 하나님께서는 자신의 목적을 잃어버리지 않으실 것이며, 그분의 계획을 바꾸지도 않을 것입니다. 만약 믿음이 위에서 말한 단 한 가지의 논리를 사용하여 스스로 확증을 얻는다면, 이 모든 논리들에 얼마나 많은 힘을 덧붙일 수 있겠습니까?

다섯째로, 사람이 일반적으로 신뢰하는 것들과 하나님의 속성들을 비교해 보십시오. 그리하면 하나님의 속성들이 얼마나 무한하며 초월적인 것인지를 알 수 있을 것입니다. 부요함이나 힘, 명예보다 하나님의 속성을 의지해야 하는 수많은 이유들을 알게 될 것입니다.

부라는 것은 불분명한 것이고 만족할 수 없는 것이며, 불충분한 것이고 제한적인 것이며, 기만하는 것입니다(잠 23:5 참고). 반면 하나님은 변함이 없는 분이고 만족시키는 분이며, 모든 것에 충만하고 신실한 분입니다. 힘이라는 것은 헛된 것이며, 다른 것을 의지하는 연약함을 말합니다. 그러나 하나님께서는 완전하시고 스스로 계신 분이며 전능하신 분입니다. 명예라는 것은 흔들리는 것이고 한갓 날카로운 비명 소리 같은 것이며 상한 갈대입니다(왕하 18:20 참고). 그러나 하나님께서는 어떤 세대에서도 흔들리지 않는 바위이십니다.

명예를 신뢰하는 것보다 하나님을 신뢰하는 것이 큰 격려가 되지 않습니까? 불명확한 부를 의지하는 것보다 살아 계신 하나님을 의지하는 것이, 병거나 말을 의지하는 것보다 만유의 주인이신 하나님을 의지하는 것이 더 큰 격려가 되지 않습니까?(시 20:7 참고)

사람이 거미줄을 의지하고(욥 18:14 참고), 그림자를 의지하고 붙들며(사 30:3 참고), 허망한 것과(사 59:4 참고) 거짓된 것과(렘 29:31 참고), 아무것도 아닌 것, 허무한 것(잠 23:5 참고)을 의지하는 것이 합당한 것이라고 생각하십니까? 반대로 주님을 의지하는 것이 과연 합당하지 못한 것이라고 생각하십니까?

여섯째로, 믿음을 낙담케 만드는 모든 반대들에 대해 대답해 주는 하나님의 속성으로부터 논리를 이끌어 낼 수 있습니다. 다시 말해서 "모든 수단을 사용해 보았다. 그러나 나는 믿을 수가 없다"라고 말하는 반대에 대해 대답하는 하나님의 속성에서 논리를 이끌어 낼 수 있습니다.

"하나님께서는 믿음의 역사를 능히 이루실 수 있는 분입니다. 그러나 나의 무능력함은 죄와 관계를 맺었기에 부도덕하고 허물이 많습니다. 하나님께서는 자비로우십니다. 그러나 나는 가치 없는 자입니다. 하나님께서는 은혜로우신 분입니다. 그러나 나는 그 은혜를 방종되게 사용했습니다. 하나님께서는 인내하시는 분입니다. 그러나 나는 그분의 인내하심을 건방지게도 남용하였습니다.

그러함에도 불구하고 그분께서 나를 그 이상으로 참아 주실 것이라고 기대할 수 있는 것은 무엇 때문이겠습니까? 바로 그분의 사랑입니다. 그러나 나는 그분의 사랑에도 불구하고 바람을 피우고 음란했습니다. 하나님께서는 변치 않으십니다. 그분께서는 신실하십니다. 그러나 나는 신실하지 못합니다. 한쪽 편의 불성실함은 다른 한편과의 관계를 끊어 버리는 것입니다. 그러나 그분께서는 무한하십니다."

그러하기에 사람은 반대하나, 하나님의 생각은 우리들의 생각과 다르며, 그분의 길은 우리의 길과 다릅니다. 그러나 하나님께서는 무한히 높이 계시기에, 그 무한하심이 우리를 때때로 낙심케 합니다. 그분과 우리 사이에는 무한한 거리가 있습니다. 나의 믿음으로 감히 어떻게 그분께 가까이 갈 수 있겠습니까? 바로 여기에 우리가 두 번째로 살펴볼 구세주, 중재자께서 계신 것입니다.

2. 그리스도의 사역들

믿음의 방향을 정하고 믿음을 격려하기 위해서 다음과 같은 방법들을 따르십시오.

1) 그리스도의 사역들과의 친숙

그리스도의 사역들과 친숙해지십시오. 그 사역들이 담고 있는 내용과, 우리에게 주장하는 것과 우리를 위한 것들에 친숙해지도록 하십시오. 만약 믿음이 어둠 가운데 있다면, 그 믿음은 비틀거릴 수밖에 없을 것이며, 우리의 중심을 어디에 고정시켜야 할지를 모를 것입니다. 아마 그림자를 붙잡고, 흔들리는 기초 위에 늘어져 있을지도 모릅니다. 그러면 든든히 서 있을 수도, 확신할 수도 없습니다.

그리스도에 대한 지식은 그리스도 안에서 믿음을 든든하게 합니다. 이사야서에서는 "나의 의로운 종이 자기 지식으로 많은 사람을 의롭게 하며"(사 53:11)라고 합니다. 디모데후서에서는 "나의 의뢰한 자를 내가 알고"(딤후 1:12)라고 합니다. 믿음이 그리스도의 각 사역 속에서 어떤 것을 붙들고 있는지를 아는 것은 그의 믿음에 큰 힘이 됩니다.

(1) 왕직

그분은 왕으로서 율법을 제공하시는 분입니다. 그분께서는 율법을 만드셨을 뿐 아니라 우리들의 마음에 그 율법을 기록하셨습니다. 지켜야 할 율법만 주신 것이 아니라, 그것을 지킬 수 있는 마음도 주셨습니다. 복종해야 할 율법만이 아니라, 복종의 원동력도 주셨습니다. 그분은 어둠의 세력, 이 세상과 우리의 정욕과 우리의 대적(시 2:6, 8 참고)을 물리치신 분입니다. 그분께서는 철장으로 그들을 깨뜨리실 것입니다. "그가 위로 올라가실 때에 사로잡힌 자를 사로잡고"(엡 4:8).

그분께서는 우리를 다스리십니다. 다스림의 권세가 그분의 어깨 위에 놓여 있습니다. 그분의 보좌는 우리 마음에 좌정하시고, 그분의 다스림 안에서 평화롭고 풍부하고 안전하게 살아가도록 돌보십니다. 양심의 평화와 은혜의 풍성함과 인내로 말입니다.

(2) 선지자직

그분께서는 선지자로서 아버지의 뜻을 선포하십니다. 구원의 비밀을 선포하십니다. 쓰이고, 전파된 대로 계속해서 아버지의 뜻을 이루시며, 또한 하늘로 오르실 때, 목사와 교사들을 주셨습니다(엡 4:11 참고). 우리로 하여금 그분의 뜻을 이해하게 하시며, 우리의 마음을 조명해 주십니다. 진리의 영을 보내서 분명치 않은 것을 분명하게 하시고 모든 의심을 물리치시며, 양심의 거리낌들을 제거하시어 만족케 하십니다.

(3) 제사장직

그분께서는 제사장으로 수고하셨으며, 또한 지금도 제사장으로서 중보하고 계십니다. 그분의 고통과 수고는 보상적인 것이며 또한 공로가 있는 것입니다. 보상적인 것으로 그분께서는 율법의 저주, 즉 하나님의 진노, 죽음과 지옥에서 우리를 구속해 주셨습니다. 공로로서, 그분께서는 모든 것, 즉 죄의 사면과 평화와 은혜와 영광을 제공해 주셨습니다. 이 모든 것들은 그리스도의 제사장직을 위해서 영적인 자격으로 주어졌고, 또한 신성하게 사용된 것입니다.

그리스도께서는 열심 있고, 정성 어린 기도와 눈물과 한숨으로 중보하십니다(히 5:7, 요 17 참고). 그리고 그분께서는 하나님 앞에서 자신의 공적을 나타내시고, 효과적으로 적용하십니다. 이 얼마나 믿음을 위하는 역사입니까! 의인들이 살아가는 데 있어서 다른 것은 없다고 하더라도, 이것만으로도 믿음의 생활을 하기에 충분합니다.

2) 우리와 관련 있는 그리스도의 사역

이러한 그리스도의 사역들은 순전히 상대적인 것입니다. 완전히 우리의 것이기도 하며, 우리를 위한 것이기도 하고, 우리에 관한 것이기도 합니다. 그 구성 조직이나 실행에 있어서 상대적인 것입니다. 그분께서는 우리를 위해서 왕이 되시기도, 제사장이 되시기도 하셨습니다. 또한 그렇게 일하셨습니다.

어떤 관계가 서로 관련이 있듯이, 그분의 사역들은 반드시 우리와 관련이 있는 것입니다. 아이가 없이는 아버지라는 말이 존재하지 않듯이, 그리스도께서는 자신의 나라, 즉 믿는 자들 없이는 왕이 되실 수 없습니다. 희생 제사가 없이는 제사장이 있을 수 없습니다.

이는 이전의 믿음의 대상인 하나님의 속성과는 다른 점입니다. 하나님의 속성은 필연적으로 절대적입니다. 그러나 그 속성과 우리와의 관계는 부수적입니다. 그 속성들의 존재 자체는 우리를 위한 것이 아닙니다. 그러나 그 속성의 행동들은 우리를 위한 것입니다. 하나님께서는 전능하시고 전지하시며 자비로우신 분이십니다. 어떤 피조물의 세계에도 그런 존재는 없었습니다. 그러하기에 그리스도의 사역은 하나님의 속성들보다 더욱 우리의 믿음을 격려하는 것입니다. 여기에 대한 관심이 많으면 많을수록, 더욱 확신을 가지게 됩니다.

믿음은 그리스도께서 나의 왕이시며, 나를 위해 기름부음을 받으시고 면류관을 쓰신 분이라고 주장합니다. 이러한 목적으로 그분께서는 나를 다스리시는 그분의 나라에 임하신 것입니다. 그분께서는 나를 위한 제사장이십니다. 나의 죄를 대신하시며, 나의 부족을 채우시는 제사장이십니다. 그리스도께서는 나의 선지자이십니다. 이러한 목적으로 그분께서는 기름부음을 받으시고, 한량없는 성령을 입으셨습니다.4 그래서 나를 가르치십니다. 그러하기에 내가 확신할 수 있는 것입니다.

3) 의무로 행하신 그리스도의 사역

그리스도의 사역들에 대하여, 그분께서는 그것들을 의무로 행하셨습니다. 그분께서는 독립적인 분이시며, 우리의 도움이 필요하지 않음에도 불구하고, 우리 믿음을 격려하기 위해서 의무의 계약을 체결하는 것을 기뻐하셨습니다. 아버지께서는 그분께 이것을 명령하셨습니다. 그러하기에 그분을 아들로 부르실 뿐만 아니라, 종이라고도 부르셨습니다. "내가 붙드는 나의 종, 내 마음에 기뻐하는 나의 택한 사람을 보라"(사 42:1).

이는 우리의 모습이나 예의와는 관계가 먼 것입니다. 그것은 그리스도께서 행하신 하나님을 향한 순종에 관한 것이었습니다. 그리스도께서도 그것을 따르셨습니다. "내가 주의 뜻 행하기를 즐기오니"(시 40:8). 그분께서는 영원한 종이십니다. 그러하기에 우리가 해야 할 의무가 있는 것처럼 그리스도께도 강력한 의무로서의 약속이 있다고 우리는 편안하게 말할 수 있을 것입니다.

이것은 우리에게 우리가 그리스도를 반드시 믿든지, 아니면 그리스도께서 무능하고, 태만하고, 무지하다고 생각하든지 해야 하는 딜레마를 가져다줍니다. 하늘과 땅의 모든 권세를 받은 분께서 무능하실 수 있겠습니까? 아버지의 지혜를 가진 분께서 무지하실 수 있겠습니까? 하나님께서 증언하신 "자기를 세우신 이에게 충성"(히 3:2)하시는 분이 태만하실 수 있겠습니까?

---

4. 사 61:1 주 여호와의 신이 내게 임하였으니 이는 여호와께서 내게 기름을 부으사 가난한 자에게 아름다운 소식을 전하려 하심이라. 나를 보내사 마음이 상한 자를 고치며 포로 된 자에게 자유를, 갇힌 자에게 놓임을 전파하며.

그렇지 않습니다.

믿음은 그리스도께서 자신의 사역을 감당하지 못하실 것이라는 신성모독의 자만에 대하여 불만하지 못하게 만드는 그분의 사역들로부터 분명한 논리를 이끌어 냅니다. 만약 그분께서 자신의 사역을 감당 하실 수 없다면, 그것은 그분께서 힘과 지혜와 의지가 부족하기 때문일 것입니다. 그러나 그분의 사역들은 이런 것을 배제합니다.

그분께서는 왕으로서의 능력이 있으신 분입니다. 선지자로서도 그분께서는 지혜로운 분이십니다. 눈을 만드신 분이 보시지 않겠습니까? 제사장으로서 그분께서는 기꺼이 해 주시는 분이십니다. 그분은 자비로운 대제사장이십니다. 그러므로 당신은 믿든지, 아니면 신성모독을 하든지 둘 중의 하나를 해야 하는 것입니다.

여기에 바로 강력한 청원이 있습니다. "주님, 이것을 하시는 것은 주님의 사역입니다. 주님께서 무엇을 하시도록 만들 수 있는 것은 아무것도 없다는 것은 분명한 사실입니다. 그러나 이렇게 하는 것이 기름 부으신 아버지를 기쁘게 만들며, 구세주이신 주님 역시도 이 사역에 복종하고 시작하시는 것을 기쁘게 여기십니다. 저의 영광스런 중재자께서 그분의 사역에 실패하신다면, 불쌍한 존재인 저는, 저의 의무를 다하지 못할 것이고 믿음에 신실하지도 못할 것이며, 하늘과 땅은 파멸할 것이고 거룩한 천사들도 악한 영으로 바뀔 것이며, 영광스런 성도들도 변절자가 될 것입니다. 그러므로 저는 믿습니다."

4) 신인으로서의 중재자의 사역

그리스도께서는 신인(神人), 즉 하나님이자 사람으로서의 중재자의 사역을 감당하십니다. 믿음은 이 점에서 하늘과 땅이 줄 수 있는 모든 격려를 소유하게 됩니다. 그분께서는 하나님이십니다. 여기서 그분께서는 훌륭한 상담자이셨습니다. 예를 들자면, 우리의 선지자이시자 평화의 왕이시며, 우리의 왕으로서 그분께서는 전능하신 하나님이라 불리셨으며, 또한 영원한 아버지라 불리셨습니다(사 9:6 참고). 그리고 그리스도께서는 우리의 제사장으로서도 우리의 아버지이시자 하나님이셨습니다. 왜냐하면 그분의 피는 '하나님의 피' 라고 불리기 때문입니다.5 그러므로 하나님의 모든 속성이 이 사역 속에 관련된 것입니다.

그분께서는 또한 사람이십니다. "사람이신 그리스도 예수"(딤전 2:5)라고 하십니다. 그분은 사람의 모든 감정을 가지셨습니다. 이것은 하나님께 속한 것에 대한 은유적인 표현이 아닙니다. 실제로 사람의 아들로서 그분께서는 사랑하시고 즐거워하시며, 기뻐하시고 자비로우신 분이십니다. 아니, 그분의 이러한 애정은 오히려 다른 사람들보다 더욱 섬세한 것입니다. 왜냐하면 이 모든 감정들이 나오는 그분의 몸은 더욱 순결하며, 그분의 체질은 보다 연약한 것이기 때문입니다.

뿐만 아니라, 여기서 우리의 행동하는 믿음은 또 다른 큰 유익을 가지게 됩니다. 즉 그리스도의 경험입니다. 우리가 구원을 위해 의지하는 분께서 아름다운 본성을 지니신 분이라는 사실은 고통과 어려움 가운데 있는 사람들에게 많은 격려가 됩니다. 하물며, 그분께서 우리의 고통과 같은 고난으로 신음하셨다는 것을 아는 것은 얼마나 큰 확신이 되겠습니까! 그리스도의 인성을 생각하는 것은 믿음에 큰 도움이 됩니다.

그분께서는 고통을 받으신 분으로, 슬픔의 사람이며, 우리를 힘들게 하는

---

5. 행 20:28 너희는 자기를 위하여 또는 온 양 떼를 위하여 삼가라. 성령이 저들 가운데 너희로 감독자를 삼고, 하나님이 자기 피로 사신 교회를 치게 하셨느니라.

모든 고통을 체휼한 분이십니다(히 2:16 참고). 그분께서는 완전히 고통을 겪은 사람이십니다. 고통을 온전히 뚫고 나온 분이십니다. 왜 그러셨습니까? 히브리서 2장을 보십시오. '자비하고 충성된 대제사장'(히 2:17 참고)이시기 때문입니다. "자기가 시험을 받아 고난을 당하셨은즉 시험받는 자들을 능히 도우시느니라"(히 2:18)라고 말씀하십니다.

이런 목적, 즉 고난당한 사람들을 긍휼히 여기시며, 그들을 구원하시기 위해서 그리스도께서는 고난을 받으셨습니다. 그리고 사도는 이것을 담대히 나아갈 확실한 근거로 삼습니다.(히 4:15,16 참고).

당신은 가난하고 능멸받는 사람입니까? 그리스도께서도 업신여김을 당하셨습니다. 당신은 중상모략을 당하십니까? 그분도 그러했습니다. 친구들이 떠나가고, 사람들로부터 미움을 받습니까? 사탄에게 유혹을 당하고, 하나님께 버림받았습니까? 하늘과 땅에 부르짖으실 때, 그분께서도 그러했습니다. 믿음으로 하여금 그리스도께서 불쌍히 여기시고 구원하실 것이라고 결론 내리십시오.

5) 그리스도의 사역의 관련성

(1) 그분의 제사장직을 눈여겨보십시오. 그러한 시각이 모든 것의 기초가 됩니다

그리스도의 모형인 제사장은, 그의 머리에는 위엄의 표시로 관을 쓰고, 선지자 사역의 표징으로 우림와 둠밈을 그의 가슴에 달고, 성직권으로서 왕직과 제사장직을 임명합니다.

그러하다면 기초부터 시작해 봅시다. 그분께서 바로 당신의 제사장이시라는 사실을 자신에게 말하십시오. 그러면 그분께서 왕이시며 선지자이시라는 것을 쉽게 믿을 수 있을 것입니다. 제사장직을 수행하셨다면, 다른 것들도

수행하실 것입니다. 그분께서 당신을 위해 고통을 받으신 것을 믿으십시오, 그리하면 당신은 어려움 없이 그분께서 당신을 거룩하게 하시며, 당신을 조명하실 것을 믿게 될 것입니다.

여기서 믿음은 큰 힘을 얻습니다. 가장 최악의 것인 고통은 지나갔습니다. 그리고 가장 큰 일은 끝났습니다. 남은 것은 작은 일입니다. 가장 힘든 일을 극복하였으므로 남은 것은 쉽습니다. 고통과 슬픔은 지나갔으므로 남은 것은 기쁨입니다. 수치와 모욕으로 성취되었으므로 앞으로 될 일은 영광과 높임을 받는 일입니다. 갈등은 끝이 났으므로 남은 것은 승리와 전리품은 나누는 일입니다.

여기서 믿음은 강력하게 행동할 수 있을 것입니다. 그리스도께서 고초를 치르셨고 가장 큰 일을 하셨으며, 가장 힘들고 수치스러운 것을 치르지 않으셨습니까? 그러하다면 이제 그분께서 기쁘고 영광스러운 일을 하지 않으시겠습니까?

그분께서 고통을 당하셨습니까? 그러면 이제 영광스러운 일을 하지 않으시겠습니까? 그분께서 정복하셨습니까? 그러면 이제 전리품을 나눠 주지 않으시겠습니까? 그분께서 나의 죄악들로 인해 상처를 받으셨습니까? 그러면 이제 그 죄악들에게 상처를 입히지 않으시겠습니까?

그분께서 자신의 피를 흘리셨습니까? 그러면 이제 나의 마음에 그분의 사랑이 흐르게 하지 않으시겠습니까? 그분께서 자신의 영광을 버리고, 오히려 진노로 채우셨습니까? 그러면 이제 나의 죄를 비우고 은혜로 채우지 않으시겠습니까?

그분께 그렇게 많은 눈물과 기도와 상처와 피를 요구했던 죄책감들을 없애버리셨습니까? 그러면 이제 한 마디 말씀만으로도 능히 하실 수 있는 분께서 죄의 권세를 없애버리지 않으시겠습니까?

(2) 다른 사역들은 주된 사역에 뒤따릅니다

그리스도의 다른 사역들은 그분의 제사장직과 선지자직과 왕직의 사역에 의존합니다. 은혜와 평화와 빛과 영광은 주어지기 전에 값을 주고 사야 하는 것들입니다. 그 값을 지불하고 사는 것은 다른 사람들에게 전하게 하는 제사장직에 해당하는 것입니다. 먼저 믿음이 그러한 것들이 값을 지불하고 산 것이라고 믿게 하십시오, 그러면 그런 것들이 주어질 것이라고 쉽게 믿게 될 것입니다.

(3) 값을 주고 사신 것은 주시기 위해서입니다

그런 것들을 값 주고 사신 목적은 전달해 주시기 위한 것입니다. 여기서 믿음이 강력하게 작용하는 것입니다. 그리스도께서 지혜와 거룩함을 값을 주고 사신 것은 그들에게 나누어 주기 위함입니다.

비워지고 가난하며, 약하여 앞을 내다볼 수 없는 피조물들은 자신의 목적을 이루지 못하더라도, 그리스도께서는 결코 자신을 불명예스럽게 하지 않으십니다. 결코 실망하지 않으십니다. 특별히 그분께서 그렇게 많은 값을 치르신 것, 그분의 최고의 작품, 그분의 가장 영광스러운 계획에는 더욱 그러합니다.

나를 거룩하게 하시기 위해서 그분께서 그렇게 많은 것들, 엄청난 진노와 고문과 영혼의 고통을 헛되이 치르시고, 그렇게 많은 피를 헛되이 흘리셨겠습니까? 나는 거룩하게 될 것임에 틀림없습니다.

6) 부족함이 없는 그리스도의 사역

그리스도의 사역들은 우리의 처지 가운데서 부족함이 없는 것입니다. 이것은 믿음의 생활을 위해서 필요한 것입니다. 모든 처지와 여건 가운데에서 의지할 바를 가지도록 합니다. 그분의 사역들 안에서 우리가 그런 것들을 발견합니다. 정욕이 심하고 유혹이 강하게 일어나며, 은혜가 약하고 하나님의 방법들이 불쾌하게 느껴질 때, 믿음이 그리스도를 당신의 왕으로 여기게 하십시오.

당신을 구조하시는 것이 그분의 사역이며, 그분의 영광입니다. 우리가 이런 것들을 정복할 때, 그분께서 승리하십니다. 그리스도께서는 왕으로 행동하시며, 고귀하고 위엄 있게 되실 것입니다. 이방인의 임금들도 주권을 행사한다(눅 22:25 참고)고 합니다. 그리스도께서는 왕과 같이 베푸시며, 왕과 같이 정복하실 것입니다.

무지나 은혜의 수단의 부족함, 성령님의 결핍이나 유혹의 위험과 마음의 혼동을 느낄 때는, 그리스도를 선지자로 바라보십시오. 이것이 그분의 사역이며, 그분의 영광입니다.

하나님의 진노와 그로 인한 죄책감을 느낄 때, 믿음이 그리스도의 속죄함으로 나아가게 하십시오. 그리고 오염된 죄가 당신의 인격과 당신이 드리는 예배를 조롱할 때, 그때마다 그분의 중보하심으로 나아가십시오. 모든 순간, 모든 일마다 믿음이 어떤 방향으로 행동해야 하는지를 지시하는 것은 매우 지겨운 일이 될 것입니다.

우리에게 주어진 예로서, 요한복음 17장에서 그리스도께서 이 땅에서 하신 기도는 천상에서의 그분의 중보의 형태를 보여 줍니다. 그분께서는 모든 믿는 자들을 위하여 그들의 연합과 죄로부터의 자유, 속죄와 기쁨과 인내와 영광을 위해 기도하셨습니다. 이것이 그분께서 기도하신 내용입니다.

또한 그분께서 어떻게 기도하셨는지를 보십시오. "그는 육체에 계실 때에 자기를 죽음에서 능히 구원하실 이에게 심한 통곡과 눈물로 간구와 소원을 올렸고"(히 5:7)라고 말씀합니다. 여기에 근거하여 믿음은 이 세상에 다른 강력한 근거를 둔 것만큼이나 강력하게 행동할 수 있습니다.

하나님께서는 그리스도를 믿는 불쌍한 죄인들의 기도를 항상 들으십니다. 그러하다면 하나님께서 하물며 그분의 자녀의 기도를 더욱 들으시지 않겠습니까? 그들의 연약한 울음소리조차도 응답되지 않은 적이 없습니다. 하물며 예수 그리스도의 강하고 열정적인 부르짖음은 어떻겠습니까? 그들의 눈물은 너무 귀한 것이어서, 주님께서 그 눈물을 주님의 병에 담으신다고 하십니다(시 56:8 참고). 그런데 예수 그리스도의 눈물은 얼마나 더 많은 가치가 있겠습니까?

그들은 한숨과 신음으로 몸부림치지 않았으나, 하나님을 설득하였습니다. 하물며 그리스도의 한숨과 신음은 얼마나 하나님의 마음을 움직였겠습니까? 그들의 기도와 울음과 눈물은 잊혀지지 않고, 하늘에 영원히 기록됩니다. 그것들은 곧 응답을 받았습니다. 또한 이 세상의 마지막 날에 응답될 것입니다.

또한 믿음은 말할 것입니다. 그 응답들이 나의 가슴속으로 내릴 것이라고 말입니다. 왜냐하면 그분께서 나를 위해 기도하셨으며 나를 위해 우셨고 나를 위해 부르짖으셨기 때문입니다. 그러므로 항상 들으시는 하나님께서 나를 위해 들으실 것입니다(요 11:22 참고). 이러한 답변, 즉 그리스도께서 나를 위해 기도하셨으므로 내가 거룩하여지고 연합되었다는 설명을 가지고 하나님께 나아가는 믿음이 되십시오.

7) 그리스도께서 사역에 쏟으신 애정

그리스도께서 얼마나 애정을 가지고 이 땅에서 자신의 사역들을 감당하셨는지를 생각해 보십시오. 그러면 그것이 그분께서 하늘에서도 그분의 사역들을 무시하지 않으실 것이라는 믿음을 강하게 뒷받침 합니다.

그분께서는 자신의 사역들을 그 사역을 위해 자신이 보내어진, 자신을 부르신 일로 여기셨으며, 자신의 온 영혼과 마음과 힘과 열정을 다해야 할 일로 여기셨습니다. "나는 받을 세례가 있으니 그 이루기까지 나의 답답함이 어떠하겠느냐"(눅 12:50). 이 세례는 그분의 죽음이었으며, 죽음 앞의 참혹한 고통이었습니다. 그분께서는 진노와 고통의 바다에 빠지셨습니다. 그것은 그 이전에 그 누구도 겪지 않았던 가장 참기 힘든 것이었으며, 가장 무서운 것이었습니다.

일반적으로 본성이 가장 무서운 것으로 여겨 피하기를 원하는 죽음마저도 그분께서는 열망하셨습니다. 그리고 누구도 표현할 수 없을 만큼 열정적으로 그것을 표현하셨습니다. "나의 답답함이 어떠하겠느냐?" 이 말씀의 의미는 '나의 영혼이 열정으로 가득 차서, 육체에는 어떤 여유도 남지 않는다' 라는 말입니다. '나의 생명과 피를 나의 잃어버린 백성을 위해 제사로 바치려는 열정으로 나의 영혼이 얼마나 괴로운가!' 라는 말씀입니다. 그것을 이루기까지 그분은 자신을 짓누르는 진노의 고통으로 인해 답답했습니다.

그분의 강력한 열정은 베드로가 그리스도께 자신을 구하고 생명을 버리지 마시라고 했을 때, 베드로를 꾸짖으시는 장면에서 잘 나타납니다. "사단아, 내 뒤로 물러 가라. **너는 나를 넘어지게 하는 자로다**"(마 16:23). 그분께서 그렇게 바라시던 죽음에서 자기 스스로를 구하라는 유혹은 사탄의 제안으로, 그분께는 경멸스러운 것이며, 걸려 넘어지게 하는 것이었습니다.

그러므로 그리스도께서는 비록 17절[6]에서 베드로에게 축복을 선언하셨음에도 불구하고, 받아들일 수 없는 충고의 말에 대해서는 가장 혹독한 이름으로 대답하신 것입니다. 이것은 바로 사람들로 하여금 그리스도의 사역과 초

---

[6]. 마 16:17 예수께서 대답하여 가라사대 바요나 시몬아, 네가 복이 있도다. 이를 네게 알게 한 이는 혈육이 아니요, 하늘에 계신 내 아버지시니라.

대와 명령과 약속들과 위협과 불평과 충고를 통한 혜택을 얻을 수 있는 자격 안으로 들어오게 하기 위해서 그리스도께서 모든 수단을 사용하신 것을 보여 주는 것입니다.

시편에서 그분의 기쁨을 보십시오. "내가 주의 뜻 행하기를 즐기오니 주의 법이 나의 심중에 있나이다"(시 40:8)라고 하십니다. 그분께서 즐거워하신 하나님의 뜻은(일관성으로 보아 히브리서 10장 5절7의 말씀의 인용으로) 자신의 영혼을 죄에 대한 제물로, 다른 번제와 속죄제의 제물보다 더욱 하나님께서 받으실 만한 제물로 드리시는 것이었습니다.

그러한 율법이 그의 마음에 있었습니다. '베타보크 메아이(בתוך מעי)'라는 말씀은 그분의 내장 깊은 곳에 있었다는 말씀입니다. 우리가 먹고 마실 때 본성에 따라서 하듯이, 그분께서는 하나님의 뜻을 기쁨으로 행하셨습니다. 그러하기에 그분께서는 "나의 양식은 나를 보내신 이의 뜻을 행하며 그의 일을 온전히 이루는 이것이니라"(요 4:34)라고 말씀하셨습니다.

배가 고프면 음식을 먹듯이, 그분께서는 우리를 위해서 기꺼이 피를 흘리셨고, 우리를 위해서 기꺼이 돌아가셨습니다. 우리가 맛있는 음식을 먹을 때 기뻐하듯이, 그분께서는 채찍질을 당하시고 상처받으시며, 십자가에 못 박히시기까지 하나님의 뜻을 행하기를 기뻐하셨습니다.

당신이 볼 수 있는 그분의 눈물 속의 슬픔과 감정적인 탄식은 그분의 사역의 혜택에서 사람들이 자기를 스스로 배제시킬 때였습니다. "가까이 오사 성을 보시고 우시며"(눅 19:41). 거기에 그분의 눈물이 있었습니다. '너도 오늘날 …… 일을 알았더면'(눅 19:42)이라는 그분의 말씀은 얼마나 연민에 찬

---

7. 히 10:5 그러므로 세상에 임하실 때에 가라사대, 하나님이 제사와 예물을 원치 아니하시고 오직 나를 위하여 한 몸을 예비하셨도다.

말씀입니까!

그분의 기쁨에 관한 것은 누가복음에 나와 있습니다. "이때에 예수께서 성령으로 기뻐하사"(눅 10:21)라고 말씀하십니다. 그분의 열정은 너무나 뜨거워서, 사도가 시편 69편 9절의 말씀을 요한복음 2장 17절에서 그리스도께 적용할 정도로 대단한 것이었습니다.[8] "주의 전을 사모하는 열심이 나를 삼키리라"라고 말씀합니다. 생명의 수분까지도 마셔 버릴 정도로 그 열정의 불길이 속에서 매우 뜨거웠다는 말씀입니다.

그러하기에 믿음은 말할 것입니다. 주님께서 이 땅에서 그처럼 애정이 깊으신 분이셨다면, 분명히 하늘에서도 마찬가지이며, 그곳에서도 그만한 기쁨과 사모함과 열정으로 자신의 사역을 수행하실 것이라고 말입니다. 무엇을 하시든지 그분께서는 변치 않으십니다.

당신의 열정과 당신의 힘이 어디에 있습니까? 주님께서 무시하시겠습니까? 그렇지 않습니다. 우리는 그분의 지체입니다. 자신의 육체보다 더 사랑스러워하시는 지체입니다. 그분께서 우리를 잊으실 수 있겠습니까? 그럴 수 없습니다. 어미가 자신의 젖을 빠는 아이를 잊을지언정, 주님께서는 우리를 잊지 않으십니다. 우리는 그분의 손바닥에 새겨진 사람들입니다. 그분께서는 우리를 잘 기억하고 계십니다. 바로 우리를 위해 그분께서 찔림을 받으신 것입니다.

8) 삼위 하나님의 협력 사역

성부 하나님과 성령 하나님께서 그리스도의 사역에 관여하십니다. 성부

---

8. 시 69:9 주의 집을 위하는 열성이 나를 삼키고 주를 훼방하는 훼방이 내게 미쳤나이다.
요 2:17 제자들이 성경 말씀에 주의 전을 사모하는 열심이 나를 삼키리라 한 것을 기억하더라.

하나님께서 명령하십니다. 그러하기에 그리스도께서는 '세상에서 죽임 당한 어린양'이십니다. 성부께서 그리스도를 보내셨습니다. "아버지께서 나를 세상에 보내신 것같이"(요 17:18). 성부께서 명령하셨습니다. 그리스도는 요한복음에서 자기 생명을 버릴 것을 말씀하시며 "이 계명은 내 아버지에게서 받았노라"(요 10:18)라고 덧붙이십니다.

성부께서 인정하셨습니다. 그리스도께서 자신의 사역을 시작하실 때, 하늘로부터 '이는 내 사랑하는 아들'이라는 훌륭한 승인을 받으셨습니다. 그러므로 성부께서는 아들을 사랑하십니다. "아버지께서 나를 사랑하시는 것은 내가 다시 목숨을 얻기 위하여 목숨을 버림이라"(요 10:17). 성부께서는 그리스도의 사역이 계속될 것을 맹세하십니다. "주께서 맹세하시고 뉘우치지 아니하시리니, 네가 영원히 제사장이라 하셨도다"(히 7:21).

여기에서 믿음은 확신으로 자라납니다. 아버지께서 명령하시고 이러한 목적으로 그리스도를 보내시며 그분의 사역을 수행하도록 명령하셨다면, 또한 주님께서 그분을 이것 때문에 인정하시고 사랑하셨으며 맹세하셨다면, 분명히 그분께서는 거룩하게 하시고 의롭게 하시며 교화하실 것입니다. 여기에는 의심의 여지가 없습니다.

믿음은 그리스도의 사역을 자기 것으로 전용합니다. 아버지께서는 나를 위해서 그리스도에게 명령하셨으며, 나를 거룩하게 하시기 위해서 또한 나를 교화시키기 위해서 그리스도를 보내셨으며, 나의 정욕을 정복하시기 위해서 그리스도에게 명령하셨습니다. 또한 주님께서는 그리스도를 사랑하십니다. 왜냐하면 주님께서는 나를 그만큼 사랑하시기 때문입니다.

성령 하나님도 또한 관여하십니다. 성령 하나님께서는 사역의 성취를 위해서 그리스도에게 임하셨습니다. 성령 하나님께서 자신의 일을 잊어버리시거나 자신의 목적에 도달하지 못하시겠습니까? 성령 하나님께서는 그리스도의 사역에 동참하십니다.

  죄 씻음은 그리스도의 왕적 사역에 있어서 너무나 중요한 일입니다. 성령님께서는 성결의 영으로서 협력하십니다(롬 1:4 참고). 교화하심은 그리스도의 선지자적 사역입니다. 성령님께서는 진리와 지혜의 영으로서 협력하십니다. 그리고 의로움에서 나오는 안식은 그리스도의 제사장적 사역에 관한 것입니다. 성령님께서는 바로 위로와 양자의 영으로서 협력하시는 것입니다. 그리스도의 사역들에 근거하여 행하는 믿음은 천국이 주는 모든 보장을 받습니다.

제3장

어떻게 믿음으로 살 수 있는가?(2)

1. 약속 안에서 살아 움직이는 믿음

어떻게 믿음이 약속 안에서 유효하게 일하는지, 그리고 믿음의 행동 안에서 약속으로부터 어떻게 도움과 격려를 받는지를 살펴봅시다.

1) 약속의 범위

약속의 범위에 대해서 생각하십시오. 약속은 모든 정황에 적합한 것입니다. 믿음이 약속으로부터 도움을 발견하지 못하는 상황이란 없습니다. 영혼과 육체와 재산과 관계와 행동들, 약속은 이 모든 것들을 위한 것입니다. 이러한 약속들은 외적으로 표현된 것들입니다. 그러나 이러한 것들 외에도 약속에는 함축적으로, 실제적으로, 그리고 결과적으로 우리가 발견하지 못한 것들이 더 많이 있습니다. 믿음이 호칭들과 단언들과 관계들과 기도와 명령과 위협들로부터 끄집어 낼 수 없는 것이란 성경에서 거의 없습니다.

하나님의 호칭은 실제적으로는 약속입니다. 하나님께서 태양이라 불리실 때, 그분께서는 방패이시고 강한 요새이시며 숨는 곳이십니다. 그리스도의 호칭은 세상의 빛이요, 생명의 떡이요, 길이요, 진리요 생명이십니다. 성령님의 호칭은 진리의 영이요, 거룩의 영이요, 영광과 은혜의 영이며, 탄원하고 보증하며 증거하는 영입니다.

믿음은 약속으로부터 나오는 만큼이나 호칭으로부터도 많은 것들을 끄집어 낼 수 있습니다. 주님께서 태양이십니까? 그러하다면 그분께서는 당신에게 영향을 끼치실 것입니다. 그리스도께서 생명이십니까? 그러하다면 그분께서는 당신을 살아나게 하실 것입니다.

또한 성경에서 단정적으로 제공된 많은 주장들도 약속으로 적용될 수도 있습니다. 예를 들어 "정직하게 걷는 자는 안전하게 걸을 것입니다"와 같은 문장에서처럼 말입니다. 다시 말해 "오직 성령의 열매는 사랑과 희락과 화평과 오래 참음과 자비와 양선과 충성과 온유와 절제니"(갈 5:22,23)라는 말씀에서 믿음은 내 안에 계신 성령님께서 이런 열매들을 가져다주시는 분이시라고 결론을 내립니다.

주님께서 자신의 백성들을 위해서 이전에 맺으셨던 관계들은 지금도 유효한 약속들입니다. "너를 낮추시며, 너로 주리게 하시며, 또 너로 알지 못하며 네 열조도 알지 못하던 만나를 네게 먹이신 것은 사람이 떡으로만 사는 것이 아니요, 여호와의 입에서 나오는 모든 말씀으로 사는 줄을 너로 알게 하려 하심이니라"(신 8:3).

이 말씀의 내용은 사실 그대로의 관계입니다. 그러나 그리스도께서는 그것을 약속으로 보셨습니다(마 4:4 참고).

하나님께서 과거에 자기 백성들과 맺은 관계들로부터, 믿음은 미래에도 그렇게 하실 것이라고 결론을 내립니다. 하나님께서 과거에 자신을 믿는 사람들을 구원하셨다면, 지금도 자신을 믿는 사람들을 구원하실 것입니다. "우리 열조가 주께 의뢰하였고 의뢰하였으므로 저희를 건지셨나이다. 저희가 주께 부르짖어 구원을 얻고"(시 22:4,5).

그분께서는 동일한 하나님이시며, 동일한 약속이 있으신 분입니다. 그것으로부터 우리는 동일한 자비뿐만 아니라, 그 자비에 비례하는 어떤 다른 것이나 그것을 능가하는 것들까지도 이끌어 낼 수 있습니다. 다윗은 주님의 이름으로 골리앗에 대항했습니다. 그리고 승리했습니다. 우리도 만약 우리의 정욕에 대항해서 똑같은 방법으로 나간다면, 반드시 승리할 것입니다.

옛날 하나님의 사람들의 기도는 우리에게 실제적인 약속입니다. 그들이 교회와 자신들을 위해서 한 기도를 우리는 약속으로 적용할 수 있습니다. 우리는 여기에 대해서 두드러진 근거들을 가지고 있습니다. 역대하 20장에서 여호사밧은 솔로몬의 기도를 약속으로 언급하고, 몇 가지 청원들을 마치 약속이 되어 있는 것처럼 요구합니다. 그 이유는 신실한 자들의 기도는 약속으로 여겨지기 때문입니다. 그리고 그 기도의 응답은 이루어지기 때문입니다(대하 20:9 참고).

하나님의 계명은 실제적인 약속이며, 약속과 동등한 것입니다. 형제를 일흔 번씩 일곱 번까지 용서하라시는 명령(눅 17:4, 마 18:21,22 참고)에서처럼, 단순히 그 용서의 비례로 인해 그 믿음은 주님께서 더욱 많이 용서하실 것이라고 결론 내리는 것이 아닙니다. 그러나 "당신은 주님을 사랑할 것입니다"라는 문장에서처럼 분명히 우리는 이것을 약속으로 읽습니다.

왜냐하면 주님께서 그분의 백성에게 명령하시는 모든 것들을 위해서, 순종할 만한 힘을 주기로 스스로 약속하셨기 때문입니다. 그러므로 이러한 점에서 모든 명령은 믿음의 눈으로 볼 때는 약속으로 읽혀질 수 있습니다. 즉 내가 당신으로 하여금 나를 사랑하도록 만들겠다는 뜻입니다.

"의인은 믿음으로 말미암아 살리라"라는 말씀도 믿음의 눈으로 읽으면 주님께서 의인들로 하여금 믿음으로 말미암아 살도록 만들겠다는 뜻입니다. 너의 지체를 제어하라는 의미는 지체를 제어함으로써 자기 자신을 부인하게 만들라는 의미입니다. 이러한 이유는 주님께서 그분의 율법을 우리들의 마음에 새기셨기 때문입니다(렘 31:33 참고). 거기에 적힌 모든 율법은 복음이 됩니다.

모든 교훈은 약속이 됩니다. 왜냐하면 우리의 마음에 율법을 새긴다는 것은 우리의 마음을 그 율법에 응답하도록 만든다는 것이기 때문입니다. 다시 말해 기꺼이 순종하게 한다는 말입니다. "우리는 율법 아래 있는 자가 아니다"라는 말은 "우리가 은혜 안에 있다"라는 뜻이 되는 것입니다. 그것이 아니라는 말은 이것이라는 말과 같습니다.

어떤 사람이 명령을 하고 이미 그 명령이 수행될 수 있도록 약속되었다면, 그분의 명령은 약속이나 마찬가지입니다. 그분께서는 우리 안에서 우리의 모든 일을 하시는 분이십니다.

이상하게도, 위협들도 결과적으로는 약속입니다. 사악한 자들에 대하여 선포된 위협들은 경건한 자들에게는 약속입니다. 어떤 죄가 위협을 받는 것은 그 위협 속에 정반대의 약속이 담겨져 있는 것입니다. 이것이 바로 상반된 법칙이라는 것입니다. "사악한 자는 지옥으로 갈 것이다"라는 말씀에서 믿음은 경건한 자가 천국으로 옮겨질 것이라고 결론 내릴 수 있습니다. "저주받은 자들은 하나님의 일을 태만하게 하는 자들이다"라는 말은 신실한 자들은 복 받은 자들이라는 말입니다.

성경에서 발견하는 대조법은 믿음 속에서도 발견됩니다. "너희는 의인에게 복이 있으리라 말하라. 그들은 그 행위의 열매를 먹을 것임이요, 악인에게는 화가 있으리니, 화가 있을 것은 그 손으로 행한 대로 보응을 받을 것임이니라"(사 3:10,11)라는 말씀에서 "믿는 자는 구원을 얻을 것이다"라는 말은 성경에 자주 나오는 표현입니다.

그 반대가 표현되지 않을지라도 믿음은 그 반대를 필연적으로 따라오는 결과로 덧붙이는 것입니다. 믿음은 신명기 28장처럼 끔찍한 내용 속에서도 그 끔찍함만큼이나 안식 또한 이끌어 낼 수 있습니다. 이것은 믿음이 주식으로 할 수 있는 충분한 음식이 됩니다.

2) 모으고 쌓아야 할 약속

약속들을 모으십시오. 그것들을 저장하고 방법화하며 묵상하십시오. 한 가지를 오랫동안 묵상하십시오.

약속들을 모으십시오. 약속들은 이 광야에서 당신이 먹고살아야 할 음식, 천사의 음식입니다. 이스라엘 백성들이 만나를 모으듯이 약속들을 모으는 데 주의를 기울이십시오. 자주 광산을 찾으십시오. 비싼 값이 나가는 이 보물들이 벌판에 무가치하게 버려져 있도록 놓아두지 마십시오. 이 약속들은 당신의 순례길의 모든 요금을 지불하는 것입니다.

천사들도 복음을 엿보려고 노력하는데, 하물며 우리는 얼마나 더 노력해야 하겠습니까? 우리는 천사들보다 더욱 관심을 가져야 합니다. 만약에 천사들이 신자들에게 주어진 약속들을 가지고 있었다면, 천사들 중 어느 누구도 타락하지 않았을 것입니다. 읽을 때와 들을 때, 우리는 약속들에 특별한 주의를 기울여야 합니다.

약속들을 쌓으십시오. 당신의 기억이 법궤 속의 항아리같이 항상 이 영적인 만나로 가득 차게 하십시오. 그렇지 않다면 당신은 약속으로 일하시는 하나님의 은혜의 역사들을 시대와 수단들과 읽는 것과 듣는 것에 따라 제한하는 것입니다.

　반면 우리에게는 약속이 항상 필요함에도 읽을 수 있고 들을 수 있는 기회를 항상 가지게 되는 것은 아닙니다. 이러할 때, 우리가 미리 쌓아놓은 약속은 우리의 침실에서 안락함을 제공할 것이며, 우리의 부르심에도, 심지어 감옥에 버려졌을 때에도 우리를 위로할 것입니다.

　당신이 보물을 가질 수 없게 되었을 때, 당신의 믿음은 굶주리고 활동할 수 없게 될 것입니다. 그때를 대비하여 모든 상황과 모든 경우의 위급한 상황에서 대처할 수 있도록 모든 약속들을 배치하십시오. 그래서 어떤 사고나 일을 당했을때, 약속의 도움을 받지 못해서 놀라게 하는 일이 없도록 항상 노력하십시오.

　믿음으로 사는 것은 우리의 삶의 모든 행동을 믿음의 행동이 되도록 하는 것입니다. 그러하다면 우리가 모든 행동과 상황을 그것에 맞게 적용할 수 있는 약속을 가지는 것 외에 믿음의 삶에는 어떤 것이 있겠습니까? 우리가 기도하고, 듣고 먹으며, 걷고 일하는 모든 것은 약속의 능력 안에 있습니다. 인도하심과 보호하심과 힘과 성공도 모두 약속 안에 있습니다. 이것이 믿음의 삶입니다.

　자주, 그리고 깊이 묵상하십시오. 약속들은 그리스도께서 그분의 배우자에게 쓰신 달콤한 언약의 편지입니다. 당신은 이것들을 자주 사용하지 않겠습니까? 그리스도의 명령에는 장엄함이 있고, 그리스도의 위협들에는 단호함이 있습니다. 그러나 약속들에는 사랑이 지배적이며, 달콤함 이외에는 아무것도 없습니다. 우리는 그러한 약속들이 우리들의 대접 위에 오래도록 머물게 해야 합니다.

　묵상은 믿음 생활을 만들어 내는 조합물입니다. 어떤 음식도 소화가 되지 않고는 생명을 유지하는 데 쓰일 수 없습니다. 약속들은 꿀과 송이꿀보다 답니다. 그러나 당신이 그 약속을 묵상으로 짜내지 않으면 그러한 달콤함을 얻을 수 없습니다. 이것이 믿음과 약속을 함께 묶어 주며, 낙심을 없애고 논리를 제시합니다. 이러한 믿음 생활의 편안함과 행동들은 묵상을 무시함으로써 많이 약해지고 방해받습니다.

3) 거룩한 담화와 이성적 사고에 익숙하게 됨

당신 스스로를 거룩한 담화와 거룩한 이성적 사고에 익숙해지도록 하십시오. 믿음은 이성을 폐지하는 것이 아니라 향상시킵니다. 사람의 필수적인 특징들은 그 무엇이든지 믿는 자들에게도 유용한 것입니다.

약속의 적용은 다름 아닌 믿음에 의해서 훈련된 거룩한 이성의 작용입니다. 일반적인 약속으로부터 각각의 약속들로 논리를 이끌어 내고, 특별한 것으로부터 개인적인 것으로, 전형적인 것으로부터 실제적인 것으로, 현세적인 것으로부터 영적인 것으로, 영적인 것으로부터 현세적인 것으로 논리를 이끌어 내십시오.

(1) 일반적인 것에서 개인적인 것으로

모든 것은 선(善)을 위해서 움직이게 되어 있습니다. 그러므로 지금의 것은 손해이고 고통이며, 소란이고 유혹입니다. 모든 하나님의 방법은 자비입니다. 그러므로 지금의 것은, 비록 내가 원하는 바와는 반대일지라도, 관심을 가지게 하고 노력하게 합니다. 당신이 무엇을 구하든지 이것은 이루어지게 되어 있습니다.

그러므로 지금의 이 부족함은 채워질 것이고, 지금의 이 욕망은 가라앉고 이 유혹은 정복될 것이며, 일어난 일들은 거룩해질 것입니다. "너희는 의인에게 복이 있으리라 말하라"(사 3:10)라고 말씀하신 것은 지금이 가장 최악의 상태라는 전제를 깔고 있습니다.

(2) 특별한 것에서 개인의 것으로

한 사람에게 합당하게 보이는 약속들로부터, 만약 특별히 제한해야 할 이유가 없다면, 그 약속을 개인적인 것으로 이끌어 내십시오. 이러한 약속들은 법적인 것이기 때문에 그 약속들의 이유가 그러하다면 그것은 또한 보편적인 것입니다.

그러므로 사도 바울은 특별히 하나님께서 여호수아에게 말씀하신 것을 히브리인들에게 적용합니다. "내가 과연 **너희**를 버리지 아니하고, 과연 **너희**를 떠나지 아니하리라"(히 13:5). 우리는 아브라함에게 특별히 말씀하신 것을 우리에게 적용할 수 있습니다. "두려워 말라. **나는 너의 방패요, 너의 지극히 큰 상급이니라**"(창 15:1). 그렇게 말씀하신 하나님께서는 동일한 하나님이시며, 그 특권은 동일한 특권이기 때문입니다.

그리고 베드로에게 하신 말씀을 우리에게도 적용할 수 있습니다. "네 믿음이 떨어지지 않기를 기도하였노니"(눅 22:32). 여기에 같은 필요가 있으며, 같은 유혹이 있고 극심한 연약함도 있습니다. 그리고 바울에게 주님께서는 "내 은혜가 네게 족하도다"(고후 12:9)라고 하십니다. 여기에 같은 약속이 하나님께 있으며 우리 안에는 그러한 정욕과 무능력함이 있습니다.

(3) 전형적인 약속에서 모형의 성취로

이것에 대한 근거는 고린도전서 10장 6절[1]에 있습니다. 애굽은 우리의 자연적인 상태에 대한 모형이었습니다. 바로는 우리의 영적인 대적에 대한 모형입니다. 바위에서 나온 샘물과 하늘에서 내린 만나는, 그리스도에 의한 영적인 채움에 대한 모형입니다. 구름과 불은, 방향 지시와 보호의 상징이며,

---

1. 고전 10:6 그런 일은 우리의 거울이 되어 우리로 하여금 저희가 악을 즐겨 한 것같이 즐겨 하는 자가 되지 않게 하려 함이니.

가나안은 천국의 상징이었습니다.

그들에 대한 이런 것의 약속들은 우리에게는 모형의 약속이며, 그리고 약속의 성취는 우리의 믿음에 격려가 됩니다. 다음과 같은 것이 그 예들입니다. "내가 그와 그 온 군대를 인하여 영광을 얻어"(출 14:4), "내가 친히 가리라"(출 33:14), "너희가 즐겨 순종하면 땅의 아름다운 소산을 먹을 것이요"(사 1:19).

(4) 현세적인 것에서 영적인 것으로

이것은 육체에 관한 약속으로부터 영혼을 위한 약속으로 이끌어 내는 것입니다. 영적인 축복은 현세의 약속에 포함되어 있습니다. 현세적인 약속은 영적인 약속의 보증물입니다. 그러하기에 사도 바울은 "주께서 나를 모든 악한 일에서 건져 내시고"(딤후 4:18)라고 주장합니다. 이를 그리스도께서는 동일한 논리로 믿음을 확증하는 데 사용하셨습니다. "목숨이 음식보다 중하지 아니하며 몸이 의복보다 중하지 아니하냐"(마 6:25). 그리고 사도 바울은 "하나님께서 어찌 소들을 위하여 염려하심이냐"(고전 9:9)라고 합니다. 영적인 것의 중요성은 더 이상 언급할 필요가 없을 것입니다.

이런 논리는 하나님께 있어서 확실한 것입니다. 물질적인 삶을 위해서 자기의 사랑하는 자에게 음식을 주시는 분께서 그 영혼을 굶주리게 하시겠습니까? 몸을 천사로 보호하시는 분께서 그 영혼을 사탄의 제물이 되게 하시겠습니까? 건강과 힘으로 사람의 육체를 유지시키는 분께서 그 영혼을 영적인 소란 아래 두어 괴롭게 하시겠습니까?

모든 육체적인 질병을 고치신 분께서 그 영혼의 보다 비참하고 위험한 질병을 고치지 않으시겠습니까? 육체를 돌보시는 분께서 그 영혼을 무시하시겠습니까? 사악한 육체보다 값비싼 영혼을 위해서 적게 일하시겠습니까? 특별한 사랑이 일반적인 자비만을 주시겠습니까? 영혼의 번창함을 기뻐하시는 분께서, 육체는 번창하는 데 영혼은 번창하지 않게 하시겠습니까? 무엇이 더 중요하고 필요한 것인지를 그분께서 모르시겠습니까?

(5) 영적인 것에서 현세적인 것으로

이는 모든 면에서 강력한 것입니다. 보다 더 큰 일을 하시는 분께서 그보다 작은 일을 못하시겠습니까? 하나님의 나라를 주시는 분께서 이 땅의 하찮은 것들을 더하지 못하시겠습니까? 하늘과 땅의 가장 귀한 것들을 주시는 분께서 그것을 담을 그릇을 주지 않으시겠습니까?

아버지 집의 잔치를 제공하시는 분께서 하찮은 찌꺼기들을 주시겠습니까? 죽음에서 영혼을 구원하시는 분께서 실족하는 자의 발을 붙잡아 주지 않으시겠습니까? 특별하고 영원한 것을 주시는 분께서 일반적인 은혜를 주지 않으시겠습니까? 윗샘을 가지신 분께서 아랫샘을 주지 않으시겠습니까? 샘물을 가진 분께서 몇 방울의 물을 주지 않으시겠습니까?

여기에서 믿음은 확신을 가지게 됩니다.

4) 하나님을 제한하지 말라

하나님께서 그분의 일을 행하심에 있어서 하나님을 어떤 사물이나 수준이나 시대나 사람에게 제한하지 마십시오. 믿음을 행함에 있어서 하나님을 제한하지 않도록 하십시오. 하나님을 제한하는 것은 실망을 낳고, 그 실망들은 낙심하게 만들며 그 낙심들은 믿음을 연약하게 만들고, 믿음의 힘과 생명력을 손상시킵니다.

약속된 것으로 보이는 각 개인들이나 그들의 수준을 독단적으로 기대하지 마십시오. 믿음의 논리를 이끌어 내는 데 있어서 결론은 전제를 뛰어넘지 말아야 합니다. 절대적인 약속을 제외하고는 독단적으로 함부로 결론 내리지 마십시오.

어떠한 것은 하나님의 절대적인 약속이 아닌 것들도 있습니다. 은혜의 수준이나 임의적인 도움들이나 외적인 축복이나 내적인 즐거움들이 바로 그것들입니다. 그런 약속들을 적용할 때, 믿음은 절대적인 결론을 내리기보다는 조건적으로 결론을 내리는 것이 필요합니다. "이것이 나에게 있어서 선한 것이라면 내가 이것을 취할 것입니다"라는 식으로 말입니다.

혹은 나누어서 결론을 내리는 것이 필요합니다. "내가 이것을 취하거나 혹은 더 나은 어떤 것을 취할 것이다"라고 말입니다. 우리는 명확히 약속된 것만을 확실하게 기대하고, 나머지는 아예 믿으려 하지 않습니다. 우리가 일반적으로 하는 일이지만, 그것은 가장 큰 오해입니다.

우리에게 반드시 필요한 약속을 제외한, 어떤 약속을 적용할 때, 믿으려 하지 않는 것은 하나님께서 요구하시는 이상의 것입니다. 우리의 행복과 관련된 약속을 적용하는 데 있어서, 성령님께서는 자신을 제한하지 않으시는 데 반해, 우리는 그분을 제한합니다. 이것은 믿는 것이 아니라, 하나님을 시험하는 것입니다.

시간에 대하여서도 마찬가지입니다. 약속을 적용할 때, 우리는 항상 즉각적인 응답을 기대하지 말아야 합니다. 기다리고 의지해야 합니다. 이것은 믿음의 중요한 행동이며, 믿음으로 사는 동안 그러한 훈련은 계속되어야만 합니다.

시간과 때는 하나님의 손에 달려 있습니다. 때에 맞게 행동하는 것은 그분의 특권입니다. 우리는 시간에 주의를 기울입니다. 그러나 그분께서만 무엇이 가장 선하며, 또한 언제가 가장 선한지를 아십니다. 비록 시간이 지나간 것처럼 보이고, 그분께서 꾸물거리시는 것처럼 보일 때에도, 그분께서는 절대로 적절한 시기를 놓치지 않으십니다.

신실한 유대인들이 약속된 메시야가 오시는 것을 얼마나 오랫동안 기다렸습니까? 얼마나 오랫동안 바벨론이 몰락하고 다윗의 장막이 세워지기를 기대하였습니까? 아브라함은 아들을 약속 받았습니다. 그는 그 약속이 이행되기까지 오랫동안 기다렸습니다.

다윗의 왕국도 마찬가지였습니다. 그의 믿음이 완전히 소멸되기 직전까지 그의 나라는 지연되었습니다. 그의 믿음이 얼마나 연약해졌던지, 그는 "언젠가는 사울의 손에 망하게 될 것이다"라고 말할 정도가 되었습니다. 오랫동안 기다리는 것보다 믿음의 생명력이 더 확실하게 드러나는 때는 없습니다. "그것을 믿는 자는 급절하게 되지 아니하리로다"(사 28:16). 조급해하며 서두르는 것은 불신앙입니다(시 31:22, 116:11 참고).

특정한 사람에게 약속의 성취를 제한하지 마십시오. 이삭은 자신과 자신의 아버지에게 주어진 약속이 에서에게서 이루어질 것이라고 믿었습니다. 그러나 하나님께서는 그 약속들을 야곱을 통해서 성취하셨습니다. 비록 당신과 당신의 아버지에게 주어진 약속이 이루어지지 않았다면, 그 약속은 드디어 당신의 자식에게서 성취될 것입니다. 하나님께서는 신실하시며, 믿음은 헛되지 않습니다.

5) 조건적인 약속

조건적인 약속에 관하여, 당신이 진실되다면, 수준의 부족으로 당신이 자격을 갖추지 못했다고 낙심하지 마십시오. 비록 보잘것없고 가장 낮은 수준의 은혜도 약속에 대해서는 자격을 부여합니다. 불길로 확 나오지 않아도 은혜는 은혜입니다.

그리스도께서는 연기만 나더라도 받아 주십니다. 그는 그 불을 끄는 것을 원치 않으시는 분이십니다. 삼나무의 높이만큼 자라지 못했어도 당신은 당신입니다. 그리스도께서는 갈대, 그것도 상한 갈대를 기뻐하십니다. 그는 상한 갈대도 꺾지 아니하십니다.

그러므로 그분께서는 사람들이 조건으로는 여기지도 않을 정도의 낮은 조건을 조건으로 제시하시는 것입니다. 원하면 주시고 바라면 만족시키시며, 오면 받아 주시고 받으려면 거저 주십니다. 이러한 측면에서 은혜의 언약은 실제로는 절대적인 것이지만, 제안의 형태에 따라서는 조건적인 것으로 보이기도 합니다.

하나님께서는 우리가 상상할 수 있는 것 중에서도 가장 낮은 조건으로 오십니다. 그러므로 가장 낮은 조건의 미약한 수준이라도 약속에서 유익을 얻을 수 있습니다. "청결한 자는 복이 있나니"(마 5:8)라고 말씀하실 때 그분께서는 완전한 순결을 말씀하지 않으셨습니다. 다만 그 가능성을 열어 두신 것입니다. "나의 마음과 생활은 불결합니다. 어찌 내게 이 약속을 적용할 수 있습니까?" 주님께서는 낮은 자리에 오셔서 "주리고 목마른 자는 복이 있나니"(마 5:6)라고 말씀하십니다. 정결함을 위한 갈증이 실제로 정결함보다는 못합니다. 그러나 이 갈증은 사모함에 있어서는 대단히 높은 수준의 것입니다. "나의 수준은 그것에도 미치지 못합니다."

주님께서는 낮은 자리에 오셔서 "할 마음만 있으면 있는 대로 받으실 터이요"(고후 8:12)라고 하십니다. "원하는 자는 값없이 생명수를 받으라"(계 22:17)고 하십니다. 주님께서는 하고자 하는 마음, 사모함의 가장 낮은 수준, 비록 그것이 가장 낮은 조건이라고 하더라도 가장 큰 수준의 복을 받을 자격으로 간주하십니다.

더 나아가, 당신이 스스로 분간하지 못할 정도로 아주 연약한 수준의 자격만을 가지고 있다고 생각해 봅시다. 그러나 그것이 약속을 적용하는 것을 낙심케 하지 못합니다. 다른 부수적인 조건보다 믿음은 하나님께서 보다 즐겨 받으시는 것으로 약속에 분명한 자격을 부여합니다.

믿음은 언약의 중요한 조건입니다. 다른 것들은 부수적인 것입니다. 믿음이 다른 부수적인 것들을 받으실 만한 것으로 만듭니다. 반면에 믿음 없이는 어떤 것도 얻을 수 없습니다. 그러므로 당신은 자격을 갖추었다고 믿고, 자격이 없다고 부정하지 마십시오. 당신이 약속에 믿음을 가지고 온다면, 당신은 하나님을 가장 기쁘시게 하는 것을 가지고 온 것이며, 그것은 부수적인 것들도 데리고 올 것입니다.

6) 약속들의 전체성

한 가지 약속을 온전히 주장할 수 있는 사람은 다른 약속에서도 유익을 얻을 수 있습니다. 어떤 한 약속을 적용할 수 있는 사람은 다른 모든 약속들도 소유할 수 있습니다. 이러한 관찰은 현재의 계획을 진척시키는 데 필수적인 것입니다. 왜냐하면 모든 약속들은 믿음의 생활을 유지하는 데 필수적인 것이기 때문입니다.

어떤 약속을 배제하는 사람은 자신의 모든 삶에 퍼져야 할 믿음의 영향력을 삶의 일부분에만 국한시키는 것입니다. 이것은 믿음이 약한 자들에게서 일반적으로 나타납니다. 어떤 것들은 적용을 하지만, 다른 것들은 높은 수준의 성도나, 뛰어난 사람들에게만 해당하는 것으로 여겨 자신들에게 적용하는 것을 제한합니다. 그러나 이것은 잘못입니다.

하나의 약속을 적용하는 사람은 모든 것을 적용해야 합니다. 모든 약속들이 그의 것이며, 그의 상속만큼이나 명확한 것입니다. 하나의 약속을 소유한 사람은 모든 약속을 상속받은 자입니다. 믿음의 첫 행위는 그리스도께 관심을 두는 것입니다. 그러하기에 그가 그리스도를 소유함으로 모든 것을 소유합니다. 왜냐하면 그리스도 안에는 모든 약속들이 '예' 이며 '아멘' 이기 때문입니다.[2]

가장 작은 믿음의 행위일지라도 당신을 언약 안으로 들여놓는 것입니다. 그리고 약속들은 언약의 작은 소화물들입니다. 전체를 가진 사람은 각 부분도 가진 사람입니다. 주님께서 당신에게 어떤 하나의 약속을 가지도록 하셨다면, 비록 연약한 믿음의 행동일지라도, 그분께서는 당신에게 모든 유익들을 주신 것입니다.

주님께서는 "이기는 그에게는 내가 주리라"(계 21:7 참고)라고 말씀하십니다. 이 하나의 언약 안에 모든 약속들이 포함됩니다. 누가 이기는 자입니까? 사도 요한은 말합니다. "대저 하나님께로서 난 자마다 세상을 이기느니라"(요일 5:4). 그러므로 믿는 자에게는 모든 약속들을 가질 권리가 있습니다. 그리고 모든 것을 상속받을 권리가 있습니다. 그러므로 확신을 가지고 모든 약속들을 적용해야 합니다.

2. 절대적으로 믿어야 할 약속의 성취

1) 말씀의 중요성

하나님께서는 그분의 다른 모든 일들보다 하나님의 말씀이 더 귀중한 것이라고 하십니다. 그분께서는 가장 보잘것없는 약속을 이행함에서 실패하는 것보다는 오히려 그분께서 손으로 하신 모든 일들이 파멸되게 하시는 분이십니다.

어떤 하나의 약속이 성취되는 데 실패하는 것보다는 오히려 천사들과 사람들이 파멸되고, 하늘과 땅이 사라지게 하실 것입니다. 이를 가리켜 주님께

---

2. 고후 1:20 하나님의 약속은 얼마든지 그리스도 안에서 예가 되니, 그런즉 그로 말미암아 우리가 아멘하여 하나님께 영광을 돌리게 되느니라.

서는 "율법의 한 획이 떨어짐보다 천지의 없어짐이 쉬우리라"(눅 16:17)라고 말씀하십니다.

마태복음 5장에서는 율법의 일점과 일획도 없어지지 않을 것이라고 말씀하십니다(마 5:18 참고). 그분의 영광은 복음에 깊이 관련이 되어 있기에, 그분께서는 마태복음에서 그 양쪽을 다 포함하는 표현을 사용하셨습니다. "천지는 없어지겠으나, 내 말은 없어지지 아니하리라"(마 24:35).

약속의 아주 작은 말씀이 성취되지 않는 것보다는 오히려 하늘이 사라져 어둠으로 변하고, 땅이 없어지는 것이 쉬울 것입니다. 약속을 의지하는 믿음은 이 땅보다 더 확실한 기초와 하늘보다 더 튼튼한 기둥을 가진 것입니다. 그러므로 믿음은 우리의 모든 행동이 확신을 가지고 약속들 위에 서게 하고, 모든 상황 속에서도 약속 안에서 살아가도록 합니다.

2) 우리를 향한 특별한 관심

하나님께서는 모든 약속들 가운데 우리에게 특별히 관심이 있다는 것을 우리로 하여금 믿게 하십니다. 믿음의 생활과 행동에 대해 선입견을 가진 사람에게 이 사실은 매우 커다란 반대거리입니다. 그들은 "주님께서는 이것을 나를 위해 하신 것이 아니다. 그분께서는 자신이 친숙하게 대화하시는 다른 사람들을 주의 깊게 보시지, 나처럼 벌레 같은 사람은 주의 깊게 보지 않으신다"라고 말합니다.

하나님께서 자신에게 특별한 관심을 가지고 계신다는 생각이 우리의 얄팍한 자만심에서 나오는 것이라고 생각한다면, 이것은 하나님을 너무 이해하지 못한데서 나온 것입니다. 그분의 사랑은 공평하며, 그분의 지혜는 끝이 없습니다.

만약 주님께서 아브라함에게 그러하셨듯이, 우리에게도 눈에 보이는 형상으로 나타나시고, 친구가 약속하듯이 당신에게 약속을 하신다면, 당신은 그분의 의도와 관심을 의심하지 않을 것입니다. 하나님께서 당신과 약속을 맺으실 때, 당신도 스스로를 하나님의 눈에 가득 찬 사람으로 여기십시오. 마치 하나님께서 아브라함에게 얼굴을 마주하고 약속하실 때, 아브라함이 하나님의 눈에 가득 찼듯이 말입니다.

모든 것을 보시는 하나님의 눈에는 과거나 미래가 아무것도 아닙니다. 우리에게 지나가 버린 과거의 것들은 영원의 관점에서 하나님께는 현재로 나타날 것입니다. 우리에게 미래의 것들도 하나님께는 현재로 나타납니다. 아무것도 숨겨진 것이 없으며, 나타나지 않은 것이 없습니다. 모든 것들이 얼굴과 얼굴을 마주 대하듯, 벌거벗은 것처럼 드러날 것입니다.[3]

아무리 무가치하게 보이는 작은 것들이라도 하나님의 눈에는 다 들어옵니다. 참새 한 마리와 머리카락 한올 한올과 그분의 특별히 사랑하시는 보배까지도 말입니다. 모든 신자들은 과거나 현재나 미래에도 하나님의 눈에 가득 찬 사람들이며, 분명히 드러나는 사람들입니다.

누군가의 손가락이 우리를 지목할 때, 우리의 눈은 그 손에 고정되듯이, 하나님의 눈은 우리에게 고정되어 있습니다. 하나님께서는 "나는 너희를 손바닥에 새겨 놓았다"라고 하십니다. 마치 아버지가 유언에 따라 자신의 모든 자녀들에게 유산을 남기려 하여, 자기의 모든 재산을 자녀들에게 나누어 주듯이, 주님께서는 언약의 약속 안에서 모든 신자들에게 특별하고 분명한 관심을 가지고 계십니다.

그러므로 그 자녀가 그 아버지의 유언에 따라 자신에게 남겨진 유산으로

---

3. 히 4:13 지으신 것이 하나도 그 앞에 나타나지 않음이 없고 오직 만물이 우리를 상관하시는 자의 눈 앞에 벌거벗은 것같이 드러나느니라.

살아가듯이, 믿음은 그러한 확신을 가지고 약속들을 사용하며, 그 약속들로 살아갑니다.

이러한 생각은 좋은 근거를 가지고 있습니다. 왜냐하면 하나님의 언약은 계약이라고 불리기보다는 하나님의 의지와 유언과도 같은 약속이라 불려지기 때문입니다. 이러한 측면에서 '베리트(언약 · בְּרִית)'라는 단어가 사용된 것입니다. 마치 유언하는 아버지의 눈에 있는 자녀처럼, 당신이 약속하시는 하나님의 눈에 있다는 생각은 믿음으로 행하며 살아가는 것에 얼마나 큰 격려가 됩니까!

또한 아버지가 자녀에게 유산과 재산을 물려주듯이, 하나님께서 당신에게 의지하며 살아갈 약속을 주신다는 생각은 얼마나 큰 격려가 됩니까! 하나님께서 아브라함과 다윗에게 얼굴과 얼굴을 마주 대하고 약속을 하실 때, 하나님의 눈이 그들의 얼굴로 가득 찼듯이, 그분의 눈이 지금 당신의 모습으로 가득 차 있다는 생각은 얼마나 큰 격려가 됩니까!

3) 하나님의 말씀은 곧 이행의 전제

하나님께서 말씀하시는 것은 행하시는 것과 마찬가지라는 것을 생각해 보십시오. 그러하기에 약속하시는 것은 이행하시는 것과 마찬가지입니다. 하나님께서는 약속하신 것을 기꺼이 하시는 분이시며 능히 하실 수 있는 분이라는 것 사이의 관계는 마치 약속하시는 것과 이행하시는 것 사이의 관계와 마찬가지입니다.

하나님의 말씀과 행동에는 사람의 말과 행동 사이의 거리와 같은 그런 거리가 없습니다. 그분의 말씀이 곧 그분의 행동입니다. 시편에서는 "저가 말씀하시매 이루었으며 명하시매 견고히 섰도다"(시 33:9)라고 합니다. 또한 "여호와의 말씀으로 하늘이 지음이 되었으며 그 만상이 그 입 기운으로 이루었도다"(시 33:6)라고 합니다. 히브리서에서는 "믿음으로 모든 세계가 하나님의 말씀으로 지어진 줄을 우리가 아나니"(히 11:3)라고 합니다.

그분의 말씀에는 전능하심이 있습니다. 그분의 명령과 약속에도 마찬가지입니다. 그러므로 '그의 능력의 말씀'(히 1:3)이라고 하십니다. 그분의 한 말씀이 즉각적으로 할 수 있는 일은 하늘과 땅의 모든 능력을 합한 것이 영원히 해야 하는 일보다 더욱 많습니다.

이러한 생각은 믿음의 생명력 있는 행동을 방해하는 주요한 낙심거리들을 즉시 제거합니다. 왜냐하면 약속이 성취될 것이라는 우리의 확신을 약화시키는 것은, 우리가 약속의 성취는 불확실하며 어려운 것이고, 미래의 것이며 멀리 떨어져 있는 것이라고 여기기 때문입니다. 그러나 이제 이런 점으로부터, 믿음은 약속의 성취는 확실하며, 분명하고 쉬운 것이며, 현재의 것이라고 결론을 내릴 수 있습니다.

약속의 성취는 확실하고도 분명합니다. 모든 확실함의 근원은 하나님의 의지이기 때문입니다. 그분께서는 기꺼이 약속하십니다. 왜냐하면 그분께서는 실제로 그 약속들을 이루셨기 때문입니다. 그분께서는 기꺼이 그 약속들을 이행하십니다. 왜냐하면 그분은 말씀하시는 것과 행하시는 것이 동일하기 때문입니다.

약속의 성취는 쉬운 것입니다. 말 한마디 하는 것보다 더 쉬운 것이 어디에 있습니까! 그러하다고 행동하시는 것이 더 어려운 것도 아닙니다. 말 한마디로 모든 약속들을 성취하십니다. 어떤 수고도, 어려움도, 비용도, 위험도 없습니다. 언약은 우리의 생명나무입니다. 약속들은 그 나무의 가지이며, 거기에 값비싼 열매들이 달립니다. 하나님의 입에서 나오는 작은 말 한마디, 숨소리는 생명나무의 그 모든 열매들을 흔들어 당신의 품으로 들어오게 할 것입니다.

자신의 아들을 보내어 그토록 고통 받게 하신 분께서, 자기의 영이 많은 일을 하심으로써 그토록 수고하도록 하신 분께서 작은 말씀 한마디 하시지 않겠습니까? 위대하고 귀한 약속에 들어 있는 모든 행복과 당신 사이의 거리는 단 한마디의 말씀에 달려 있습니다. 하나님께서 말씀 한마디 하시는 것이 쉽다는 것을 믿음이 믿기가 어려운 것이겠습니까? "단지 한마디 말씀만 해 주십시오, 그리하면 이루어질 것입니다"라고 하는 것이 믿음이 청원하는 내용입니다.

아니, "다 이루었다"라고 하신 말씀이 그분의 입술에서 나왔으므로, 그 말씀의 성취는 현재의 것입니다. 하나님의 말씀으로 창조된 피조물을 위해 존재하는 모든 것들만큼이나 우리는 많은 약속들의 성취를 진작부터 가지고 있습니다.

하나님께서는 말씀하실 때 행하십니다. 그분께서 말씀하시는 것은 곧 행하시는 것입니다. 하나님의 측면에서는 더 이상 해야 할 것이 남아 있지 않습니다. 당신의 기쁨을 지연시키는 것은 다름 아닌 믿음의 부족입니다. 단지 믿기만 하십시오. 그리하면 당신을 행복하게 하기 위한 모든 것이 말씀이 되고, 이루어질 것입니다. 그때서야 당신은 아마 하나님께서 약속하셨기에 그분께서 반드시 이루신다는 것은 쉽게 믿을 것입니다. 즉, 그분께서 약속하셨다는 것과 그것을 이루실 것임을 쉽게 믿을 것입니다. 당신은 그것을 의심하지는 않을 것입니다.

사람은 많은 것을 약속합니다. 그러나 수고와 비용과 위험 없이 그 모든 것을 이행할 수는 없습니다. 그러므로 우리는 인간의 약속들을 의심할 수 있습니다. 그러나 하나님의 약속 이행에는 그러한 번거로움이 따르지 않습니다. 약속하는 것보다 수행하는 데 더 많은 어려움과 수고가 따르는 것이 아닙니다. 그분은 말씀하시는 것보다 더 적은 수고로도 이행하실 수 있는 분입니다. 그분께서는 다른 모든 것들을 쉽게 하시듯이, 자신이 말씀하신 것을 쉽게 행할 수 있는 분이십니다.

4) 약속된 것을 받을 수 있는 자격

신자들은 약속이 주는 자격 이외에도, 약속된 모든 것들을 받을 합당하고 의심할 수 없는 자격을 지니고 있습니다. 그들은 그것에 대한 권리를 가지고 있습니다. 그러므로 은혜의 하나님께서 특별히 이전에 약속으로 그 자격을 확증하셨다면, 약속된 모든 것들을 주시는 것에 의심할 이유는 없습니다. 약속된 모든 것은 아버지의 영원한 뜻에 의해서 믿는 자들에게 주어졌습니다. 또한 그리스도의 귀한 보혈로 값을 치르고 믿는 자들을 위해서 주셨으며, 그들은 사랑받고 관심 있는 관계로 임명받았습니다.

상속자가 그의 재산에 대한 권리를 가지는 것과 같이, 믿는 자들은 모든 약속된 조항에 대하여 권리를 가지며, 과부가 자신에게 주어진 재산에 대한 권리를 가지는 것같이, 그들도 모든 약속된 것에 있어서 권리를 가집니다. 왜냐하면 그들은 예수 그리스도와 같이 상속받은 사람이며, 그리스도와 결혼한 사람들이기 때문입니다.

"**너희는 그리스도의 것이요**"(고전 3:23). 모든 것이 말입니다. 이것은 그분께서 말씀하신 나라, 그 자체로도 큰 것이지만, 그것보다 더 큰 것입니다. 아니, 그분께서 말씀하신 이 땅의 모든 나라들보다 더 큰 것입니다. 아니, 하늘과 땅의 모든 것보다 더 큰 것입니다. 그러면 무엇이 이 모든 것입니까? 그것은 하늘과 땅과 그 속에 있는 모든 것을 가리킵니다. 당신이 소유할 수 있는 하늘의 모든 것이며, 이 땅에서 가지기를 원하고, 이 땅에 있는 좋은 모든 것들입니다.

이것은 천사와 사람에게만 국한되는 것이 아닙니다. 그리고 부요함과 즐거움과 영광만이 아닙니다. 거기에는 아버지(모든 것보다 충만하신)와 그리스도와 성령님도 계십니다. 그분들 자체와 그분들이 가지고 하실 수 있는 것들, 즉 교통하심과 속성들과 사역들과 역할들에 이르기까지 모든 것이 그 안에 들어 있습니다.

비록 당신이 그것을 믿지 않을 지라도, 그 모든 것이 당신의 것입니다. 당신은 약속 이외에 이 모든 약속된 것들에 대한 권리를 가지고 있습니다. 믿음이 이것을 실제로 소유하게 합니다. 이러한 생각은 신자들이 믿음 안에서 행동하도록 하는 데 있어서 큰 격려가 됩니다.

비록 약속을 하지 않았을지라도 훌륭하고 관대한 아버지가 자신의 것을 자녀에게 줄 것을 그 자녀가 의심하겠습니까? 하물며 약속까지 했다면, 얼마나 확실하겠습니까? 우리가 하나님의 의로움을 확신하는 것보다 사람의 의로움을 더욱 확신해야 하겠습니까?

스스로 모든 것을 만드신 분께서 그것들을 주시지 않고 보류해 놓으시는 정의롭지 못한 분이시겠습니까? 우리에게 해당하는 모든 것을 주시겠다고 약속하신 분께서 인간에게는 불성실하다는 오명을 자신에게 더하시겠습니까? 하늘과 땅의 하나님께서 의롭지 않으시겠습니까?

믿음은 이것을 의심할 수 없습니다. 당신은 하나님을 믿든지, 아니면 하나님께서 형편없는 사람같이 정의롭지 못하시며, 성실하지 못하신 분이라고 욕된 말을 퍼붓든지 둘 중에 하나만을 할 수 있을 뿐입니다.

(1) 하나님의 완전하심

하나님의 모든 영광의 핵심은 모든 약속의 실행과 관련되어 있습니다. 이것은 신성만큼이나 중요한 것입니다. 그분께서 만약 약속을 성취하는 데 실패하신다면, 더 이상 하나님이 아니시게 됩니다. 이것은 그분의 신성을 모욕하는 것입니다. 왜냐하면 그분께서 완전한 사람이 되지 못하실 때, 그분께서는 더 이상 하나님이 아니시기 때문입니다.

이 완전함의 개념은 하나님의 합당하고 본질적인 개념입니다. 만약 이 완벽에 모자라거나, 불완전한 어떤 것이 있다면, 그분께서는 더 이상 하나님이 아니십니다. 그러므로 약속을 성취하지 못하신다는 것은 하나님의 모든 완전함을 박탈하는 것이고, 결과적으로 그분을 가장 불완전한 분으로 만들어 버린다는 논리를 이끌어 냅니다.

① 신실하심

그분께서는 약속한 것을 지키지 않는다면 신실하지 못한 사람이 되실 뿐입니다. 그분께서는 약속을 지키지 않으심으로 인해 신뢰받지 못하실 분이 됩니다.

② 진리

"믿지 아니하는 자는 하나님을 거짓말 하는 자로 만드나니"(요일 5:10)라고 하십니다. 자신이 하겠다고 말한 것을 하지 않는 사람이 어떻게 진실한 사람입니까?

③ 공의

약속은 모든 약속된 것을 우리의 것이 되게 하는 것입니다. 그 약속된 모든 것들을 주지 않는 것은 불법입니다.

④ 선하심

자신의 말에도 충실하지 못한 악한 사람 중에 한 사람이 될 뿐입니다.

⑤ 거룩하심

그분의 약속은 그분에 대한 우리의 맹세만큼이나 신성한 것입니다. 맹세를 어기는 것은 신성모독입니다. 약속의 불이행 또한 마찬가지입니다. 만약 그분께서 약속을 성취하지 않으신다면, 그분께서 하지 않으시려는 것 때문인데, 그러면 어디에 자비가 있습니까? 혹은 그분께서 하실 수 없기 때문이라면 그분의 모든 충만하심이 어디에 있습니까?

만약 그분께서 하실 수 없어서라면, 지혜가 부족하기 때문인데, 그러하다면 그분의 전지하심은 어디에 있습니까? 혹은 능력이 부족하기 때문이라면 어떻게 그분께서 전능하신 분이 됩니까? 또한 기회가 부족했기 때문이라면 그분께서 어떻게 모든 장소에 계시는 분입니까? 그분의 부재 말고는 기회가 부족한 상황을 만들어 낼 수 없습니다.

만약 그분께서 약속을 성취하실 의도를 가지지 않는 분이시라면, 어떻게 그분께서 정직하신 분이 될 수 있습니까? 의도하지 않는 것을 말하는 것은 사람에게도 치욕적인 위선입니다. 혹은 한때 그분께서 의도를 가지고 계셨으나, 이제는 그렇지 않다고 할 수 있습니다. 그러하다면 어떻게 그분께서 불변하시는 분이라고 할 수 있습니까?

만약 그분께서 변하시는 분이라면, 그분께서는 영원하신 분이 아닙니다. 왜냐하면 영원 속에는 계승이나 변화라는 것이 없기 때문입니다. 영원하신 분이 아니라면 그분은 무한하신 분도 아닙니다. 이 모든 것이 아니라면, 그분께서는 하나님이 아니십니다.

(2) 하나님의 약속의 보증

그분께서 하나님이시라는 것이 확실한 만큼이나, 그분께서는 자신의 약속을 성취하는 데 있어서도 완전한 분이심이 확실합니다. 약속의 성취를 의심하는 것은 결과적으로 하나님의 존재를 의심하는 것입니다. 그것이 바로 불신앙이며, 그 불신앙은 소름끼치는 무신론입니다. 그것은 하나님을 보좌에서 몰아내는 것입니다. 약속의 성취가 없다고 말하는 것은 하나님이 없다고 말하는 것과 마찬가지입니다.

그분의 존재의 영광에 관한 한, 그분의 영광은 우리의 행복보다 무한한 것입니다. 그분께서는 약속을 실행하신다고 해서 아무것도 잃지 않으십니다.

그러나 실행하지 않으시면, 모든 것을 잃어버리십니다.

그분의 약속은 무한한 것입니다. 모든 완전함이 여기에 관여함으로써 그 완전함은 무한한 것입니다. 그러므로 그 의무는 매우 강력한 것이며, 약속의 성취는 천사나 인간의 이해를 뛰어넘는 분명하고 확실한 것입니다. 우리는 가장 의심이 많은 마음이 가지기를 원하는 모든 확증과 확신을 가지고 있습니다.

① 하나님의 말씀

이것은 천사의 말보다, 모든 그분의 일들보다, 그분 자신 이상의 것입니다. 그분께서 말씀으로 약속하실 때는, 자기 자신을 약속하신 것입니다. 만약 그분께서 약속을 성취하시는 데 실패하시면, 자기 자신을 부정하시는 것입니다. 사람은 신실하지 못해도 사람이지만, 하나님께서 신실하지 못하시면 더 이상 하나님이 아니십니다.

② 쓰여진 말씀

우리는 하나님의 손으로 쓰여진 말씀을 가지고 있습니다. 그분께서는 우리가 불확실한 계시에 의존하도록 만드실 수 없었습니다. 불확실한 계시라고 우리를 속이는 것은 사탄입니다. 성경은 성령님으로 감동된 하나님의 거룩한 사람들이 그분께서 말씀하시는 대로 적어서, 하나님의 행동과 역사를 우리에게 전달한 것입니다. 쓰여진 그분의 약속의 말씀은 하늘의 음성보다 더욱 분명한 것입니다(벧후 1:19-21 참고).

③ 확증된 것

성찬식은 믿음의 의의 확증이며 언약의 확증입니다. 그 언약 안에서 믿음은 의로움을 붙들게 됩니다. '약속의 언약'과 '나의 피로 새운 새 언약', 이 두 가지 확증은 밖으로는 피를 흘린 그리스도의 고통으로 날인되어 있고, 안으로는 성령님께서 보증하고 계십니다(엡 1:13, 고후 1:22 참고).

④ 보증금

보증금이란 원금과 동등한 것입니다. 보증금이 훔친 것이 아니라고 간주해 주시는 분은 하나님과 동등한 분이십니다. 기꺼이 하고자 하는 것과 할 수 있는 것의 신실함과 충만함에 있어서도 하나님과 동등합니다. 훔치지 않는 자는 하나님과 동등한 자입니다. 비록 사람이나 천사들에게는 이것이 비난하는 말과 다름없는 것이지만 말입니다. 성도나 천사들에게서 확실한 것을 볼 수 없는 자는 하나님에게서도 아무것도 볼 수 없습니다.

하나님께서는 상속자인 그분의 아들에게 약속하셨습니다. 그리고 그 아들을 더 나은 언약의 중재자로 약속하셨습니다(히 8:6, 11:15, 7:22 참고). 이 중재자는 자신의 생명보다도 자신의 신실함을 더욱 귀하게 여깁니다. 그것이 중재자에게는 생명이기 때문입니다.

⑤ 보증

영원하신 성령님께서는 하늘과 땅의 가치보다 더 높으십니다. 고린도후서에서 "저가 또한 우리에게 인치시고 보증으로 성령을 우리 마음에 주셨느니라"(고후 1:22)라고 말씀하십니다. 그리고 "곧 이것을 우리에게 이루게 하시고 보증으로 성령을 우리에게 주신 이는 하나님이시니라. 이러므로 우리가 항상 담대하여"(고후 5:5,6)라고 말씀합니다.

에베소서에서는 "그 안에서 또한 믿어 약속의 성령으로 인치심을 받았으니, 이는 우리의 기업에 보증이 되사"(엡 1:13,14)라고 말씀합니다. 하나님께서는 약속을 성취하시는 데 실패하시기보다는 오히려 성령님을 몰수하실 것입니다.

⑥ 맹세

그분께서 약속의 성취를 맹세로 확증하셨습니다(히 6:17, 18 참고). 우리는 약속이 성취되지 않을 것이라며 두려워할 이유가 없습니다. 하나님께서 서

약을 깨뜨리시지 않는다면 말입니다.

⑦ 증인

하늘에서 아버지를 본 사람들뿐만 아니라, 말씀과 성령님도 증인입니다. 그리고 요한일서 5장 8절에서 말씀했듯이, 이 땅에서 성령님과 물과 피가 또한 증거하는 이입니다. 그리스도께서 '충성된 증인' 이신 것입니다(계 1:5 참고). 또한 성령님께서는 우리가 하나님의 자녀라는 것을 증거하십니다(롬 8:16 참고). 우리는 증거하는 하늘과 땅과 사람과 천사들을 증인으로 가지고 있습니다.

이러한 증거는 이 땅의 한쪽 구석에서 이루어진 것이 아닙니다. 주님께서 인간의 신실하지 못함에 대해 하늘과 땅을 불러 증거하셨듯이, 우리는 이 모든 것들을 하나님의 신실하심을 증거하는 증인이라고 부를 수 있습니다.

제 4 장

믿음으로 구하는 기도

"오직 믿음으로 구하고"(약 1:6).

야고보 사도는 인사말에 이어 앞의 이 구절에서 어떻게 유대인들이 시험을 참아야 하는지를 가르치고 있습니다. 그는 기쁨과 인내와 지혜로 참으라고 말합니다.

"하나님과 주 예수 그리스도의 종 야고보는 흩어져 있는 열두 지파에게 문안하노라. 내 형제들아, 너희가 여러 가지 시험을 만나거든 온전히 기쁘게 여기라. 이는 너희 믿음의 시련이 인내를 만들어 내는 줄 너희가 앎이라. 인내를 온전히 이루라. 이는 너희로 온전하고 구비하여 조금도 부족함이 없게 하려 함이라. 너희 중에 누구든지 지혜가 부족하거든 모든 사람에게 후히 주시고 꾸짖지 아니하시는 하나님께 구하라. 그리하면 주시리라"(약 1:1-5).

1절에서의 '종'이라는 표현은 그들의 형편에 있어서 절대적인 복종을 의미하는 것이지, 느부갓네살 왕처럼, 그들의 사용 목적에 관한 특별한 직업을 말하는 것이 아닙니다.

2절에서 "온전히 기쁘게 여기라"라는 말씀은 그들이 악하기 때문에 얻는 고통들에 관한 말이 아닙니다. 또한 우리는 금욕주의자가 될 필요는 없습니다. 이것은 죄를 짓지 않고 더러움을 깨끗하게 하며, 거룩함을 증진시키고 하나님을 영화롭게 하며, 그분께 은혜를 입는 것과 같은 문제에 생겨나는 시험들을 기쁘게 여기라는 의미입니다.

4절에서 "온전히 이루라"라는 말씀은 모든 대상과 모든 상황에 대해서 온전히 이루라는 말씀이며, 또한 모든 행동에 있어서도 온전히 이루라는 말씀입니다.

5절에서 "지혜가 부족하거든"이라는 말씀은 앞절에 나오는 목적들을 달성하게 하기 위해서 여러 가지 시험 아래에서 겸손한 태도를 가지라는 말씀입니다.

"그리하면 주시리라"라는 말씀에는 믿음의 대상인 약속이 있습니다. 하나님의 은혜로 주신 믿음을 실천할 수 있도록 하는 격려가 여기에 있습니다. 그분께서는 주셔도, 많이 주십니다. 모든 사람에게 후히 주십니다. 그리고 아무도 꾸짖지 않으십니다. 얼마를 구하든지 간에, 그분께서는 결코 그것이 많다고 여기지 않으십니다.

그러나 그 약속은 조건적인 것입니다. "오직 믿음으로 구하고"(약 1:6). 그렇지 않으면, 그는 헛되이 구한 것입니다.

• **관찰** – 자신이 구하는 것을 하나님께서 주시게 되기를 원하는 사람은 반드시 믿음 안에서 구해야 합니다. 마가복음에서는 "무엇이든지 기도하고 구하는 것은 받은 줄로 믿으라. 그리하면 너희에게 그대로 되리라"(막 11:24)라고 말씀합니다. 마태복음에서는 "너희가 기도할 때에 무엇이든지 믿고 구하는 것은 다 받으리라"(마 21:22)라고 말씀합니다. 이것은 참으로 큰 특권입니

다. 그러나 그것은 제한된 특권입니다.

• **질문** 믿음 안에서 구하는 것이란 무엇입니까?

• **대답** 여기에는 필요조건과 더불어 없어서는 안 될 본질적인 요소들이 있습니다.

I. 필요조건

기도에 있어서의 필요조건은 구하는 사람, 구하는 것, 그리고 구하는 방법에 관한 것들입니다.

1) 구하는 사람

구하는 사람은 믿음 안에 있거나 혹은 그의 안에 믿음이 있어야 합니다. 곧 간구하는 사람은 반드시 신자여야 합니다. 믿음이 없는 사람이 어떻게 믿음 안에서 구할 수 있겠습니까?(요 16:23 참고) 그리스도의 이름을 믿지 않는 사람이 어떻게 그리스도의 이름으로 구할 수 있겠습니까? 그것이 가능하겠습니까? 거기에는 듣는 사람도 없고, 응답도 없습니다. 왜냐하면 그는 믿는 사람이 아니기 때문입니다.

요한복음에서 "하나님은 죄인들을 듣지 아니하시고"(요 9:31)라고 말씀합니다. 죄 가운데 살아가는 사람은 믿음으로 살아가는 사람이 아닙니다. 비록 눈에 드러날 정도로 죄 가운데 살아가지 않더라도, 여전히 죄가 당신 가운데 있고, 죄가 당신의 마음에 즐거움을 주며 당신의 사랑과 인정을 받고 있다면, 당신은 믿음으로 살아가는 사람이 아닙니다.

믿음이 없으면, 듣는 사람도 없습니다.

"내가 내 마음에 죄악을 품으면 주께서 듣지 아니하시리라"(시 66:18). 하나님께서는 대답하기를 기뻐하지 않는 것은 아예 듣지도 않으십니다. 믿음이 없는 기도는 하나님을 기쁘게 하실 수 없기 때문입니다. 그렇게 될 수가 도무지 없는 것입니다. "믿음이 없이는 기쁘시게 못하나니, 하나님께 나아가는 자는 반드시 그가 계신 것과 또한 그가 자기를 찾는 자들에게 상 주시는 이심을 믿어야 할찌니라"(히 11:6).

하나님께서는 사람이 믿을 때까지 그의 제사도 받지 않으십니다(히 11:4 참고). 아벨은 의로운 사람이라는 증거를 얻었습니다. 그리고 하나님께서 그의 예물에 대하여 증거하셨습니다. 아벨은 믿음으로 위의 두 가지 모두를 얻은 것입니다.

2) 구하는 것

구하는 것은 반드시 믿음의 대상이어야 합니다. 그러한 것은 하나님께서 주실 것이라 믿기에 충분한 근거들을 지닌 것입니다. 바라는 것들이 하나님의 뜻에 합당한 것이라는 믿음과 확신이 있어야 합니다. "그를 향하여 우리의 가진 바 담대한 것이 이것이니, 그의 뜻대로 무엇을 구하면 들으심이라"(요일 5:14). 우리가 구하는 것이 그분의 뜻에 맞는 것이라는 확신 없이는 그분께서 들으실 것이라고 확신할 수 없습니다.

그분의 뜻을 따르는 것은 우리가 가진 명령이고 약속입니다. 그분의 명령과 약속이 정확한 그분의 뜻은 아니라고 할지라도, 일반적으로는 그분의 뜻이라 여겨지므로 우리의 행동들은 그것에 합당한 것이어야 합니다.

하나님의 섭리와 비밀은 우리에게 속한 것이 아닙니다. 그것은 우리가 기도할 때나 들을 때나 실천해야 하는 규칙은 아닙니다. 그러나 명령과 약속에 의해 섭리와 비밀은 드러납니다. 성경의 예들도 믿음의 행동들을 지도하고 또한 격려합니다. 그러나 그 예들은 반드시 경건하고 인정되며, 일반적인 예들이어야 합니다.

시편 109편에서 다윗이 특정한 적들에 대하여 기도하는 것과 같은 특별한 예들이 우리의 규칙이 될 수 없습니다. 그것은 다윗이 알 수 없는 특정한 적들을 분별하기 위해서 특별한 도움을 구한 특별한 예입니다. 다시 말해서, 비록 하나님의 원수들, 하나님의 방법을 방해하는 원수들, 하나님의 사람에 대한 공공의 적들, 특정한 적들을 야기시키는 원인과 그 행동들에 대하여서 기도하는 것은 적합한 것이라고 할지라도, 그 사람들에 대항하여 기도하는 것은 적합한 것이 아닙니다.

이러한 신념과 근거들이 없다면, 그 기도는 믿음의 기도가 아닙니다. 그러므로 그것은 죄입니다. 무엇이든지 믿음으로 하지 않는 것은 죄이기 때문입니다(롬 14:23 참고). 죄는 하나님으로부터 합당한 보답을 기대할 수 없습니다. 기도에서 믿음이 보이지 않으면, 하나님께서 듣지 않으십니다. 혹은 들으시더라도 형벌로써 응답하시기 위해서 들으십니다. 합당치 않은 것에 대한 열심 있는 기도는 울부짖는 죄악인 것입니다.

3) 구하는 방법

구하는 태도는 반드시 신실해야 합니다. 구하는 사람은 믿음 안에 있으며, 그 구하는 대상은 믿음의 대상이어야 하는 것처럼, 구하는 태도 역시 믿음의 태도여야 합니다. 구하는 사람이 선한 사람이어야 하고 선한 것을 구해야 하며, 다음의 특별한 세 가지의 선한 태도로 구해야 합니다.

(1) 열정적으로

진정한 열정을 가지고 기도하지 않는 사람은 믿음으로 기도하지 않는 사람입니다.

야고보서에서 "의인의 간구는 역사하는 힘이 많으니라"(약 5:16)라고 합니다. 그리고 그 기도가 바로 "믿음의 기도"(약 5:15)라고 합니다. 우리의 기도는 믿음으로 잘 수놓인 기도여야 하며, 성령님의 강력한 역사가 마음속에서 이루어지는 기도여야 합니다. 성령님의 역사에 의한 기도는 사도 바울이 말한 것처럼 마음속에서 "말할 수 없는 탄식"으로 하는 기도입니다(롬 8:26 참고). 그러한 기도는 성령님과 한편이라는 것을 말해 줍니다. 다시 말해서 성령님께 사로 잡혀, 성령님으로써 하는 기도인 것입니다.

또한 기도는 힘쓰는 것이 되어야 합니다. "너희 기도에 나와 힘을 같이 하여"(롬 15:30). 승리하고자 하는 사람은 야곱처럼 씨름을 해야 합니다. 이사야 62장 7절[1]의 말씀처럼 하나님을 쉬지 못하시게 해야 합니다. 차갑고 냉랭한 기도는 믿음의 부족함을 뜻하며, 그것은 승리에 도달하는 것을 방해합니다. 그러한 기도는 하나님께 응답하지 마시라고 말하는 것과 같습니다.

우리가 입술의 수고만 있고, 입술로만 주님을 가까이 한다면, 하나님께서는 멀어지실 것입니다. 또한 기도하지 않는 것처럼 기도한다면, 하나님께서도 듣지 않는 것처럼 들으시고, 그 기도를 고치려 주의를 기울이는 것 이외에 다른 것에는 주의를 기울이지 않으실 것입니다. 강한 울부짖음이 하늘에 상달됩니다. 그리스도의 기도가 그러했던 것처럼 말입니다.

(2) 순종으로

우리는 하나님을 제한하지 말아야 합니다. 이스라엘의 거룩한 분을 제한하는 것은 그분을 시험하는 것입니다. 그리고 불신앙의 악명 높은 결과입니다(히 3:9,12, 11:18 참고). 우리는 하나님을 시간과 장소, 사람과 사물, 수준 등

---

1. 사 62:7 또 여호와께서 예루살렘을 세워 세상에서 찬송을 받게 하시기까지 그로 쉬지 못하시게 하라.

으로 제한하지 말아야 합니다.

① 시간

하나님의 시간에 머무르려고 하십시오. 믿는 사람들은 서두르지 않습니다. "내가 왜 주님을 더 기다려야 합니까?"라는 물음은 믿음이 없는 왕의 말이었습니다. 하박국에서는 "이 묵시는 정한 때가 있나니……비록 더딜찌라도 기다리라"고 말씀합니다(합 2:3).

② 장소

야곱이 양식을 애굽에서 얻으려 하지 않았더라면, 양식을 위해서 믿음으로 구하지 못했을 것입니다.

③ 사람

사람에 대하여 하나님을 제한했더라면, 노아는 함을 위해서 믿음으로 축복을 구하지 않았을 것입니다. 우리는 하나님께서 그분의 의향대로 처리하시도록 해야 합니다.

④ 사물

현세의 것이나, 영적인 것이나 모두 합당한 것들입니다. 이러한 것들은 모두 은혜와 은혜의 수단으로써 필요한 것들입니다. 혹은 즐거움과 확신과 행복의 증대를 위해서 필수적인 것들입니다.

현세적인 축복은 약속된 대로, 그리고 하나님의 기쁨과 관련하여, 또한 나에게 좋은 것이 다른 사람에게도 좋은 것인지, 우리의 사리에 맞는지를 고려하면서 바라는 것이어야 합니다. 행복을 위한 영적인 축복도 더욱 끈기 있게 바라는 것이고 더욱 많은 가치가 있는 것이며, 더욱 많이 표현된 약속이라고 하더라도, 위에서 말한 조건을 따라 바라는 것이어야 합니다.

그러나 구원을 위해 영적으로 필요한 것들은 어떠한 주저함과 조건과 예외도 없이 바라는 것이어야만 합니다. 왜냐하면 그것은 그렇게 약속되어졌고, 우리는 그렇게 명령받았기 때문입니다.

⑤ 수준

우리는 은혜의 수준과 은혜의 수단의 양과 그 적합성을 보고 하나님을 제한하지 말아야 합니다. 그 대신 우리를 가장 쓸모 있는 사람으로 만드는 수준의 은혜를 부여하시고, 그러한 은혜의 수준을 달성하도록 은혜의 수단들을 주시는 무한한 지혜에 의뢰해야 합니다.

(3) 올바른 의도로

선한 의도에서 나온 것이 아니라면, 선한 것이 아닙니다. 야고보서 4장에서는 "구하여도 받지 못함은…… 잘못 구함이니라"(약 4:3)라고 말씀합니다. 우리는 하나님을 영화롭게 하기 위해서 그분께 쓸모 있는 사람이 되기 위해서, 그리고 그분과 교제하기 위해서 기도해야 합니다.

우리는 다른 사람들보다 나아지기 위한 목적으로 은혜를 구하지 말아야 합니다. 마술사 시몬처럼 말입니다. 성령님께서는 존경받고 찬양 받으셔야 하는 분입니다. 우리는 신용이나, 칭찬을 얻기 위해서 은사들을 구하지 말아야 합니다. 부와 정욕을 만족시키기 위해서, 편안하게 살아가기 위해서 은사를 구해서는 안 됩니다. 이러한 것들이 잘못 구하는 것입니다. 잘못 구하면, 결코 응답을 받을 수 없습니다.

이러한 것들이 믿음으로 구하는 데 있어서의 필요조건들입니다. 저는 이것들을 단지 조건들이라고 부릅니다. 왜냐하면 비록 우리가 이러한 조건들이 없이는 믿음의 기도를 할 수 없지만, 이러한 조건들을 가지고도 믿음으로 기도하지 않을 수는 있기 때문입니다.

2. 기도에 없어서는 안 될 본질적인 요소들

기도에 없어서는 안 될 본질적인 요소들은 믿음의 행동들입니다. 그것은 다음의 네 가지 중의 하나이거나 다른 것입니다. 어떤 사람의 믿음의 행동이 다음의 것들 가운데 어떠한 한 가지로 나온다면, 그 사람은 믿음 안에서 기도하는 것입니다.

1) 약속을 믿음

약속을 믿는 것입니다. 약속으로 인하여 구하는 것을 하나님께서 주시기로 되어있다고 믿는 것입니다. 그러므로 믿음 안에서 구하는 것은 주님께서 자신의 간구를 들어주실 것이라는 확신으로 기도하는 것입니다. 왜냐하면 그분께서 약속하셨기 때문입니다. 다윗이 기도한 것처럼 말입니다. 열왕기상에서는 "주께서 주의 종 내 아비 다윗에게 허하신 말씀을 지키사, …… 주의 종 내 아비 다윗에게 하신 말씀이 확실하게 하옵소서"(왕상 8:24-26)라고 합니다.

2) 신앙에 바탕을 둔 의지

약속의 증거물이 없어도 자신을 하나님께 의지하는 것입니다. 기도 안에서 믿음이 스스로 뒷받침하여 즉시 하나님께 나아갈 때, 내가 구하는 것을 하나님께서 주실 것이라 믿으며 하나님께 의뢰하고 그분을 의지하는 것입니다. 이러한 믿음의 행동은 구하는 것에 대한 특별한 약속이 없거나, 믿음이 너무 약해서 약속을 적용할 수 없을 때에 나타나는 것입니다.

약속 외에도 믿음의 도움이 더 있습니다. 약속들을 적용하는 것 이외에도 다른 믿음의 행위들이 있는 것입니다. 기도를 붙들고 나오는 영혼은 믿음 안에서 간구하는 것이라고 할 수 있습니다. 이러한 의존의 행동이 바로 특별한 행위입니다. 약속이 나타나지 않고, 믿음이 연약할 때에도, 믿음은 하나님의 이름 안에서 기도의 응답을 읽어낼 수 있습니다.[2]

3) 기도가 받아들여질 것이라는 일반적인 신념

구한 것이 즉시 주어지고, 정말 주어질 것이라는 특별한 확신과 구별하기 위해서 이것을 일반적인 신념이라고 부르도록 하겠습니다. 특별한 확신은 믿음으로 기도하는 의무에 있어서 반드시 필요한 것은 아닙니다. 비록 구한 것이 지금 당장 주어지지 않거나, 아예 주어지지 않더라도, 기도는 받아들여집니다. 그러므로 비록 자신이 기도한 것이 주어질 것이라는 확신이 없어도 믿음으로 구할 수 있는 것입니다.

사가랴는 믿음으로 구했습니다. 그는 젊었을 때, 아니 아이였을 때부터 기도한 것으로 보입니다. 비록 그가 구한 것이 오랫동안 응답되지 않았지만 말입니다.[3] 노아는 하나님께서 야벳을 셈의 장막 안에 거하도록 설득해 주실 것을 기도했습니다. 믿음으로 기도했습니다. 그 기도는 수백 년이 흐르고 나서야 응답이 되었습니다.

그리스도께서는 죽음의 쓴 잔이 자신을 지나가기를 믿음으로 기도했습니다. 그러나 그분께서는 이것이 이루어질 것이라는 특별한 확신을 가지지 못

---

2. 사 1:10,11 너희 소돔의 관원들아 여호와의 말씀을 들을찌어다. 너희 고모라의 백성아 우리 하나님의 법에 귀를 기울일찌어다. 여호와께서 말씀하시되 너희의 무수한 제물이 내게 무엇이 유익하뇨. 나는 수양의 번제와 살진 송아지의 기름에 배불렀고, 나는 수송아지나 어린 양이나 수염소의 피를 기뻐하지 아니하노라.
3. 눅 1:13 천사가 일러 가로되 사가랴여 무서워 말라. 너의 간구함이 들린지라. 네 아내 엘리사벳이 네게 아들을 낳아 주리 그 이름을 요한이라고 하라.

하셨습니다. 왜냐하면 그것은 잘못된 것이기에 응답되지 않을 것이라고 생각했기 때문이었습니다. 그러나 그 기도는 받아들여졌습니다.4

바울은 사탄의 사자로부터 자유로워지기를 믿음으로 기도했으나 그러한 은혜는 주어지지 않았습니다. 그러나 그의 기도는 받아들여졌고, 은혜로운 응답을 받았습니다. "내 은혜가 네게 족하도다"(고후 12:9). 기도는 바라던 은혜가 주어지지 않을지라도, 받아들여지는 것입니다. 그러므로 사람은 자신이 구한 것을 반드시 받을 것이라는 특별한 확신을 가질 필요는 없습니다.

믿음으로 기도하는 사람은 일반적으로 자신의 기도가 받아들여지며, 그 응답은 하나님의 선하심과 지혜에 따른 것이라고 여깁니다. 또한 그분께서 기뻐하시는 대로, 그분께서 기뻐하시는 때에 응답될 것이라고 믿습니다. 하나님께서 자신의 기도를 들으신다고 믿는 사람은 비록 구한 것을 그분께서 주실 것이라는 특별한 확신이 없을지라도, 믿음으로 기도하는 것입니다.

4) 간구한 바로 그것이 주어질 것이라는 특별한 확신

이것은 아주 드물지만 최고의 믿음의 행동입니다. 간구한 은혜가 현세적인 것이라면, 그것은 마음속에서 드려진 것이 아니라, 특별한 본능에 의해서 드려진 것인, 예외적인 것입니다. 때로는 이것이 어떤 사람들이 하나님과 아주 친밀한 관계나 교제를 하는 사람으로 인정되는 보증이 되기도 합니다(시 27편 참고).

(1) 적용 1

불신자의 비참한 상태에 대하여 주의를 기울여 보십시오. 믿음으로 기도

---

4. 히 5:7 그는 육체에 계실 때에 자기를 죽음에서 능히 구원하실 이에게 심한 통곡과 눈물로 간구와 소원을 올렸고 그의 경외하심을 인하여 들으심을 얻었느니라.

하지 않는 그들은 자신들의 기도가 받아들여질 것이라는 기대를 할 수가 없습니다. 대부분의 사람이 믿음이 있는 척하지만, 모든 사람이 믿음을 지닌 것은 아닙니다. 그들은 언제 어떻게 믿음이 만들어졌는지 설명할 수도 없고, 자신들의 행동으로 믿음을 보일 수도 없습니다. 그러한 자들은 설령 기도를 많이 한다고 하더라도, 하나님께서 듣지 않습니다. 이런 것이 당신의 경우라면, 당신은 이런 고통에서 도움을 받고자, 부족한 것을 채우고자, 두려움과 위험을 없애고자 무엇을 하시겠습니까?

믿는 자에게는 그리스도의 이름으로 구하는 것을 무엇이든지 주실 것이라는 사실은 신자들의 대단한 특권입니다. 무엇을 구하든지 거절당하고, 오히려 진노를 받는다는 것은 불신자의 비참한 처지입니다. "나를 부르라"고 주님께서 신자에게 말씀하십니다. "환난 날에 내가 너에게 응답하겠다"라고 하십니다(시 91:15 참고).

불신자들에게는 그 반대입니다. "네가 불러도 응답하지 않겠다"라고 말씀하십니다. 주님께서는 믿는 자에게 "구하라. 그러면 너희에게 주실 것이요, 찾으라. 그러면 찾을 것이요, 문을 두드리라. 그러면 너희에게 열릴 것이니"(마 7:7)라고 하십니다. 그러나 불신자들에게는 구하여도 주지 않겠다고 말씀하십니다.

그리스도께서는 유대인들 가운데 불신자들에게 "너희가 나를 찾아도 만나지 못할 터이요, 나 있는 곳에 오지도 못하리라"(요 7:34)라고 하셨습니다. 그들이 그리스도께로 가지 못한다면 어디로 가겠습니까? 그리스도께서는 그들이 살아 있을 때에도, 죽을 때에도, 죽고 난 다음에도 그들의 기도를 듣지 않으실 것입니다.

불신앙 가운데 살아가는 자들은 자신들의 운명을 읽을 수 있습니다(약 1:7 참고). 그리스도께서는 불신앙 가운데서 죽는 사람들을 그들이 섬기던 신들에게로 가게 하실 것입니다. 그리스도께서는 말씀하실 것입니다. "너희는 나에게로 오지 못할 것이다. 너희는 생명을 얻기 위해서 나를 믿지 않았다. 그러므로 너희는 너희의 죄 가운데에서 죽으며, 지금도 죽고, 영원히 죽을 것이다."

죽음 이후에, 어리석은 처녀들과 함께 와서 신랑의 방을 두드린다고 해도, 그리스도께서는 말씀하실 것입니다. "나는 너를 알지 못한다." 그리고 영원한 슬픔의 출발을 명령하실 것입니다.

(2) 반대 1

니느웨 사람들이 기도하자, 그 기도가 응답받았습니다(욘 3:7-10 참고). 아합의 기도도 응답받았습니다(왕상 21:27-29 참고). 이들은 모두 믿지 않는 사람들이었으며, 특별히 아합은 악명 높은 사람이었습니다(왕상 21:25, 26절 참고).

(3) 대답 1

① 받아들여지지 않은 기도의 응답

기도가 받아들여졌지만, 기도한 그것이 주어진 것은 아닌 경우와 같이, 바라던 것이 주어진다 하더라도, 기도가 받아들여진 것은 아닙니다. 믿지 않는 사람들에게도 마찬가지입니다. 왜냐하면 엄격하고 정확하게 말해서, 기도와 기도하는 사람이 모두 받아들여지지 않을 때에는 그 기도가 받아들여진 것이 아니기 때문입니다.

그리스도 안에 있지 아니하면, 그 누구도 받아들여질 수 없습니다. 또한 믿음이 아니고서는 누구도 그리스도 안에 있을 수 없습니다. 그러므로 불신자들과 그들의 기도는 받아들여지지 않습니다. 결과적으로 하나님께서는 그들의 기도를 듣지 않으십니다. 비록 그들이 기도한 것이 주어진다고 하더라도, 그것은 그 기도에 대하여 주어진 것이 아닙니다.

② 현세적인 것들에 대한 응답

불신자들의 기도에 대하여서, 주님께서는 오직 현세적인 것들만 주십니다. 니느웨 사람들은 현세적인 구원을 얻었습니다. 아합도 그 이상은 아닙니다. 위협적인 심판을 없애 버리신 것이 아니라, 집행을 잠시 지연시키신 것뿐입니다. 용서하신 것이 아니라, 참으시는 것입니다.

알다시피, 그 다음 세대에 니느웨는 완전히 파멸되었습니다. 아합의 가문에 대한 무서운 저주는 그의 아들의 시대에 이루어졌으며, 그 저주의 가장 혹독한 부분은 아합 자신에게 집행되었습니다(왕상 22:34-38 참고). 불신자는 진실로 영적인 자비와 은혜와 중생과 거룩함을 받을 수가 없으며 또한 그들은 이러한 것들을 바랄 수도 없습니다. 주님께서 진정한 소원이 동반되지 않는 기도를 들으시겠습니까?

③ 은혜로 주시는 것이 아닌 응답

불신자들이 현세적인 것들을 구할 때, 하나님께서는 은혜로 그것들을 주시는 것은 아닙니다. 이스라엘이 왕을 원할 때, 그분께서는 진노 가운데 왕을 주셨습니다. 그들이 고기를 원할 때, 그분께서 메추라기를 주셨지만, 그것과 함께 진노도 보내셨습니다. 그 즐거운 고기는 쓰디쓴 소스를 지니고 있었습니다(시 106:15, 민 11:33,34, 시 78:29-31 참고). 그분께서는 그들에게 외적으로는 축복을 주시는 것으로 보이지만, 실제로는 저주하시는 것입니다.

이와 같이, 불신자들은 자비 가운데 아무것도 가질 수 없습니다. 왜냐하면 그것은 사랑으로 나온 것이 아니며, 그들을 더욱 더 좋게 하려고 주신 것이 아니기 때문입니다. 그것은 영혼의 축복을 가져다주지 못하는 저주받은 것입니다. 기도의 보답이 자비일 때, 기도가 정확하게 받아들여지는 것입니다.

(3) 반대 2

주님께서 듣지 않으신다면, 우리가 왜 기도해야 합니까?

(4) 대답 2

① 의무

우리는 어떤 보상을 확신하지 못해도, 순종해야 할 의무가 있습니다. 하나님께 순종하는 것은 그분의 피조물로서 우리의 본성에 자리잡은 필수적인 것입니다. 응답은 임의적인 것입니다. 오로지 자유로이 움직이시는 그분의 뜻에 근거한 것입니다. 비록 하나님께서 듣지 않으시더라도, 우리는 기도해야 합니다. 왜냐하면 그분께서 명령하셨기 때문입니다.

② 아예 기도하지 않은 것이 더 큰 죄

불신자들은 기도할 때마저도 죄를 짓기에 하나님께서 그 기도를 듣지 않으시지만, 아예 기도하지 않으면 더욱 큰 죄가 됩니다. 아예 기도하지 않는 것은 믿음으로 기도하지 않는 것보다 더욱 악한 죄입니다. 완전히 빼먹는 것이 불완전한 실행보다 더욱 혐오스러운 것입니다. 그 태도에 있어서 실패하는 것보다 아예 그 실체가 없는 것이 더욱 나쁜 것입니다.

③ 죄의 사악함에 비례하는 구하지 않은 죄

잘못 구하는 것보다 구하지 않는 것이 더욱 위험한 것입니다. 그 위험은 죄의 사악함에 비례합니다. 그는 잘못 구함으로써 은혜를 거절할 수도 있습니다. 그러나 구하지 않음으로써 진노가 부어질 것입니다(렘 10:25 참고).

(5) 적용 2

믿음 안에서 기도하는 이 의무를 실천하도록 스스로를 권고하십시오. 당신이 언제, 무엇을 하든 간에 믿음 안에서 구하십시오. 기도보다 더욱 필수적인 것은 없습니다. 믿음보다 더욱 필수적인 기도의 자격은 없습니다. 모든 의무와 특권들 가운데, 신실한 기도보다 더욱 이롭고 평안한 것은 없습니다. 왜냐하면 믿음이 없이는 믿음으로 인한 이익도 없으며, 믿음 안의 평안함도 없기 때문입니다.

믿음이 없이 기도하는 것은 말씀을 더럽히는 것이며, 하나님의 이름을 헛되이 취하는 것이고, 헛되이 기도하는 것입니다. 아무리 많이 기도한다고 할지라도, 믿음 안에서 기도하는 것이 아니라면, 당신은 헛수고하는 것입니다. 그래서 야고보 사도는 결정적으로 이와 같이 말씀합니다. "이런 사람은 무엇이든지 주께 얻기를 생각하지 말라"(약 1:7).

제5장

믿음의 기도를
드릴 수 있게 하는 격려들

하나님께는 불명예스럽고 위법적이며, 당신에게는 불리하고 위험하며 불편한 것인 이런 흔들림과 의심들을 방지하기 위해서, 당신이 마음을 지킴으로써 세우고, 믿음을 격려하여 하나님께 더욱 가까이 다가갈 수 있는 몇 가지 방안들을 제시하고자 합니다.

1. 기도를 듣고 계신다는 확신 위에서

언약 안에서의 당신의 권리들을 확신하십시오. 즉, 그리스도께서 당신을 사랑하시고, 그분의 피로 당신을 깨끗하게 하셨다는 것을 확신하십시오. 이것은 그분께서 당신에게 자신의 영, 성령님을 주셨다는 확신입니다. 즉, 당신은 은혜 안에 있으며, 하나님과 화해한 사람이라는 것입니다. 만약 당신이 그분이 사랑하는 사람이라는 것을 확신한다면, 당신은 그분의 귀가 당신의 기도를 들으신다는 것을 확신할 수 있을 것입니다.

제사를 받는 것보다 먼저 사람을 받으시는 것처럼, 이러한 확신이 다음과 같은 믿음의 분명한 근거가 됩니다. "내가 하나님의 아들의 이름을 믿는 너희에게 이것을 쓴 것은 너희로 하여금 너희에게 영생이 있음을 알게 하려 함이라. 그를 향하여 우리의 가진 바 담대한 것이 이것이니, 그의 뜻대로 무엇을 구하면 들으심이라. 우리가 무엇이든지 구하는 바를 들으시는 줄을 안즉, 우리가 그에게 구한 그것을 얻은 줄을 또한 아느니라"(요일 5:13-15).

첫째로, 당신이 영생을 소유했다는 확신이 있고, 그 다음에 그분께서 들으신다는 믿음이 있습니다. 만약 믿음이 첫 열매인 영생에 대한 권리를 지니고 있다는 것을 안다면, 당신은 그분께서 들으시고 응답하실 것을 믿음으로 확신할 수 있습니다(15절). 그분께서는 헛되이 듣지 않으시고, 그분께서 들으신 우리의 간구에 달콤한 응답을 베풀어 주실 것입니다.

요한복음에서는 "너희가 내 안에 거하고 내 말이 너희 안에 거하면 무엇이든지 원하는 대로 구하라. 그리하면 이루리라"(요 15:7)라고 말씀하십니다. 먼저 하나님과의 연합을 확신하십시오. 그러면 우리의 기도를 듣고 계시다는 것을 믿게 될 것입니다. 연합하는 것이 듣는 것에 앞서서 오는 것입니다. 그러므로 연합을 확신하는 것은 들으실 것을 확신하기 이전에 와야 하는 것입니다.

믿음의 유년기에는 기도의 응답을 위해서 연약하게 하나님을 의존하고 의지하게 됩니다. 그러나 믿음이 장성하게 되면, 그분이 듣고 응답해 주실 것을 확신하게 됩니다.

2. 호칭과 속성들이 보장하는 약속 위에서

주님께서 우리의 기도를 들어준다고 약속하신 것을 기억하십시오. 만약 주님께서 약속하신 것이라면, 그분에게는 들어야 할 강한 의무가 있는 것입니다. 그러하기에 믿음은 그분께서 들으실 것이라는 결론을 내릴 수 있습니다. 왜냐하면, 그분께서 듣지 않으려 하시거나, 들으실 수 없다면, 자신의 약속을 위반하신 것이기 때문입니다. 그분께서는 자신의 호칭과 속성들에 의해서 강력하게 약속하신 것입니다.

1) 호칭을 두고 하신 약속

시편에서는 "기도를 들으시는 주여"라고 합니다. 이것은 그분의 영광의 호칭들 중의 하나입니다. 그분께서는 기도를 들으시는 하나님이십니다. 그리고 이것은 자비와 정의로서 그분께 속한 것입니다. 그분께서는 모든 기도를 들으십니다. 그러므로 '모든 육체가 주께 나아오는' 것입니다(시 65:2). 그분께서는 그분의 이름에 합당하게 기도하는 사람, 아무리 연약하고, 가치가 없는 사람이라고 하더라도, 그의 기도를 거절하지 않으십니다. 모든 육체라고 하셨기 때문입니다!

그분께서 단지 나의 기도만을 거절하시겠습니까? 로마서에서 "주께서 모든 사람의 주가 되사 저를 부르는 모든 사람에게 부요하시도다"(롬 10:12)라고 말씀하며, 시편에서는 "주는 선하사 사유하기를 즐기시며 주께 부르짖는 자에게 인자함이 후하심이니이다"(시 86:5)라고 말씀합니다.

또한 히브리서에서는 "자기를 찾는 자들에게 상 주시는 이"(히 11:6)라고 말씀합니다. 우리가 하나님을 믿는 것만큼이나 이 사실을 반드시 믿어야 합니다. 하나님께서 진실하신 하나님이 확실하듯이, 그분께서 자신을 부지런히 찾는 자를 아무런 응답도 없이 멀리하지 않으신다는 것도 확실합니다.

그분께서는 모든 구하는 자들에게 주는 분이십니다. 모든 자들에게라면 왜 나는 아니겠습니까? 그분께서 응답하지 않으시고, 기도를 듣지 않으실 것이라고 의심하는 것보다 그분께서 하나님이신지를 의심하는 것이 더 나을 것입니다. 그래서 야고보서에서는 "너희 중에 누구든지 지혜가 부족하거든 모든 사람에게 후히 주시고 꾸짖지 아니하시는 하나님께 구하라. 그리하면 주시리라"(약 1:5)라고 말씀하십니다.

2) 속성들을 걸고 하신 약속

그분의 속성들 가운데서 능력과 선하심을 예로 들자면, 여기에서부터 믿음은 그분께서 기꺼이 들으시는 분이며, 들으실 수 있는 분이심을 추론해 낼 수 있습니다. 그리고 여기에서부터 그분께서 들으실 것이라고 확실하게 결론을 내릴 수 있습니다.

이것은 솔로몬의 성전의 기둥처럼 믿음을 강하게 지지해 주는 것입니다. '그 속의 능력'이라는 뜻인 보아스, 즉 그분께서는 들으실 수 있는 분이시라는 것과 '그분께서 세우실 것이다'는 뜻의 야긴, 즉 그는 기꺼이 들으시는 분이라는 것이라는 두 기둥인 것입니다(대하 3:17 참고). 당신이 기도할 때, 그분께서 이러한 분이심을 생각하십시오.

(1) 들으실 수 있는 분, 구하는 것을 주시는 분

그분께서는 들으실 수 있는 분이시며, 당신이 구하는 것을 주시는 분이십니다. 이것을 의심하고 전능하심을 의심하는 것은 신이 없다고 주장하는 것과 같습니다. 그분께서 모든 것을 하실 수 있다면, 당신이 기도하는 것에 대해서도 확신할 수 있습니다.

전능하심에는 어떠한 한계도 없습니다. 그분의 뜻이라면, 거기에 어떠한 제한도 있을 수 없습니다. 시편에서는 "여호와께서 무릇 기뻐하시는 일을 천지와 바다와 모든 깊은데서 다 행하셨도다"(시 135:6)라고 말씀합니다. 그분께서 하실 수 있는 것을 생각해 보십시오.

① 풍성하게 하실 수 있습니다.

그분께서는 우리가 요구하는 것 이상으로 할 수 있는 분이십니다(엡 3:20 참고). 우리는 우리가 요구할 어떠한 이유에 대하여 필요 이상의 것을 생각할 수 있습니다. 그분께서는 우리가 생각하는 것 이상을 하실 수 있으며, 그것도 넘치도록 풍성하게 하실 수 있는 분이십니다. 그분은 자신의 백성들이 요구하는 것보다 더 많은 것을 주실 수 있는 분이십니다.

그리고 그분은 지금까지 해 오신 것보다 더 많은 것을 하실 수 있는 분이십니다. 더 많은 세상을 창조하실 수도 있는 분이십니다. 히브리서에서는 "자기를 힘입어 하나님께 나아가는 자들을 온전히 구원하실 수 있으니"(히 7:25)라고 말씀하십니다.

② 쉽게 하실 수 있습니다.

그분께서는 당신이 요구한 큰일을 당신이 가장 쉽게 할 수 있다고 생각하는 것보다 더 쉽게 할 수 있는 분이십니다.

사람과 천사의 모든 힘을 합한 것과 이 세상의 모든 힘을 다 더해도 수고와 노력 없이는 할 수 없는 일을, 그분은 마치 당신이 손가락을 움직이거나, 눈을 깜빡이는 것처럼 쉽게 하실 수 있는 분입니다. 하늘과 땅이 온 힘을 다하여서도 할 수 없는 것을 그분께서는 한 마디 말씀으로, 한번 바라보시는 것으로 하실 수 있으십니다.

마태복음에서처럼 그분께서는 한마디 말씀으로도 기적을 베푸셨는데, 당신이 요구하는 그 모든 것은 얼마나 쉽게 하시겠습니까? 베푸는 것이 그분께 그렇게 쉬운 것이라면, 믿음이 왜 의심해야 합니까?[1]

③ 안전하게 하실 수 있습니다

자신에게 어떠한 손해나 피해도 없이, 자신 속에 있는 무한하심에 어떠한 것도 감소하는 것이 없이 하실 수 있는 분입니다. 그분께서 무엇을 주시든지, 그분께서는 작아지지 않으십니다. 왜냐하면 마치 태양이 빛을 발하듯이 은혜를 주시는 분이기 때문입니다. 태양이 빛을 발한다고 해서 잃는 것은 아무것도 없습니다. 빛을 더 발할수록, 오히려 더욱 빛나는 것입니다. 마찬가지로, 그분께서 더 많은 은혜를 베푸심으로 인해 더욱 영광스럽게 되는 것입니다.

하나님께서는 당신이 바라는 모든 것이 바다 전체 가운데 물 한 방울에도 지나지 않는 것입니다. 바다는 물 한 방울이 빠져나가면, 비록 엄청난 손실은 아닐지라도, 얼마간은 줄어들 것입니다. 그러나 하나님께서는 무엇을 주시든지 간에 줄어드는 것이라고는 아무것도 없습니다.

(2) 기꺼이 하시는 분입니다

믿음은 하나님의 능력에 대하여 의문을 가지지 않습니다. 그분께서 하실 수 있는 분인지를 의심하는 것은 믿음이 행동하는 것을 방해합니다. 그러나 그분께서 하실 수 있는 분인 만큼 기꺼이 하시는 분인지에 관하여서는 의심할 수 있습니다.

그분의 선하심은 무한합니다. 이것은 그분의 위대하심과도 마찬가지입니다. 그분께서는 우리가 기도하는 것만큼 기꺼이 들으시는 분이시며, 우리가 간구하는 것만큼 기꺼이 주시는 분이시고, 당신이 원하는 것만큼 당신이 구하는 것을 얻기를 기꺼이 원하시는 분이십니다. 아니 그것보다 더 많이 얻기

---

1. 마 8:8 백부장이 대답하여 가로되 주여, 내 집에 들어오심을 나는 감당치 못하겠사오니 다만 말씀으로만 하옵소서. 그러면 내 하인이 낫겠삽나이다.

를 원하시는 분이십니다. 이러한 그분의 선하심은 다음과 같은 점에서 드러납니다.

3. 기꺼이 응답하시겠다는 풍성한 증거와 격려들

1) 그분의 숨겨진 뜻

그분은 당신이 구하기 전에, 이미 기꺼이 듣기로 결심하고 결정하신 분이십니다. 그분께서는 이것을 영원 전부터 선포하셨습니다. 당신이 존재하고, 의도하기 전부터 그분은 기꺼이 하시는 분입니다. 아니, 그분은 기꺼이 하시는 분일 뿐 아니라, 당신이 뜻하는 것의 원인이 되기도 하셨습니다.

당신의 기도에 의해 하나님께서 기꺼이 하시도록 움직인다고 생각하지 마십시오. 그분의 뜻은 영원토록 변함이 없습니다. 그분의 뜻은 어떠한 행동이나 변화에 종속된 것이 아닙니다. 기도는 하나님께서 기꺼이 하시게 하는 원인이 아니라, 기꺼이 하시는 분이시라는 표시입니다. 다시 말해서 그분은 우리가 기도하기 때문에 기꺼이 하시는 것이 아니라, 우리를 위해 기꺼이 하시는 분이기에, 우리의 마음을 움직여 기도하게 하십니다.

시편에서는 "여호와여, 주는 겸손한 자의 소원을 들으셨으니 저희 마음을 예비하시며 귀를 기울여 들으시고"(시 10:17)라고 말씀합니다. 그분께서는 먼저 우리에게 좋은 것을 주시기를 바라시며, 그런 다음 우리로 하여금 그것을 바라도록 하시고 기도하게 하십니다. 즉, 우리는 그분의 방식대로 얻게 되는 것입니다. 이것이 우리보다 그분께서 더욱 바라신다는 확실한 증거입니다. 그분께서 우리를 그렇게 하도록 만드셨기에, 우리의 바라는 것들은 바로 여기, 그분의 뜻에서 나오는 것입니다.

2) 그분의 계시된 뜻

그분께서는 기도가 실패 없이 받아들여지는 유일한 방법을 처방하셨으며, 우리에게 그 처방을 따르라고 명령하셨습니다. 그분은 오류에 빠지기 쉬운 그 방법을 지키는 것에 태만한 자들보다 더욱 기도가 받아들여지기를 바라시는 분입니다. 그렇기 때문에, 주님께서는 정확하게 따르기만 하면, 기도가 바라던 응답이 없이는 되돌아오지 않는 그런 방법을 처방하시고 명령하셨습니다. 그러나 많은 사람들은 이런 처방을 지키는 것에 다소 무관심합니다. 그러므로 그분께서는 우리 자신이 바라는 것보다 더 우리의 기도가 받아들여지기를 바라시는 것입니다.

주님께서 기꺼이 하시는 분이시며, 기꺼이 기도를 들으시는 분이라면, 왜 우리는 그분께서 들으실 것을 믿지 않아야 합니까? 이것이 얼마나 믿음 안에서 기도하는 데 큰 격려가 됩니까! 당신의 기도가 받아들여질 것이라고 믿는 것만큼 하나님께서 들으실 것이라고 믿을 이유가 있습니다. 하나님께서 듣지 않으시는 분이라고 여기는 것은 당신의 기도가 받아들여지지 않을 것이라고 의심하는 것과 마찬가지입니다.

3) 그리스도의 중보

이것은 믿음에 대한 큰 격려로서 사도 바울도 그렇게 말하고 있습니다. "그러므로 우리에게 큰 대제사장이 있으니 승천하신 자, 곧 하나님 아들 예수시라. 우리가 믿는 도리를 굳게 잡을찌어다.……그러므로 우리가 긍휼하심을 받고 때를 따라 돕는 은혜를 얻기 위하여 은혜의 보좌 앞에 담대히 나아갈 것이니라"(히 4:14,16). 여기에서 "담대히"는 당신이 온 마음으로 확실하게 말할 수 있는 자유를 말합니다.

히브리서에서는 "그러므로 형제들아, 우리가 예수의 피를 힘입어 성소에 들어갈 담력을 얻었나니, …… 참 마음과 온전한 믿음으로 하나님께 나아가 자"(히 10:19-22)라고 말씀합니다. 왜 그러합니까? 우리는 중보하시는 대제사장을 소유하고 있기 때문입니다. 그 안에서 우리는 담대하고 확신 있게 나아갈 수 있습니다. 또한 에베소서에서는 '담대함' 과 '당당히' 라고 말씀하고 있습니다(엡 3:12). 이것은 믿음을 든든하게 하는 것을 많이 제공합니다. 그리고 기도로 나아가는 것을 확신 있게 만듭니다.

첫째로, 그분께서는 우리를 위해서 나타나십니다(히 9:24 참고). 그분께서는 이 목적을 위해 하늘에 들어가셨습니다. 그리고 이 목적을 위해 하늘의 위엄의 보좌 우편에 앉으셨습니다(히 8:1 참고). 가장 큰 능력을 지니시고, 모든 능력을 가지신 분께서 당신을 위해서 법정에 서 주신다는 확신을 가진다면, 당신은 얼마나 확신 있게 간구할 수 있겠습니까!

그리스도는 하늘과 땅의 모든 권세를 가지신 분이십니다. 그 법정에서 당신의 간구는 드려질 것이고, 이 세상을 뜻대로 하실 수 있는 분께서 당신을 위해서 나타나십니다. 그리스도께서 당신을 인정하시고 당신을 위해서 법정에 서실 때에, 당신의 간구가 승리할 것임을 어떻게 의심할 수 있겠습니까? 의심할 여지가 없습니다.

둘째로, 그분은 우리를 하나님께 드리시는 분입니다. 죄를 버리고, 그분의 의로움으로 옷 입고, 자신과 연합된 우리를 하나님께 드리는 분입니다. 우리가 거절당하면, 마치 자신이 거절당하는 것과 같이 그렇게 친밀한 관계로 하나님께 소개하시는 분입니다.

그분은 우리가 하나님의 정의와 진노를 격분시키는 것과 우리가 받아들여질 수 없는 자리에 있게 하는 것들을 제하여 주신 분으로서 우리를 하나님께 드리는 분입니다(슥 3:4 참고). 우리의 간구를 손상시키는 더러운 의복을 벗게 하신 분으로서 우리를 하나님께 소개하시는 분입니다. 이것은 가슴에 이스라엘의 모든 족속의 이름을 달고 지성소를 들어가는 대제사장에 의해 모형화 된 것입니다.

그리스도께서 "저와 주님께서 제게 주신 자녀들을 보십시오"라고 말씀하신 것처럼, 그분께서는 그분의 아버지께 우리를 그분의 영혼의 진통으로 낳아서 드립니다. 그분께서는 자신의 배우자로서 우리의 손을 잡고 그분의 아버지, 즉 우리 아버지께로 입장하시는 것처럼, 우리를 드리는 것입니다.

에베소서 3장 12절2의 '나아간다' 는 것은 이와 비슷한 자세임을 암시합니다. 사도 바울의 표현도 많은 사람들이 이것을 의미한다고 생각합니다. "오직 내가 그리스도 예수께 잡힌 바 된 그것을 잡으려고 좇아가노라"(빌 3:12). 그분께서는 자신의 지체로서 우리를 드리시는 것입니다.

우리의 연합에 대한 것으로 말하자면, 에베소서에서 "또 함께 일으키사 그리스도 예수 안에서 함께 하늘에 앉히시니"(엡 2:6)라고 말씀합니다. 그분은 우리를 위해서 기도하지 않으실지라도, 우리가 받아들여질 것을 조금도 의심할 것이 없는 그런 사랑스런 모습으로 우리를 드리는 분입니다. 그분께서는 나를 사랑하시기에, 아버지께서 친히 너를 사랑하신다고 말씀하셨습니다(요 16:27 참고). 우리가 이렇게 드려지는데 주님께서 황금의 홀을 내밀어 주실지 의심할 이유가 어디에 있습니까?

셋째로, 그분께서는 우리의 기도를 드리는 분이십니다. 이것은 대제사장의 사역입니다(히 5:1, 8:3 참고). 그리고 이것은 그리스도의 모형입니다. 주님께서는 그분의 손에서부터 우리의 간구를 받으십니다(계 8:4 참고). 말하자면, 그분께서는 한 손에는 우리의 손을 잡으시고, 다른 한 손에는 우리의 간구를 잡고 계십니다. 이러한 결혼식의 모습으로 우리와 우리의 기도를 전

---

2. 엡 3:12 우리가 그 안에서 그를 믿음으로 말미암아 담대함과 하나님께 당당히 나아감을 얻느니라.

달하시는 것입니다. 그리스도의 손에 의해 전달되는 간구를 주님께서 거절하실 것이라고 두려워할 수 있겠습니까?

넷째로, 그분은 우리의 기도를 거룩하게 만드시는 분입니다. 그리고 그 귀에 거슬리는 것을 기도에서 분리하십니다. 성물의 죄건을 담당하는 레위인 계열의 제사장들이 이러한 점에서 바로 그분의 모형입니다(출 28:36,38 참고). 주님께서 그리스도를 바라보실 때는, 그리스도께서 드리는 기도 가운데 오직 거룩한 것만을 바라보십니다. 주님께서는 거룩한 것 이외에는 아무것도 읽지 않으십니다. 앞서서 그리스도께서 이미 거룩한 것 이외의 것은 모두 지워 버리십니다.

그리스도는 항상 우리의 기도를 드릴 준비를 하시는 분입니다. 그분은 바울이 오네시모에게 "나의 아들을 위해서 간구하노니"(몬 1:10 참고)라고 하는 것처럼 중재하시는 분입니다. 그리고 어떤 책망을 들을 만한 것은 자신에게 돌리는 분입니다(18,19절 참고). 그분께서는 우리의 대언자로 일어나셔서, 죄가 우리의 기도에 입힐 만한 손상들을 막으시는 분입니다(요일 2:1 참고).

그분께서는 간청하실 뿐만 아니라, 변호하십니다. 그러므로 주님께서 우리의 기도 가운데 죄를 보지 않으시고, 거절하지 않으시는 것은 당연한 것입니다. 왜냐하면 그리스도께서 우리의 모든 실수와 실패들을 대신하여 속죄하셨기 때문입니다.

만약 어떤 것이 기도의 성공을 의심하게 만든다면, 그것은 죄입니다. 그리스도께서는 죄에 대하여 완전히 속죄하셨기 때문에 그렇게 되는 것을 막으십니다. 그래서 하나님께서는 그 기도 가운데서 죄를 발견하실 수 없으며, 그 기도에 대해 화를 내지 않으시는 것입니다.

우리의 기도가 죽은 일이 되지 않는 것은 그리스도의 중보 덕분이며, 그 기도를 죽게 하는 죄로부터 벗어나게 된 것도 그리스도의 중보 덕입니다. 이러한 목적으로 그분께서는 자기 피로 거룩한 장소로 들어가신 것입니다. 자신의 피를 부정한 기도에 뿌려 거룩하고 깨끗하게 하시면서 말입니다(히 9:12-14 참고).

그 기도가 이처럼 깨끗하게 될 때, 그것은 하나님께서 받으실 만한 제사가 되는 것입니다(벧전 2:5 참고). 깨끗하게 하시는 것은 그리스도의 일이며, 그분의 목적입니다(말 3:3,4 참고). 그는 은을 깨끗하게 하는 자같이 앉아서 레위 자손을 깨끗하게 하실 것입니다.

이제 믿음이 이것을 의심할 만한 것이 남아 있습니까? 그리스도에 의해서 드려질 수 있게 만들어진 것을 주님께서 거절하시겠습니까? 그리스도를 통하여 주님께 기쁨이 된 것에 대해 주님께서 불쾌해 하시겠습니까? 화목제사를 그분께서 거절하시겠습니까?(말 1:11 참고)

그리스도의 중보는 예외를 남기지 않습니다. 아무런 예외가 없는 기도를 하나님께서 거절하시겠습니까? 우리의 믿음이 이런 점에서 확실하게 되든지, 아니면 하나님에 대한 신성모독의 생각을 즐기든지 둘 중 하나가 될 수밖에 없습니다.

다섯째로, 그분은 우리의 기도에 대한 모든 고발과 고소에 대답하시는 분입니다. 사실 그분께서는 모든 고소의 근거들을 제거하는 책임을 지신 분으로, 어떠한 고소가 제시되든지 간에, 그분께서 책임지신 것으로 충분하다는 것을 보여 주시는 것입니다.

만약 우리의 기도에도 예외가 있어서, 완전히 거절하시는 것은 그분의 공로와 사죄하심과 관련된 것으로, 그분께서는 기도의 정당성을 입증하는 것을 중요히 여기십니다. 그러므로 그분께서는 여호수아를 고소하는 사탄에 대하여 스가랴에서 그처럼 분노하신 것입니다. "**사단아, 여호와가 너를 책망**

하노라"(슥 3:2). 또한 바울이 승리함으로 일어나게 된 이유가 여기에 있습니다. "**하나님의 택하신 자들을 송사하리요**"(롬 8:33).

우리의 기도에 하나님의 응답을 방해하는 어떠한 것도 고소당한 것이 없다면, 왜 그분께서 우리 기도에 응답해 주시는 것을 의심해야 합니까? 예외가 없는 데도 불구하고 주님께서 거절하시겠습니까? 주님께서 예외가 없는 것을 예외로 처신하는 분이라고 생각하십니까? 혹은 주님께서 자신의 아들보다 사탄의 말을 더 듣는 분이십니까? 이러한 이유들로 인하여 우리의 믿음이 더욱 확실해지든지, 아니면 하나님에 대한 불경한 생각을 즐기든지 둘 중 하나가 될 수밖에 없도록 하는 것입니다.

여섯째로, 그리스도는 우리의 요구와 자신의 기도와 중보를 함께 섞어 놓는 분입니다. 그분께서는 우리와 함께 하셔서, 우리의 간구가 받아들여지도록 간구하시는 분입니다. 또한 그분께서는 우리 기도에 자신의 공로를 덧붙이시는데, 이것은 아름다운 향기로 그 기도가 받아들여지도록 하는 것입니다. 이것은 사도 바울이 언급한 성도들이 드린 제사와 같습니다. 빌립보서에서 말씀하시는 "향기로운 제물"(빌 4:18)이며, 하나님께서 흠향하시는 노아의 제사와 같은 것입니다(창 8:21 참고).

이것은 법적 제사로 모형화된 것입니다. 백성들이 밖에서 제물을 드리는 동안, 제사장은 안에서 분향하듯이(눅 1:8-10 참고), 우리가 기도하는 동안, 그리스도께서는 우리의 기도에 향을 더하시고, 그 기도가 하나님 앞에서 기뻐하는 향기로 올라가도록 하십니다(계 3:3,4 참고).

일곱째로, 그리스도는 우리와 우리의 기도를 아버지께 드리는 분이실 뿐만 아니라, 아버지께서 우리의 기도에 응답하시도록 자기 자신을 간구로 아버지께 드리는 분입니다. 그리하여 주님께서 우리를 거절하시면, 그리스도를 거절하는 것이 됩니다. 우리가 감히 그리스도께서 거절당하실 것이라고 생각할 수 있습니까? 그리스도 자신이 하나님께서 자기 말을 들으신다고 확신하는 만큼이나 우리도 확신할 수 있습니다(요 11:42 참고). 그리스도께서 우리를 위해 기도하신다는 사실보다 더욱더 확실한 근거는 이 세상에 없습니다.

사실 성경에서 그리스도의 중보를 설명할 때에, 함부로 인용하지 말아야 할 표현들을 사용하고 있습니다. 만약 문자적으로만 이해한다면 그리스도의 영광스러운 상태, 즉 하나님과 동등 됨에 일치하지 않는 것을 가져다줄 수도 있습니다.

그러나 그리스도께서 우리를 위해서 기도하신다는 것을 믿고 말할 충분한 근거들이 있는 것도 사실입니다. 왜냐하면 그리스도께서 이것을 고백하셨기 때문입니다(요 17장 참고). 그분께서는 기도하셨고, 또한 기도하실 것이라고 약속하셨습니다(요 16:26, 14:16 참고). 그분께서 승천하신 이후에도 아버지께서는 그것을 바라고 기대하십니다(시 2:8 참고).

우리를 위한 기도에 해당하는 주님의 네 가지 행동이 있습니다. 이 행동들은 우리를 위한 기도를 넘어선 것이며, 그분께서 지금 우리를 위해서 기도하시는 것보다 훨씬 믿음에 격려를 주는 행동들입니다.

(1) 그리스도의 기도 모범

그분께서 이 땅에서 요구하신 것, 즉 합당하고 모범을 보이신 기도로, 비록 이 땅에서 드려진 기도일지라도, 그 기도는 지금 하늘에서 드려지는 것만큼이나 효과적인 기도입니다. 왜냐하면 그분의 기도는 그때나 지금이나 항상 받아들여지기 때문입니다(요 11:42 참고).

이 기도는 우리에게 전해진 것입니다(요 17장). 이 기도는 그분의 제자들을 위한 것만이 아니라, 이 세상 마지막까지 있을 모든 믿는 자들을 위한 것입니다(요 17:20 참고).

그러면 이 기도는 무엇을 위한 기도입니까? 우리가 이 땅에 있는 동안 필요한 모든 것, 아니 영원토록 필요한 모든 것입니다. 이것은 너무나 포괄적인 것이어서, 우리의 기도가 그리스도의 간구가 되지 않는 한 어떤 것도 하나님께 바랄 것이 없습니다. 그러므로 우리가 구하는 어떤 것도 우리가 실제로 그것을 구하기 이전에 이미 그리스도께서 우리를 위해 구하시는 것으로 인정받는 것입니다.

그러므로 우리의 간구가 실제로 드려지기 전에 이미 선한 것으로 인정받는다는 측면에서, 그리스도께서는 우리를 위하여 아버지께 모든 것을 구하시는 것을 우리의 기도보다 앞서서 처리하는 분이십니다. 그러므로 우리가 기도하러 나아갈 때, 그리스도께서 이미 우리를 위해 기도하셨다는 것을 생각하면 우리의 믿음은 많은 격려를 받습니다. 또한 우리가 기도하는 구체적인 것들에 대하여 그리스도의 기도가 받아들여졌다는 것은 우리의 믿음에 격려가 됩니다.

(2) 그분의 피의 부르짖음

이것은 은유적인 표현으로 기도를 의미합니다. 이것은 '변호하며 말하는 피' 입니다. 히브리서에서 "피보다 더 낫게 말하는 뿌린 피니라"(히 12:24)라고 말씀합니다. 이것은 무죄한 피가 그것을 흘리게 한 자들에게 복수하기에 충분한 것만큼이나, 그 피로 인한 삶을 얻기에도 충분한 것입니다.

그리스도의 피는 끝까지 승리하게 하는 대언자입니다. 이것은 결코 소송을 취하하지 않습니다. 이 피는 정의에 호소합니다. 그리스도께서 피를 흘리신 목적 중에 하나가 이것이기 때문에, 주님께서 우리의 기도를 들으셔야 하는 것은 당연한 것입니다. 우리의 요구가 승인되는 것이 당연합니다. 왜냐하면 그리스도의 피가 이러한 특권의 값으로 치러졌기 때문입니다. 그리스도의 피 값으로 산 것을 주시지 않는다면, 하나님께서는 불공평하시며, 그 아들의 피를 무가치하게 만드시는 것입니다.

　이러한 점을 고려한다면, 당신은 믿거나 아니면 신성모독을 할 수밖에 없습니다. 이것은 '언약의 피' 입니다(히 10:29 참고). 이것에 의해서 언약의 축복들이 주어지며, 확정되는 것입니다. 우리가 그리스도의 이름으로 구하는 것은 어떤 것이든지 주어질 것이라는 것이 이 언약의 한 부분입니다. 또한 그분의 피가 이 언약이 이루어질 것을 부르짖고 있으며, 정의가 그 부르짖음을 듣고 있습니다. 우리의 모든 기도가 받아들여져야 한다는 것은 우리에게는 온전한 은혜이지만, 그리스도께는 의롭고 올바른 것입니다.

(3) 그분의 신적 본질의 뜻

　이것은 초월적인 기도입니다. 제가 이것을 기도라고 하는 이유는 이 땅에서의 그분의 기도가 같은 성격으로 드려진 것이기 때문입니다. 그리스도께서는 "아버지여, 내가 원합니다"라고 기도하셨습니다(요 17:24 참고). 그분께서 하나님이신 것처럼, 우리의 기도가 받아들여지는 것은 그리스도의 뜻입니다. 그렇지 않다면 그분께서 그렇게 자주 이것을 약속하지 않으셨을 것입니다.

　또한 이 기도는 그 형식에 있어서 우리의 기도와 다르기도 하지만, 그 효험에 있어서도 무한하고 초월적입니다.

　그리스도께서 사람으로서 이 땅에 계시면서, 눈물을 흘리며 엎드려 주님께서 우리에게 응답해 주실 것을 바라기보다 하나님의 순전하신 뜻이 우리의 간구에 확실하게, 그리고 효과적으로 응답될 것이라는 믿음을 줍니다. 왜냐하면 그분의 신적인 뜻은 그분의 아버지의 뜻과 모두 같은 것이며, 이 둘은 서로 다르지 않기 때문입니다. 이것이 우리의 믿음에 큰 격려가 됩니다. 그분께서 우리를 부정하실 것이라고 의심하는 것은 우리가 그분께서 자신을 부정하신다고 생각하는 것과 마찬가지입니다.

(4) 그분의 인간적인 본질의 바람

이것은 실제적인 기도입니다. 이것은 기도에 필수적인 모든 것을 지니고 있습니다. 음성과 외적인 태도는 부수적인 것입니다. 비록 말로 된 기도가 아니더라도, 천사나 영혼이 할 수 있는 만큼 마음으로 기도할 수 있습니다 (삼상 1:13 참고).

우리의 모든 기도가 응답되는 것이 그분께서 이 땅에 계실 때도 바라시던 것이며, 하늘에서도 바라시는 것입니다. 우리에 대한 그분의 사랑은 그분께서 이 땅을 떠나신 후에도 조금도 변하지 않고, 오히려 더 커졌습니다. 그분께서 두려워하셨던 기도도 받아들여졌으므로 그분께서 원하시는 것은 반드시 받아들여질 것입니다.

이제 믿음은 이 모든 것을 묶도록 해야 합니다. 그러면 우리의 기도가 응답이 될 것이라는 필연성을 쉽게 읽을 수 있을 것입니다. 이 전제들을 살펴보십시오, 그리하면 주님께서 응답하실 것이라는 결론을 내릴 수 있을 것입니다. 주님께서 자신의 아들을 들으신다면, 그분이 자신을 부정하지 않고 불의하지 않으며, 변치 않는 분이라면, 그분께서는 우리의 기도를 들으실 것입니다.

4) 성령님의 사역

성령님의 사역을 생각하십시오. 성령님께서는 간구하는 영이십니다(슥 12:10 참고). 우리를 위해서 중보하시며, 우리 안에서 기도하시는 것, 말하자면 우리의 기도를 만드시는 것이 그분의 역할입니다. 즉, 그분은 우리의 간구를 마음속에 쓰시고, 우리는 그 간구를 제공하는 것입니다. 그분께서 좋은 재료를 지으시고, 우리가 그것을 표현하는 것입니다.

우리의 기도가 받아들여질 것이라 믿고 하는 기도는 성령님의 역사입니다. 이것은 그분의 목소리이고 움직임이며, 작동입니다. 그래서 우리가 기도하는 것입니다. 그러므로 우리가 기도할 때, 그분께서도 기도하시는 것이며, 우리의 신음은 그분의 신음이며, 기도 가운데 우리의 계획과 의도는 그분의 의도인 것입니다(롬 8:26,27 참고).

그분께서는 우리의 기도와 함께 하시며, 연약한 우리를 자신의 능력으로 뒷받침해 주십니다. 그런 기도가 바로 성령님의 역사라는 것은 여러 가지 면에서 나타납니다.

(1) 기도를 유발하심

그분께서는 우리가 기도하도록 하십니다. 그분께서는 우리의 마음속에 요구할 것들을 준비하고 배열하며, 격려하시어, 마음이 내키도록 하십니다. 그분께서는 영적 제사에 대해 우리의 마음속에서 일반적으로 나타나는 후퇴와 반항과 하기 싫어하는 마음을 없애십니다. 시편에서는 "주는 저희 마음을 예비하시며"(시 10:17)라고 말씀하십니다. 그분께서는 성령님으로 이것을 준비하시는 것입니다.

어거스틴(Augustine)은 "성령님께서 우리를 위해 중재하시는데, 그분께서는 우리로 이것을 하도록 움직이시며, 자극하시고 기도하도록 유발하신다"[3]라고 말합니다. 칼빈은 "그분께서 허용하시지 않고는 어떤 한 마디의 말도 미리 계획할 수가 없다"[4]라고 말합니다. 그러나 하나님께서 그의 영을 자극해서 마음 문을 두드리시는 것입니다. 그의 마음을 기도하는 마음이 되도록 하시며, 때로는 그분 앞에서 우리의 영혼을 쏟아내는 것에서 물러날 수

---

[3]. Interpellat quia interpellare nos facit, nos ad preses instigat, nomo spontepraemeditari vel unam syllabam potest.

[4]. nisi arcano spiritus sui instinctu nos Deus pulsat.

없을 정도로 강력하게 우리를 자극하십니다.

이것은 예레미야 선지자에게 나타난 것과 같습니다. 그는 "나의 중심이 불붙는 것 같아서"(렘 20:9)라고 말합니다. 그러므로 기도는 성령님의 역사로 때로는 마음속에 강력하게 역사하고, 영혼을 가득 채우심으로 인해 그것을 담아 둘 수가 없어서 그 요구들을 쏟아내는 것입니다.

다윗도 마찬가지로 "내가 잠잠하여 선한 말도 발하지 아니하니 나의 근심이 더 심하도다. 내 마음이 내 속에서 뜨거워서 묵상할 때에 화가 발하니 나의 혀로 말하기를"(시 39:2,3)이라고 말합니다.

이러한 것들은 기도의 영을 소유한 것입니다. 이것은 경험으로 알 수 있는 것으로, 주님께서 그들에게 특별한 은혜를 주시고자 한 때나, 그들을 위해서 특별한 일을 행하시고자, 그들로 하여금 간구하도록 마음을 움직이실 때입니다. 그래서 그들을 자세히 살펴보면, 마음의 역사와 심정 속에서 그들의 기도 응답을 자주 발견할 수도 있습니다. 성령님께서 기도하는 마음을 준비시키신다는 것은 주님께서 그분의 귀로 들으실 것이라는 것을 의미합니다.

(2) 기도의 재료와 방법

성령님께서는 우리가 기도할 재료를 제공하시며, 무엇을 기도할 것인지를 깨닫게 하고 가르치십니다. 이것은 사도 바울의 표현에서 분명하게 드러납니다(롬 8:26 참고). 우리는 무엇이 우리에게 합당한 것이며 무엇이 우리에게 가장 좋은 것인지, 또한 언제가 가장 좋은 때인지를 알 수 없습니다. 우리는 부적절하며, 시기에 맞지 않고, 쓸 데 없는 것이나 해로운 것을 구하기 쉬운 사람들입니다.

우리는 편안함과 자유를 원하고 풍성함과 어려움에서 구원받기를 원하며, 모든 고통에서 자유롭기를 원합니다. 우리는 기쁨과 확신, 승리와 황홀함을 원합니다. 우리는 이러한 것들을 원하거나, 이와 비슷한 것들을 원합니다.

그리고 어떠한 시점에 이르러서는 완전히 이루어지기를 원하거나, 우리 영혼에 해로운 것이 되지 않기를 원합니다. 그러하기에 우리는 성령님께서는 우리를 좋은 길로 인도하실 수 없고, 가장 필요하며, 적합하고 이로운 것으로 우리를 데려가실 수 없다고 여기면서 우리 스스로 그것을 간절히 구하는 것입니다.

성령님은 하나님의 뜻에 따라서 우리로 하여금 기도하게 돕는 분이시며, 우리가 하나님의 뜻에 따르는 것을 기도하도록 하는 분입니다. 암브로스는 "영혼이 올바르게 기도할 수 있는 것은 성령님께서 앞서 가시기 때문이며, 그분께서 바른 길로 인도하시기 때문이다"[5]라고 말합니다. 즉, 우리는 크든지 작든지 간에 육적인 것을 구해서는 안 된다는 것입니다.

고기는 건강을 회복시키기도 하지만, 적절치 못할 때에는 환자를 위험에 빠뜨리기도 합니다. 훌륭한 의사는 어떤 음식이 적합하며, 언제 그 음식이 건강에 가장 도움이 되는지를 잘 알고 있습니다. 그래서 암브로스는 우리가 무엇을 위해서 기도해야 할지, 어떻게 기도해야 할지를 모르기 때문에 성령님께서 우리를 위해 중재해 주셔야 한다고 말합니다. 다시 말해서 무엇을 구해야 하는지를 알려주셔야 한다는 것입니다.

(3) 표현하는 기도

그분께서는 자기 백성들이 표현하도록 돕는 분이십니다. 그러므로 기도하는 일에 있어서 성령님께 모든 자유를 드리고, 그분의 영향과 도움 아래에 우리를 놓아두는 것이 기도하는 가장 좋은 태도입니다. 이것은 성령님께서 자신의 방식으로 옷을 입게 하시며, 그분의 말씀과 그분께서 주기를 기뻐하

---

5. Ut benepossit menes orare praecedit Spiritus, et deducit eam in viam rectam.

시는 것들을 취함으로써 기도의 내적인 태도뿐만 아니라 외적인 태도에서도 그분께 모든 것을 맡기는 것입니다.

저는 하나님의 백성들의 기도 속의 모든 표현들이 성령님으로부터 나온 것이라고 말하는 것이 아닙니다. 그분께서는 항상 즉시 표현할 수 있도록 하나님의 백성을 도우신다는 것을 말하는 것도 아닙니다. 그들이 성령님께서 지시하시고, 함께 일하시는 수단들을 사용해서 표현하든지, 즉각적으로 생각나는 것을 표현하든지, 어느 것이든 성령님의 도움에서 나온 것입니다. 그분께서는 하나님의 백성들을 언제든지 돕는 분이십니다. 사도 바울이 로마서 8장에서 표현한 것으로 보아서 말로 표현하는 것까지 말입니다.

이것은 이전에 말씀드린 것으로, 여기에서 더욱 강조하고자 합니다. '휘페렌팅카네이($\dot{v}\pi\varepsilon\rho\varepsilon\nu\tau\upsilon\gamma\chi\acute{a}\nu\varepsilon\iota$)'[6]라는 단어는 고소자로서 행동하는 것과 변호자로서 행동하는 것이라는 의미를 뜻합니다. 신약 성경에서 성령님께서는 흔히 변호자로 불려집니다.

'파라클레토스($\pi\alpha\rho\acute{a}\varkappa\lambda\eta\tau\sigma\varsigma$)'는 예수님께서 성령님을 부르신 말로, 법정에서 의뢰인을 돕는 자를 뜻합니다. 또한 이 단어는 번역될 때에 보혜사, 즉 위로하는 자라는 다른 의미로도 사용됩니다. 왜냐하면 변호자는 그의 의뢰인을 위로하고 격려하며, 그에게 충고하고 그를 변호하며, 그를 위해 행동하고 그의 간구와 행동을 이끌어 내며, 그의 말과 태도를 지시하는 사람이기 때문입니다.

그러므로 '파라클레시스($\pi\alpha\rho\alpha\varkappa\lambda\eta\sigma\iota\varsigma$)'는 다른 곳에서는 기도와 간구에 사용되며, '파라칼레인($\pi\alpha\rho\alpha\varkappa\alpha\lambda\varepsilon\tilde{\iota}\nu$)'은 간구하다, 혹은 호소

---

6. 역자주 : 롬 8:26, 27절에서 '간구하다'라는 말로 번역되었습니다.

하다라는 뜻으로 사용되기도 합니다. 즉, 성령님께서는 사람과 하나님 앞에서 자신의 백성들을 변호하는 분이십니다.

또한 그분이 자신의 백성들을 위해 사람들 앞에서 자신의 사역을 어떻게 감당하는지 살펴보면, 우리는 성령님께서 하나님 앞에서도 자신들의 백성들을 위해서 자신의 사역을 어떻게 일하시는지를 알 수 있습니다. 그분께서는 사람들 앞에서 자기 백성들의 변호자로서 일하십니다. 사람들의 법정에 섰을 때에 무엇을 말해야 하는지를 자기의 백성들에게 말씀하시는 것입니다 (마 10:20, 막 13:11, 눅 12:11,12, 21:14,15 참고).

마찬가지로, 그분께서는 하나님 앞에서도 그들의 변호자로서, 그들이 은혜의 보좌 앞에 나올 때, 무엇을 기도해야 하는지를 지시하고, 제시하십니다. 제가 만난 가장 훌륭한 번역자는 성령님을 "내면적으로 우리에게 말씀과 한숨을 불러줘서 받아쓰게 하시는 분"7이라고 표현하였습니다. 그분은 거룩한 영감으로, 능력 있고 효과적인 말씀과 탄식으로 우리를 돕는 분입니다. 그분께서는 우리 안에서 우리가 해야 할 말을 알려 주시고, 우리에게 교훈되는 것을 생각나게 하십니다.

(4) 기도에 알맞은 감정

그분께서는 기도 가운데 주제에 적합한 감정들을 우리 속에 불러일으키십니다. 즐거움과 슬픔과 사랑과 기쁨과 '스테나그모이($\sigma\tau\epsilon\nu\alpha\gamma\mu o\iota$)'라고 표현된 탄식과 같은 감정들 말입니다. 그분은 달리는 표현할 수가 없으므로 탄식과 신음이라는 감정들과 몸짓들로 우리의 마음을 채우는 분입니다. 그러하기에 이것은 '아랄레토이($\dot{\alpha}\lambda\alpha\lambda\eta\tau o\iota$)', 즉 '말할 수 없는' 이라

---

7. Veluti verba et suspiria nobis intus dictat – 베자.

고 불립니다. 이처럼 성령님은 말로 표현할 수 없는 애정 어린 역사로 가득 채우는 분입니다.

성령님을 소유한 척하는 사람은 마음에 있는 것보다 더 많은 것, 또는 마음에도 없는 것을 표현합니다. 그러나 실제로 성령님의 도움을 받는 사람은 그의 마음에 그가 표현할 수 있는 것보다 더욱 많은 것을 지니고 있습니다. 말로는 다 설명할 수가 없어서, 표현은 실제 그들이 속에서 느끼는 것보다 부족하게 되는 것입니다.

성령님께서는 자기 백성들로 하여금 그들의 영적인 상태를 알도록 도우시고 그들의 영적인 부족함이 무엇이며, 그들의 내적인 병이 무엇이고, 영혼의 불만거리가 무엇인지를 알게 하십니다. 그리고 그들이 구하여야 할 것의 중요성과 필요성과 탁월함을 이해시켜 주십니다. 또한 그러한 것을 사랑하도록 하며, 그것들을 사모하도록 하고, 그것들을 찾고 구하는 것에 힘쓰도록 하십니다.

그러하기에 그들의 마음속에 일어나는 이러한 애정 어린 역사들은 말로 나타내기에 너무나 커서, 달리 표현할 수 없기에 탄식과 신음이라고 표현되고 있는 것입니다.

(5) 은혜로 일하심

그분께서는 기도 가운데 은혜로 일하십니다. 그분께서는 영적인 습관에 있어서도 원칙들의 연약함과 결점을 도우시며, 그러한 영적인 습관과 원칙들이 왕성하게 움직이도록 하십니다. 그분께서는 영혼들이 확신을 가지되, 여전히 경외함을 지니며 나아가도록 하십니다. 신앙적인 두려움을 가지되, 여전히 담대한 믿음을 가지며 나아가도록 하시고, 열정과 끈질김으로 나아가되, 여전히 겸손한 순종함으로 나아가도록 하십니다. 생생한 소망을 가지고 나아가되, 여전히 자기를 부정하도록 하십니다. 성령님께서 간청하는 영이신 것처럼, 은혜의 영이시어서 마음속에서 은혜로 역사하실 뿐만 아니라, 간청하실 때도 그러하시지만, 다른 일과 의무에도, 은혜로 일하시기로 정하시고 그것을 실행하는 분이십니다.

(6) 영혼을 보호하심

그분께서는 기도 속에서 영혼을 붙잡기 쉬운 마음의 병과 정신을 산만하게 하는 것, 마음의 단단함, 무관심, 형식적인 것, 미지근한 마음, 위선, 싫증, 교만, 자만 등을 제거하시거나, 영혼이 이렇게 되는 것을 막으십니다.

기도의 대부분은 성령님께 속한 것입니다. 왜냐하면 그분께서 재료와 형식과 표현과 감정과 그 행동의 동기와 행위를 제공하는 분이시고 그분께서 언제, 무엇을, 어떻게 우리가 기도해야 할지를 가르치시며, 적당한 도움을 주시기 때문입니다. 그러하기에 신자들의 기도는 성령님의 역사라고 할 수 있는 것입니다.

이러한 모든 것을 고려한다면, 믿음에 큰 격려가 됩니다. 만약 기도가 우리 자신만의 일이라면, 우리는 우리가 가진 의로움은 마치 더러운 걸레와 같은 것을 알기 때문에 그 기도가 거절당할 것을 두려워할 것입니다. 그러나 성령님의 역사는 받아들여질 수밖에 없으며, 또한 받아들여집니다.

만약 우리가 자기 자신에게만 말한다면, 주님께서는 자신의 귀를 닫고, 죄인의 기도 듣기를 거절하실 수도 있습니다. 그러나 기도는 성령님의 목소리입니다. 그분께서 우리와 함께, 우리 속에서 말씀하십니다(마 10:20 참고). 그러하기에 주님께서는 분명히 그 목소리를 들으십니다.

기도는 성령님의 동의이며, 그분께서 천국의 법정에서 어떤 동의를 하시든지, 그것은 거절당할 수가 없습니다. 만약 우리의 기도가 성령님의 도움을 받지 못한다면, 주님께서는 완벽한 응답을 주시지 않을 수도 있습니다. 그러나 성령님께서 우리를 위해 간구하시므로, 주님께서는 그분을 거절하실 수 없습니다. 그렇다면 그것은 자신을 부정하는 것이 되기 때문입니다.[8]

성령님께서는 그리스도와 같은 방법으로 하시는 것은 아닐지라도, 역시 우리를 위해 중보하십니다. 그리스도께서 사역적인 면에서 중보하신다면, 성령님께서는 작용과 운영적인 면에서 중보하십니다. 그리스도께서는 우리를 위해서 직접 나타나시고, 우리에 대한 소송을 직접 변호하시지만, 성령님께서는 우리를 일깨워 고무시키고 도우셔서, 우리가 스스로 변호하도록 힘을 더하십니다.

그리스도를 통해서만 아니라, 성령님을 통하여서도 우리는 하나님께도 나아갈 수 있는 것입니다(엡 2:18 참고). 주님께서 성령님을 통해 나아가는 자를 거절하시겠습니까? 성령님은 '우리 속 사람을 능력으로 강건하게' 하는 분입니다(엡 3:16 참고). 또한 성령님의 능력은 야곱처럼 승리할 것입니다. 히브리서에서는 "성령이 우리에게 주신 이 능력을 가지고, 너희가 들어갈 담력을 얻었나니"라고 말씀하고 있습니다.(히 10:15-19 참고)

5) 하나님의 섭리

하나님의 섭리를 생각하십시오. 이것이 믿음에 많은 격려를 제공합니다.

(1) 응답하심

그분께서는 기도할 수 없는 사람들의 기도도 들으시고, 기도라고 할 수 없는 것에도 응답하십니다. 그분께서는 이성적이지 않는 피조물과 동물의 간구도 들으시고, 그들의 울부짖음도 유심히 들으십니다. 비록 그들의 기도가 형식과 재료에 있어서 부족하더라도 말입니다.

---

8. Novis gemendi et interpellandi impornit affectum.

하나님께서는 그들이 바라는 것을 주시며, 그들이 기대하는 것에 응답하시며, 그들이 소망하는 것을 채우십니다. 비록 그들이 올바르게 말할 수도 없고, 하나님을 쳐다볼 수도, 그분을 기다릴 수도, 혹은 그분께 소망하지도 못한다고 할지라도 말입니다.

시편에서는 "젊은 사자가 그 잡을 것을 쫓아 부르짖으며 그 식물을 하나님께 구하다가"(시 104:21)라고 말씀하며, "이것들이 다 주께서 때를 따라 식물 주시기를 바라나이다. 주께서 주신즉 저희가 취하며"(시 104:27,28)라고 말씀합니다. 또한 "들짐승과 우는 까마귀 새끼에게 먹을 것을 주시는도다"(시 147:9)라고 말씀하십니다. "중생의 눈이 주를 앙망하오니 주는 때를 따라 저희에게 식물을 주시며, 손을 펴사 모든 생물의 소원을 만족케 하시나이다"(시 145:15,16)라고 합니다.

그들이 단지 눈을 뜨기만 해도, 하나님께서는 자신의 손을 펴십니다. 단지 울고 그분을 쳐다보는 자연적인 욕구만을 보여도, 주님께서는 그것을 만족시키십니다.

이제 믿음은 "하나님께서 어찌 소들을 위하여 염려하심이냐? 전혀 우리를 위하여 말씀하심이 아니냐? 과연 우리를 위하여 기록된 것이니"(고전 9:9,10)라고 말할 수 있을 것입니다.

사자나 까마귀의 간구도 들으시는 주님께서 하물며 우리의 기도를 듣지 않으시겠습니까? 그들의 자연적인 욕구들도 만족시키시는 분이 나의 영적인 소망은 만족시키지 않으시겠습니까? 그들의 눈이 올려다보는 것도 중요하게 여기시는 분께서 우리 마음이 높이 드려지는 것은 소중히 여기지 않으시겠습니까?

내가 그들보다 못한 존재입니까? 이것은 주님께서 믿음을 든든히 하려고 말씀하신 것이기도 합니다(마 6:26 참고). 또한 주님께서는 "하물며 너희일까 보냐?"라고 말씀하십니다. 이것을 의심하는 자는 '믿음이 적은 자'라고 불려지기에 합당한 자이며, 실제 믿음이 없는 자로 간주되는 것도 당연한 것입니다(마 6:30 참고). 만약 이러한 설명으로도 믿음을 받쳐 주지 못한다면, 그것은 정말로 연약한 믿음인 것입니다.

(2) 거저 주심

하나님은 기도하지 않는 사람에게도 주시고 그들이 기도하면 더 많은 것들을 주십니다. 이사야서에서는 "나를 찾지 아니하던 자에게 찾아냄이 되었으며"(사 65:1)라고 하십니다. 또한 "그들이 부르기 전에 내가 응답하겠고 그들이 말을 마치기 전에 내가 들을 것이며"(사 65:24)라고 하십니다. 그분께서는 기도하지 않는 자에게도 가장 중요한 것들을 거저 주십니다.

기도하지 않는 것은 하나님의 선택에 어떤 영향도 끼칠 수 없으며 우리들의 기도는 영광스러운 구원의 작업에 어떠한 공헌도 하지 않았습니다. 우리가 가진 이러한 모든 은혜의 샘물의 원천은 다른 어떤 도움도 없이 파여진 것입니다. 위대하고 달콤한 사랑의 강물은 우리가 기도해서 끄집어내는 것이 아니라, 여기에서 나와서 자유로이 흐르는 것입니다.

중생과 칭의와 죄용서와 양자 됨과 하나님과의 화해는, 이것들을 위해서 기도할 줄도 모르고 기도할 수 없으며 다만 기도하지도 못할 자들에게 주어지는 것입니다. 왜냐하면 우리는 이러한 것들이 주어지기 이전에, 실제로 그러한 것들을 소망할 수 없기 때문입니다. 우리가 원하지도 않는 것을 위해서 기도할 수 있습니까?

우리는 생각지도 못했던 자비들을 얼마나 많이 누리고 있습니까! 우리가 기도로 나무를 흔들기도 전에, 귀하고 값진 열매들이 우리의 무릎 위에 떨어진 것입니다. 이것은 어쩌면 다른 사람의 기도로 인한 것일 수는 있지만, 우리의 기도로 인한 것은 아닙니다.

우리가 기도하지 않았는데도, 생명수가 이렇게 우리에게 흐르는 것이라면, 이를 기도의 능력으로 이끌어 낸다면, 생명수가 얼마나 기쁘게 우리에게 흘러넘치겠습니까! 주님이 우리가 찾지도 않았는데 나타나시고 문을 두드리지도 않았는데 문을 여시며, 우리가 부르지도 않았는데 대답하시는 분이라면, 우리가 문을 두드리며 주님을 부를 때, 얼마나 기뻐하시며 문을 열어 응답하시겠습니까! 우리가 전심으로 기도하기 전부터 엄청나게 대단한 것들이 보증되어 있다면, 기도로써 그보다 작은 것들을 얻을 것이라는 점을 얼마나 확신할 수 있겠습니까!

(3) 불신자의 기도에도 응답하심

그분께서는 불신자들의 기도에도 어떤 것들은 응답해 주십니다. 하나님께서는 이스마엘의 목소리도 들으셨습니다(창 21:17,18 참고). 그리고 박해자이며, 이스라엘의 20인의 왕들 가운데 가장 악한 왕인 아합의 기도까지도 들어주셨습니다. 하나님을 미워하고 하나님께 미움을 받는 자이며, 하나님과는 어떤 언약도 맺지 않았고 중보할 사람도 없는 자들의 단지 개가 짖는 것에 불과한 혐오스러운 기도도 들어주셨다면, 그분의 종이며 그리스도께서 중보하셔야 할 권리를 가지고 있는 사람들의 기도는 얼마나 많이 들어주시겠습니까?

6) 기도의 본질과 존엄성

믿음을 확고히 할 수 있도록 다양한 논리를 제공하는 기도의 본질과 존엄성을 생각하십시오.

(1) 기도는 하나님의 명령

그분께서 세우시고 명령하신 것입니다. 하나님께서는 우리의 기도를 당신이 들으시도록 기도하라고 명령하셨습니다. 그러므로 일반적으로 우리는 명령을 만나는 곳에서 약속을 찾을 수 있습니다. "환난 날에 나를 부르라. 내가 너를 건지리니"(시 50:15)라고 하시며, "구하라. 그러면 너희에게 주실 것이요"(마 7:7)라고 말씀하십니다.

그분께서는 기도를 명령하실 때, 들으시겠다고 약속하십니다. 이것이 그분께서 세우신 명령 속에 있는 그분의 의도입니다. 그러므로 만약 주님께서 듣지 않으신다면, 그분의 명령은 헛된 것이 되며, 주님께서는 자신의 목적을 잃어버리시게 됩니다. 주님께서 자신의 목적을 달성하지 못하리라는 것을 믿는 것보다, 그분이 반드시 들으시는 분이라는 것을 믿는 것이 더 쉽지 않습니까?

(2) 기도에 부여하신 특권

하나님께서는 성경 가운데서 기도로 연약한 믿음을 굳세게 하는 많은 특권들로 아름답게 꾸미시고, 또한 많은 특권들을 기도에 부여하십니다. 기도에는 하나님과 겨룰 수 있는 힘이 있습니다. 호세아서에서는 "하나님과 힘을 겨루되, 천사와 힘을 겨루어 이기고 울며 그에게 간구하였으며"(호 12:3,4)라고 합니다. 그 힘은 우는 것이고 간구하는 것이었습니다. 하나님께서는 창세기 32장 24절[9]에서 이 힘과 더불어 씨름하셨던 것입니다.

하나님께서는 힘을 가지신 분으로, 말하자면 왕이시며, 왕의 품행을 가진 분이십니다. 기도하는 태도로 재와 먼지는 주님께서 거절하실 수 없는 그런 영광스럽고 능력 있는 왕의 태도입니다. 그러므로 그 기도가 승리할 수밖에 없습니다. 마치 주님께서 기도의 공격을 물리치시려고 씨름하고 계신 것처럼 보이지만, 사실은 이 왕과 같은 챔피언의 힘을 가지도록 훈련시키는 것일 뿐입니다.

---

9. 창 32:24 야곱은 홀로 남았더니, 어떤 사람이 날이 새도록 야곱과 씨름하다가.

그분께서는 항상 기도가 승리할 수 있게 기도에 영광을 부여합니다. 기도에 힘이 있다는 것은 조금도 이상한 것이 아닙니다. 왜냐하면 기도는 하나님의 능력에 의지하는 것이기 때문입니다. 그래서 이사야서에서는 "나의 힘을 의지하고 나와 화친하며 나로 더불어 화친할 것이니라"(사 27:5)라고 합니다.

주님은 우리를 격려하시는 분으로서, 마치 자신의 무한한 존재에 어떠한 제한적인 것이 있을 것 같은 그런 용어를 사용하여 은혜의 능력을 표현할 정도로 자신을 낮추십니다. 출애굽기에서는 "나대로 하게 하라"(출 32:10)라고 하십니다. 그분께서는 자신이 기도에 반대하여 어떤 행동도 할 수 없는 것처럼, 그리고 기도를 거절하지 않을 것처럼 보이십니다.

이것은 이사야서에서 탁월한 표현으로 나타납니다.

"이스라엘의 거룩하신 자, 곧 이스라엘을 지으신 여호와께서 가라사대 장래 일을 내게 물으라. 또 내 아들들의 일과 내 손으로 한 일에 대하여 내게 부탁하라[10]"(사 45:11). 이 얼마나 관대한 말입니까! 얼마나 놀라운 자기 낮춤입니까! 요구하는 것을 명령하는 것이라고 할 정도이니 말입니다.

피조물이 하늘의 엄위하신 주권자에게 감히 명령한다고 상상하는 것은 신성모독입니다. 그러나 기도는 명령이라고 할 정도로 확실하게 승리한다는 것으로 추론해 낼 수 있습니다. 비록 무한히 우리보다 위에 계신 분이지만, 기도함으로써 마치 우리가 명령 내릴 수 있는 사람처럼, 하나님과 겨루어 승리하는 것입니다.

(3) 기도는 주님의 기쁨

기도는 우리가 일반적으로 드릴 수 있는 제사 중에서 가장 기뻐하시는 것

---

10. 역자주 – KJV에서 "명령하라"로 번역한 것이 한글 개역 성경에서는 "부탁하라"로 번역되었습니다.

입니다. 그러므로 주님께서 기도를 가장 자주 명령하실 뿐만 아니라, 끊임없이 기도를 구하시는 것입니다.

아가서에서는 그리스도께서 배우자인 당신의 목소리를 듣게 해 달라고 말씀하십니다. 왜냐하면 그 목소리는 달콤한 것이기 때문입니다(아 2:14 참고). 기도는 향내나는 것이며(시 141:2, 잠 15:8 참고), 그분의 기쁨입니다. 달콤한 향기가 되어 올라가는 것입니다. 어떠한 제사도 이보다 더 받으실만한 것이 없습니다.

간절한 기도 한 마디가 수백 마리의 숫양이나 수천 통의 올리브기름보다 더욱 하나님을 기쁘시게 하는 것입니다. 그러므로 그분께서 번제물과 희생 제사는 조금도 필요치 않다고 하시며, 무엇이 그분을 보다 기쁘게 만드는 것인지 말씀하십니다. "감사로 하나님께 제사를 드리며, 지극히 높으신 자에게 네 서원을 갚으며 환난 날에 나를 부르라. 내가 너를 건지리니 네가 나를 영화롭게 하리로다"(시 50:14,15). 그 이유는 기도가 하나님을 가장 영화롭게 하기 때문입니다.

기도는 그분의 영광스러운 완벽하심과 능력과 지혜와 부와 선하심과 광대하심과 충만하심과 섭리를 인식하는 것이며, 또한 분명한 증거를 제공하는 것입니다. 그분을 가장 영광스럽게 하는 것이 그분을 가장 기쁘시게 하는 것입니다. 왜냐하면 그분의 다스림의 모든 목적은 그분의 영광이기 때문입니다. 과연 주님께서 자신을 기쁘게 하는 것을 거절하시겠습니까? 자신의 영혼이 기뻐하는 것을 듣지 않으시겠습니까? 가장 받으실 만한 제사에 대하여 은혜로운 응답을 하시지 않겠습니까?

(4) 대답 없는 기도

그분께서는 때때로 기도에 대답하지 않는 것으로 사람들을 위협하십니다. "귀를 막아 가난한 자의 부르짖는 소리를 듣지 아니하면 자기의 부르짖을 때에도

들을 자가 없으리라"(잠 21:13). 하나님께서 쓸데없이 우리를 위협하시겠습니까? 우리에게 위협하신 것을 그분이 하지 않으시겠습니까? 마태복음의 말씀처럼, 주님께서는 부족과 궁핍으로 간구하는 자들의 계속되는 요구를 들어 주지 않는 자들을 엄하게 다루실 것입니다(마 18:28 참고).

7) 우리가 기도하는 것

우리가 기도하는 것들은 믿음에 대한 추론을 하도록 합니다. 그것이 매우 중요한 것이든 사소한 것이든 말입니다. 만약 사소한 것이라면, 믿음은 다음과 같이 추론할 것입니다. "주님께서 나를 위해 이렇게 사소한 것을 대변해 주실까? 그분께서 작은 자비는 거절하실까? 커다란 것은 거저 주시는 분께서 작은 것은 거절하실까? 무한한 사랑이 작은 호의는 보증하지 않을 것인가? 나에게 그리스도를 주신 분께서 이처럼 사소한 것을 거절하실까? 죽음에서 당신의 영혼을 구원하신 분께서 낭떠러지로 떨어지는 나를 구원하지 않으실까?"

믿음은 이것이 아주 중요한 것이라 하더라도, 주님께서는 나와 다른 사람들에게 그보다 더 큰 것을 거저 주신 분임을 추론해 낼 것입니다. "그리스도보다 더 큰 것이 있는가? 죄를 사하여 주시는 것보다 더욱 중요한 것이 어디에 있는가? 그리스도의 보혈보다 더욱 귀한 것이 어디에 있는가? 주님께서 이미 나에게 가장 큰 것을 주셨으므로, 더 큰 것을 구할 수는 없다."

당신에게 주어진, 당신이 바라는 가장 큰 것을 생각해 보십시오. 크면 클수록, 그것을 구하는 데 더 큰 용기가 필요하며, 하나님께서 주실 것이라는 더 큰 소망이 있습니다. 큰 것을 주시는 것은 위대한 하나님께 합당한 것입니다. 시편에서는 "홀로 큰 기사를 행하시는 이"(시 136:4)라고 하십니다. 당신이 큰 일을 구할 때도, 당신이 구하는 모든 것은 하나님께서 주시기에 합당한 것입니다.

시편에서는 "대저 주의 인자는 커서 하늘에 미치고 주의 진리는 궁창에 이르나이다"(시 57:10)라고 합니다. 하늘 아래에 어떤 것도 그분께서 주시기에 큰 것이 되지는 못합니다. 그분께서 더 큰 것을 주시면, 더 큰 영광이 그분의 이름에 돌려집니다.

위대하고 놀라운 일들은 주의 존귀하고 영광스러운 위엄을 말하는 것입니다(시 145:5 참고). 위대한 인물들은 위대한 선물들로써 그들의 장엄함을 보여 줍니다. 이러한 것은 그들의 기쁨이자 그들의 영광입니다. 하나님께서는 자신의 무한하신 위대함을 피조물의 능력을 넘어서는 그러한 은혜를 주는 것으로 드러내십니다.

여호사밧은 역대하에서 "가로되 우리 열조의 하나님 여호와여, 주는 하늘에서 하나님이 아니시니이까? 이방 사람의 모든 나라를 다스리지 아니하시나이까? 주의 손에 권세와 능력이 있사오니 능히 막을 사람이 없나이다"(대하 20:6)라고 했습니다. 당신이 바라는 것이 너무 큰 것이어서 당신을 낙심시킬 정도라고 해도 단지 당신의 생각에만 큰 것임을 명심하십시오. 하나님께는 큰 일이라고는 없습니다.

그분께서 이사야 40장 15, 17, 22절[11]에서 어떻게 설명하고 있는지 살펴보십시오. 이 하늘과 땅의 거대한 구조물보다 더 큰 것이 무엇입니까? 하나님께서 어떻게 이것을 단 한마디의 말씀으로 만드신 것입니까? 거기 있으라 하

---

11. 사 40:15 보라, 그에게는 열방은 통의 한 방울 물 같고 저울의 적은 티끌 같으며 섬들은 떠오르는 먼지 같으니, 17 그 앞에는 모든 열방이 아무것도 아니라. 그는 그들을 없는 것같이, 빈 것같이 여기시느니라. 22 그는 땅 위 궁창에 앉으시나니 땅의 거민들은 메뚜기 같으니라. 그가 하늘을 차일같이 펴셨으며 거할 천막같이 베푸셨고.

시니 그대로 된 것입니다(시 33:6 참고).

물론 하나님께서 실제로 말씀을 하신 것은 아닙니다. 그러나 이 표현 방법은 가장 큰 일을 이루시는 것도 하나님께는 우리가 말 한마디 하는 것과 같다는 것을 우리에게 가르쳐 주는 것입니다(대하 14:11, 삼상 14:6 참고). 많건 적건 하나님께는 마찬가지입니다. 우리에게는 아주 큰 일로 보이는 것을 작은 일처럼 하는 분이십니다.

8) 약속

약속들을 생각해 보십시오. 주님께서는 들으시겠다고 약속하셨습니다. 그분께서 들으신다는 것을 의심하는 것은 그분께서 신실하시지 못하다고 의심하는 것입니다. 그러면 그분께서 얼마나 많이, 얼마나 보편적으로, 어떠한 약속을 하셨는지 살펴봅시다.

(1) 다수

주님께서 기도보다 더 많은 약속을 하신 의무나 행동이 없습니다. 우리의 기도를 주님께서 응답해 주시지 않는다면, 실패하지 않을 것을 확신하도록 하시지 않았다면 주님께서 왜 그토록 많은 약속을 하시겠습니까?

(2) 보편성

그분께서는 누구의 기도든지 들으시고, 무엇을 기도하든지 주시겠다고 거듭해서 말씀하십니다. 누구든지 기도하면 응답을 받을 것이며, 무엇이든지 구하면 주어질 것입니다.

"누구든지"라고 말씀하셨습니다. 요엘서에서 "누구든지 여호와의 이름을 부르는 자는 구원을 얻으리니"(욜 2:32)라고 말씀하며, 이 말씀은 사도행전 2장 21절[12]에서도 반복됩니다. 시편에서는 "주는 선하사 사유하기를 즐기시며, 주께 부르짖는 자에게 인자함이 후하심이니이다"(시 86:5)라고 말씀하니다. 시편에서는 "손을 펴사 모든 생물의 소원을 만족케 하시나이다"(시 145:16)라고 하십니다. 로마서에서는 "모든 사람에게 부요하시도다"(롬 10:12)라고 하십니다.

"무엇을"이라고 말씀하셨습니다. 마태복음에서 "너희가 기도할 때에 무엇이든지 믿고 구하는 것은 다 받으리라"(마 21:22)라고 하십니다. 요한복음에서는 "너희가 무엇이든지 아버지께 구하는 것을 내 이름으로 주시리라"(요 16:23)라고 하십니다. 또한 요한일서에서는 "무엇이든지 구하는 바를 그에게 받나니"(요일 3:22)라고 하시며, 요한복음에서는 "무엇이든지 원하는 대로 구하라. 그리하면 이루리라"(요 15:7)라고 하십니다.

(3) 의무

그분께 하나님의 약속은 맹세보다도 더욱 더 의무적인 것입니다. 그분께서는 약속을 우리보다 더 귀한 것으로 여기십니다. 그분의 약속은 하늘과 땅보다도 귀한 것입니다. 그분께서는 그분의 말씀의 일점이라도 사라지게 하는 것보다 오히려 하늘과 땅을 사라지게 하실 것입니다. "천지는 없어지겠으나 내 말은 없어지지 아니하리라"(마 24:35).

응답 받지 못함으로 인해 우리가 잃어버리는 것보다 응답하지 않음으로 주님께서 잃어버리시는 것이 더욱 많습니다. 이 약속은 당신의 확신을 위한 것으로, 하나님께는 당신이 구하는 것보다 더욱 귀한 것입니다. 그분의 말씀과 진리와 신실하심과 그분의 보장과 그분의 맹세와 그분의 아들의 피, 이 모든 것들이 약속과 관련된 것입니다.

---

12. 행 2:21 누구든지 주의 이름을 부르는 자는 구원을 얻으리라.

9) 하나님과 당신의 관계

하나님과 당신과의 관계를 생각해 보십시오. 그분께서는 당신의 아버지이십니다. 그리스도께서는 이러한 점을 가지고 우리를 가르치기 시작하십니다. 이것은 믿음에 대한 강력한 지지대이며, 그리스도께서는 이점을 사용하시어 우리를 믿음 안에서 기도하게 하십니다.

마태복음에서는 "구하라. 그러면 너희에게 주실 것이요, 찾으라. 그러면 찾을 것이요, 문을 두드리라. 그러면 너희에게 열릴 것이니"(마 7:7,8)라고 하십니다. 여기에는 약속이 있습니다. 이것에서 그리스도께서는 기도 가운데 약속을 믿도록 우리를 설득하십니다.

마치 관대한 아버지께서 가장 사랑하는 자녀에게 그러하듯이, 주님께서는 구하는 자에게 주실 준비가 되신 분입니다. 아니, 보다 많이 주시기를 원하는 분이십니다. "너희가 악한 자라도 좋은 것으로 자식에게 줄줄 알거든, 하물며 하늘에 계신 너희 아버지께서 구하는 자에게 좋은 것으로 주시지 않겠느냐"라고 하십니다. 이 땅의 아버지가 주는 것보다 가장 큰 은혜를 주시는 분입니다(마 7:9-11 참고).

마태복음에서 "좋은 것"이란 누가복음에서는 "성령"이라고 말하고 있습니다(눅 11:13 참고). 성령님보다 더 큰 선물이 어디에 있습니까? 이 땅에는 부모를 방해하는 것들이 있습니다. 가난이나 탐욕 등이 바로 그것입니다. 그러나 하나님을 방해하는 것이란 없습니다.

그분께서는 무한한 보물들을 가지고 계시며, 넓은 마음을 가지신 분입니다. 그분은 우리가 어떤 것을 구해도 주실 수 있는 분입니다. "이 땅은 하나님의 것입니다." 하늘이 이 땅 위에 있듯이, 그분은 더욱 즐거이, 더욱 많이 주시는 분입니다.

10) 영광을 받으시는 하나님

그분은 기도를 들으심으로 영광을 받는 분입니다. 우리는 기도함으로 그분을 영화롭게 하며, 그분께서는 그 기도에 응답하심으로 자신을 영광스럽게 하십니다(시 50편 참고). 주님께서는 주심으로 영광을 받으시고, 주는 것보다 자신을 더 많이 설명하는 것으로 받으십니다. 우리의 것을 받는 것뿐만 아니라 주는 것도 그분께서 하셔야 하는 일입니다. 만약 주님께서 우리의 기도를 거절하신다면, 그것은 자신의 영광을 거절하신 것입니다.

11) 하나님의 백성들의 효과적인 기도

다른 사람들의 성공, 즉 옛날 하나님의 백성들의 효과적인 기도들을 살펴보십시오. 이것은 믿음을 크게 격려합니다.

(1) 거절하지 않으시는 주님

당신은 기도가 완전히 거절당하는 것을 결코 발견할 수가 없습니다. 성경에서 신실한 기도에 대해 은혜로운 응답이 없었던 적은 단 한번도 없습니다. "그가 야곱의 집으로 말씀하시기를 나의 얼굴을 구하는 것이 헛되지 않을 것이라"라고 하셨습니다.

이 말씀을 확실히 믿기에는 반박하는 예가 있을 수도 있습니다. 다윗은 그의 아들의 생명을 위해서 기도했지만 아들은 죽고 말았습니다. 그러나 그의 기도는 응답된 것입니다. 하나님께서 다윗에게 다른 아들, 영광스럽게 다시 아들을 주신 점에서 그렇습니다.

모세는 가나안을 소유하기를 기도했습니다. 이러한 부분에서는 그의 기도가 받아들여지지 않았습니다. 그러나 주님께서는 그의 기도를 이적으로 만족시키셨습니다. 하나님께서는 그가 바라던 것을 이적적인 방법으로 보이셨는데, 이스라엘 백성들이 그의 사랑하는 자들과 그의 종, 여호수아에게 헌신

하도록 하신 것입니다. 그리고 이 땅 대신에 모세를 하늘로 옮기신 것입니다. 그것은 모세에게는 가장 기쁜 기도의 응답이었습니다.

비록 이 땅에서 하나님께서 자신의 기도를 들어주지 않으신 것에 대해서는 불평을 하였지만, 결국 그는 자신의 기도에 응답하신 하나님을 찬양하게 되었습니다. 주님께서 지금까지 기도를 거절하지 않으셨는데, 그런 그분께서 이제 와서 거절하시겠습니까?

(2) 기도보다 더 큰 응답

하나님께서는 대체로 기도하는 것보다 더욱 많이 주십니다. "저가 생명을 구하매 주께서 주셨으니 곧 영영한 장수로소이다"(시 21:4)라고 하십니다. 열왕기상 3장 9-13절[13]에서 솔로몬에게도 마찬가지였습니다. 아브라함은 하나의 자식을 구하였지만, 하나님께서는 그보다 더 많이 주셨습니다. 하갈을 통해서(창 17장 참고), 사라와 그두라를 통해서(창 25장 참고) 말입니다. 다윗은 한 가지를 원했습니다(시편 27편 참고). 그러나 하나님께서는 그것과 더불어 나라와 통치권과 영광을 주셨습니다.

야곱은 자신의 안전과 생필품, 즉 빵과 의복, 그리고 집으로 안전하게 돌아가는 것을 원했습니다. 그러나 주님께서는 안전 이외에 많은 것을 더하셔서 많은 재물과 자손들을 데리고 돌아오게 되었습니다. 창세기에서 "야곱이 서

---

13. 왕상 3:9-13 누가 주의 이 많은 백성을 재판할 수 있사오리이까. 지혜로운 마음을 종에게 주사 주의 백성을 재판하여 선악을 분별하게 하옵소서. 솔로몬이 이것을 구하매 그 말씀이 주의 마음에 맞은지라. 이에 하나님이 저에게 이르시되, 네가 이것을 구하도다. 자기를 위하여 수도 구하지 아니하며 부도 구하지 아니하며 자기의 원수의 생명 멸하기도 구하지 아니하고 오직 송사를 듣고 분별하는 지혜를 구하였은즉, 내가 네 말대로 하여 네게 지혜롭고 총명한 마음을 주노니 너의 전에도 너와 같은 자가 없었거니와 너의 후에도 너와 같은 자가 일어남이 없으리라. 내가 또 너의 구하지 아니한 부와 영광도 네게 주노니 네 평생에 열왕 중에 너와 같은 자가 없을 것이라.

원하여 가로되, 하나님이 나와 함께 계시사 내가 가는 이 길에서 나를 지키시고 먹을 양식과 입을 옷을 주사"(창 28:20)라고 합니다. 여기에는 그의 맹세와 소원이 있습니다.

그가 돌아온 모습을 보십시오. 창세기에서 "나는 주께서 주의 종에게 베푸신 모든 은총과 모든 진리를 조금이라도 감당할 수 없사오나 내가 내 지팡이만 가지고 이 요단을 건넜더니, 지금은 두 떼나 이루었나이다"(창 32:10)라고 고백합니다.

주님께서 우리가 구하는 것보다 더욱 많이 주신다면, 분명히 믿음은 그분께서 분명히 그렇게 주실 분이라고 말할 수 있을 것입니다. 주님께서는 과거보다 덜 풍성한 분이 아니십니다. 그분의 귀가 닫히지 않았고, 그분의 팔이 짧아지지도 않았습니다. 그분의 귀는 듣기 위해서 열려져 있으며, 그분의 손은 주기 위해 펴져 있습니다.

(3) 기적을 만드는 기도

기도는 지금 당신이 구하는 것보다 이전에 더욱 큰 것들을 얻게 하였습니다. 기도는 기적들을 만듭니다. 이것을 사도들은 믿음에 의한 것이라고 합니다(히 11:33-35 참고). 믿음의 기도, 신실한 기도에 의한 것입니다. 기도는 엘리야가 그랬듯 천국의 열쇠로, 자신이 원하는 때와 방법으로 열 수 있었습니다(약 5:17,18 참고).

기도는 삼키려고 입 벌리는 사자들 사이에서 다니엘을 보호했습니다. 다니엘이 기도의 입을 열자 사자의 입은 닫혀졌습니다. 기도는 요나를 바다 한가운데 있는 고래의 뱃속에서 안전하게 육지로 나오게 했습니다. 기도는 히스기야의 죽음의 선고를 무효로 만들었고 해를 뒤로 물러가게도 했으며, 천사를 하늘에서 불러 산헤립의 군대를 물리치기도 했습니다.

기도는 구스 사람 백만의 군대가 아사 왕 앞에서 도망하고, 쓰러지게 만들었습니다(대하 14:12 참고). 기도는 주님의 손을 이끌어 내어, 여호사밧의 대적들을 물리치게 하였습니다. 기도는 또한 감옥에 빛을 비추고, 하늘에서 천사를 내려오게 하여, 쇠사슬을 끊어 버리고, 쇠문이 열리도록 하였습니다(행 12:5-7 참고).

과거에 기적을 만들어 냈던 기도가, 지금은 일반적인 자비도 얻어내지 못하겠습니까? 기도가 지금은 덜 효과적인 것이 되었습니까? 주님께서 이제 기도의 가치를 덜한 것으로 여기십니까? 혹은 주님께서 변하시어 우리를 덜 사랑하시는 것입니까?

(4) 그 누구의 기도도 들으심

하나님께서는 옛날 자신의 백성들을 위한 것을 들으셨을 뿐만 아니라, 다른 사람들을 위한 것도 들으셨습니다. 하나님께서는 자신들을 위한 기도를 들으셨습니다. 또한 불신자들을 위한 기도도, 가장 극악한 죄인을 위한 기도도 들으셨습니다. 한 사람을 위한 기도만이 아니라 다수, 더 나아가서 온 도시와 온 나라를 위한 기도도 들으셨습니다.

하나님께서는 이방인이며 하나님을 두려워하지 않는 나라의 임금인 아비멜렉을 위한 아브라함의 기도를 들으셨습니다. 주님께서 그에게 이것을 말씀하셨고, 말씀하신 대로 이루셨습니다(창 20:7,17).[14] 하나님께서는 얼마나 자주 반역하는 백성들을 위한 모세의 기도를 들으셨습니까! 하나님께서 진노 중에서도 그의 기도를 들으셨습니다.

아니, 하나님께서는 가장 악한 것들이 판을 치는 다섯 도시를 위한 아브라

---

14. 창 20:7 이제 그 사람의 아내를 돌려보내라. 그는 선지자라. 그가 너를 위하여 기도하리니 네가 살려니와 네가 돌려 보내지 않으면 너와 네게 속한 자가 다 정녕 죽을 줄 알찌니라. 17 아브라함이 하나님께 기도하매 하나님이 아비멜렉과 그 아내와 여종을 치료하사 생산케 하셨으니.

함의 기도를 들으셨습니다. 아브라함은 소돔 사람들을 위하여 여섯 번이나 호소를 했으며, 주님께서는 단 한 번도 거절하지 않으셨습니다. 그분께서는 놀라울 정도로 자신을 낮추셨습니다. 우리는 주님께서 소돔에 50인의 의인만이 있다면, 멸망할 그 도시를 구하시겠다는 첫 번째 아브라함의 호소를 받아들이는 것으로도 놀랄 만한 일이라고 생각할 것입니다. 그러나 주님께서 10인만 있어도 구원하실 것이라고 약속하실 정도로 기도는 효과적인 것입니다(창 18:23-33 참고).

다른 사람을 위한 기도를 주님께서 들으신다면, 나를 위한 기도를 주님께서 듣지 않으시겠습니까? 이방인과 반역자들과 우상숭배자들, 소돔 사람들을 위한 기도를 들으셨다면, 그분과 언약 안에 있으며, 그분에 의해 의롭게 되었고, 그분께 순종하며, 그분께 인정받는 나의 기도를 왜 듣지 않으시겠습니까?

그러나 교회는 "만군의 하나님 여호와여, 주의 백성의 기도에 대하여 어느 때까지 노하시리이까?"(시 80:4)라고 불평하며, 또한 "내가 부르짖어 도움을 구하나 내 기도를 물리치시며"(애 3:8)라고 합니다.

이것은 오해입니다. 주님께서는 그들의 기도에 화를 내시는 것이 아니라, 그들의 죄악에 대하여 화를 내시는 것입니다. 시온은 "여호와께서 나를 버리시며 주께서 나를 잊으셨다"(사 49:14)라고 불평을 늘어놓습니다. 그러나 주님께서는 시온에게 이것은 너희의 오해라고 하십니다(사 49:15,16 참고). 그들은 주님께서 지체하시는 것 때문에 주님께서 거절하셨다고 생각했습니다. 주님께서 당장 응답하지 않으셨기 때문에 그들은 주님께서 화가 났다고 생각합니다.

그러나 지연되는 것 자체가 때로는 은혜로운 응답이 되기도 합니다. 진노라기보다는 오히려 사랑의 표시입니다. 간청하는 자에게 합당하지 않을 기적을 베푸는 것은 오히려 진노 가운데 응답하는 것이 될 수 있습니다. 합당할 때까지 지연하는 것은 사랑입니다. 하지만 그들의 눈은 다른 응답들에는 관심을 보이지 않고 오히려 그들이 바라던 특정한 것에만 고정되어 있었던 것입니다.

12) 하나님께 응답받은 경험

하나님께서 이전에 당신의 기도에 얼마나 많이 응답하셨는지, 당신의 경험들을 생각해 보십시오. 이것은 때때로 그분을 믿는 데 있어서 커다란 격려가 될 것입니다.

하나님을 시험해 본 사람들은 그분을 믿을 수 없다고 변명할 수가 없습니다. 그분의 말씀은 믿음으로 기도할 수 있는 충분한 근거가 됩니다. 동시에 우리의 경험 역시 모든 의구심을 제하여 줍니다. 이것은 기도하고 믿는 것을 격려하는 것입니다.

다윗은 자신의 경험을 사용했습니다. 그는 "그 귀를 내게 기울이셨으므로 내가 평생에 기도하리로다"(시 116:2)라고 말합니다. 기도 가운데 하나님과 교제하는 것이 얼마나 즐거운 것인지를 알고 자주, 그리고 열정적으로 기도하는 사람은 반드시 기쁜 응답의 경험들이 있어야 합니다.

당신은 마음이 괴로울 수 있습니다. 그러하다면 하나님께 부르짖는 것으로 평안을 얻었던 시편 116편의 다윗처럼, 하나님께 부르짖으십시오. 의심하면서 당황할 때, "내가 하나님께 부르짖으니, 그분께서 해결하셨습니다", 부족하고 궁핍할 때, "그분께서 나를 채워 주셨습니다", 두려움과 위험 가운데 있을 때, "그분께서 나를 구원하셨습니다"라고 고백하십시오.

혹은 시련과 고통 가운데 있을 때, "그분께서 나를 붙드시고, 구원하셨습니다", 사탄의 유혹과 공격에도 "그분의 은혜가 나에게 족합니다"라고 고백하십시오. 강한 욕정의 공격을 받는 가운데에도 "그분께서 그것을 물리치시고, 나로 힘을 주십니다", 축복을 간절히 바라는 가운데 "그분께서 나에게 주실 것입니다"라고 고백하십시오.

주님께서 이전에 나의 기도를 들어주셨기에, 지금도 나의 기도를 들으신다는 것을 이러한 표현들에서 어찌 의심할 수 있겠는가라고 추론해 낼 수 있습니다. 그분께서는 예나 지금이나 동일한 하나님이시기에 기도는 효과적이며, 받아들여지는 것입니다. 나의 인격과 나의 제사가 부족할 때에도 기도가 방해받지 않았습니다. 그러므로 지금도 기도가 방해받지 않을 것은 분명합니다(시 6:9 참고).

바울의 믿음은 과거의 경험으로 인하여 자라납니다. 디모데후서에서 바울은 "주께서 내 곁에 서서 나를 강건케 하심은 나로 말미암아 전도의 말씀이 온전히 전파되어 이방인으로 듣게 하려 하심이니, 내가 사자의 입에서 건지웠느니라"(딤후 4:17)라고 합니다. 여기에는 그의 경험이 있습니다. 바울이 믿음으로 추론해 내는 것을 보십시오. "주께서 나를 모든 악한 일에서 건져내시고"(딤후 4:18)라고 합니다. 사무엘상 17장 34-37절[15]에서 다윗에게도 마찬가지입니다.

---

15. 삼상 17:34-37 다윗이 사울에게 고하되 주의 종이 아비의 양을 지킬 때에 사자나 곰이 와서 양 떼에서 새끼를 움키면, 내가 따라가서 그것을 치고 그 입에서 새끼를 건져내었고 그것이 일어나 나를 해하고자 하면 내가 그 수염을 잡고 그것을 쳐 죽였나이다. 주의 종이 사자와 곰도 쳤은즉 사시는 하나님의 군대를 모욕한 이 할례 없는 블레셋 사람이리이까? 그가 그 짐승의 하나와 같이 되리이다. 또 가로되 여호와께서 나를 사자의 발톱과 곰의 발톱에서 건져내셨은즉 나를 이 블레셋 사람의 손에서도 건져 내시리이다. 사울이 다윗에게 이르되, 가라 여호와께서 너와 함께 계시기를 원하노라.

이러한 것과 마찬가지로 우리는 '주님께서 나의 실패와 연약함과 무가치함에도 불구하고 나의 기도를 이처럼 자주, 기꺼이, 은혜롭게 들어주시기 때문에 나는 그분께서 나의 기도를 여전히 들으시며, 때때로 응답해 주실 것이라고 믿습니다' 라고 결론을 내릴 수 있습니다.

제6장

믿음의 기도에 대한 확신

앞의 장에서 믿음의 기도는 하나님께서 우리 기도를 듣고 계신다는 확신 위에서, 하나님의 호칭과 속성들이 보장하는 약속 위에서 드려질 수 있음을 살펴보았습니다. 그리고 믿음의 기도에 기꺼이 응하시겠다는 풍성한 증거들을 통해 받는 여러 가지 격려에 대해 알아보았습니다. 이 장에서는 믿음의 기도가 가질 수 있는 특별한 확신을 가진 자와 그러한 확신을 가지지 못한 자들에 대해 살펴보겠습니다.

1. 믿음의 기도에 대한 특별한 확신

특정한 것을 원하는 데 있어 자신과 주님을 제한하지 마십시오. 비록 당신이 구하는 바가 정확하게 주어질지가 확실하지는 않다 할지라도, 믿음으로 기도할 수 있습니다. 왜냐하면 당신이 만약 이것만이 믿음으로 기도하는 유일한 길이라고 확신한다면, 다른 방법들은 저절로 무시하게 될 것이기 때문입니다.

이러한 특별한 확신은 때로는 주어지는 것이기에, 당신은 때때로 믿음으로 기도할 것입니다. 그러나 주어지지 않더라도 특별한 확신은 항상 요구되는 것입니다. 이렇게 되기 위해서, 믿음이 기도 가운데 만들어 내고, 믿음의 기도를 의무로 만드는 다양한 행동들이 있다는 것을 생각하십시오.

1) 때로는 확정적으로

혹은 단호하게 행동하는 것입니다. 당신이 언약 안에 있는 것과 하나님의 영광과 당신의 구원을 위해 절대적으로 필요한 필수적인 것들을 위한 기도를 할 때, 믿음은 이처럼 단호하게 행동합니다. 그러므로 당신은 믿음 가운데서 현실적인 것이나 영적인 축복들이 없다면 하나님께 영광 돌릴 수 없고, 그러한 것들이 당신의 부르심에 유용하며, 그러한 것들을 받는 것을 당연히 여길 정도로 현실적인 축복이나 영적인 축복들을 원할 수 있습니다.

또는 주님께서 단호하고, 절대적으로 약속하실 때, 믿음은 그 약속과 균형을 맞춥니다. 그분께서 절대적으로 약속하신 것이라면, 우리가 받을 것이라는 것을 또한 절대적으로 믿을 수 있습니다. 주님께서는 "내가 과연 너희를 버리지 아니하고 과연 너희를 떠나지 아니하리라"(히 13:5)라고 말씀하십니다. 이것이 그분께서 하신 절대적인 약속입니다. 그러므로 우리는 그분께서 우리를 버리지 않으시며, 우리의 기도가 확정적으로 받아들여질 것이라고 믿을 수 있습니다.

또한 그리스도께서 "세상에 있는 자기 사람들을 사랑하시되 끝까지 사랑하시니라"(요 13:1)라고 말씀하셨습니다. 그러므로 우리는 그분께서 우리를 영원히 사랑하시는 그 사랑을 가지고 기도할 수 있으며, 그분께서 이 특정한 기도도 들어주실 것이라고 믿을 수 있습니다. 그러하기에 "죄가 너희를 주관치 못하리니"(롬 6:14)라고 하셨습니다.

또는 그분께서 조건적으로 약속하실 때에도, 그분께서는 당신이 그 조건에 참여하는 사람이 되도록 하십니다. 왜냐하면 그럴 때에 그것은 절대적인 약속과 동일한 것이 되기 때문입니다. 마가복음에서는 "믿고 세례를 받는 사람은 구원을 얻을 것이요"(막 16:16)라고 하십니다. 그분께서 믿음을 주신다면, 당신은 구원을 위해 기도할 것이고 그분께서 들으실 것이며 그분께서 구원하실 것이라고 믿을 것입니다.

또한 "죄를 자복하고 버리는 자는 불쌍히 여김을 받으리라"(잠 28:13)라고 하십니다. 만약 그분께서 당신이 법적으로, 감정적으로, 실천적으로 자복하고 죄를 버리도록 하신다면, 당신은 자비를 원하며, 또한 기도할 수 있을 것입니다. 그러므로 마태복음 5장에서처럼 당신이 애통하면, 위로를 위하여 기도할 수 있을 것이며, 위로를 받을 것이라고 믿을 수 있을 것입니다.

2) 때로는 막연하게

이것은 비록 믿음이 명확하지 못할 때, 어떠한 특정한 방법을 정하지 못하고, 어떻게, 언제, 어떠한 종류인지를 명확하게 정하지 못할지라도, 당신의 기도가 받아들여질 것이라고 믿을 때를 말합니다.

비록 어떠한 특정한 응답을 받지 못한다고 하더라도, 하나님께서는 때때로 자신의 인격이나 기도가 받아들여질 것이라고 믿은 자들에게 믿음으로 기도하라고 하십니다. 이것은 약속이 불분명할 때에 나타나는 것으로, 방법, 시간, 태도, 종류 등 언제, 어떻게, 무엇이 나에게 자비인지 정해진 것이 아니라, 일반적인 개념 아래에서 자비가 약속될 때를 말합니다. 그러하기에 로마서에서는 "우리가 알거니와 하나님을 사랑하는 자, 곧 그 뜻대로 부르심을 입은 자들에게는 모든 것이 합력하여 선을 이루느니라"(롬 8:28)라고 말씀하십니다.

만약 당신이 선을 위한 상황과 처방을 위해서 기도하며 그것이 일반적으로 선을 위한 것이라고 믿는다면, 비록 언제, 어떠한 방법으로, 어느 정도로 이루어질지는 확신하지 못한다고 하더라도, 당신은 믿음으로 기도할 수 있습니다. 그래서 "너희는 의인에게 복이 있으리라 말하라. 그들은 그 행위의 열매를 먹을 것임이요"(사 3:10)라고 하십니다.

당신이 모든 방면에 있어서 잘 되기를 기도하며, 그렇게 되기를 믿는다면, 당신은 그에 합당한 응답을 받게 될 것입니다. 그러하기에 요엘서에서는 "누구든지 여호와의 이름을 부르는 자는 구원을 얻으리니"(욜 2:32)라고 하십니다. 당신은 비록 언제, 어떤 방법과 수단들을 통해 구원을 받을지는 모른다고 할지라도, 당신이 구원을 확신하게 된다면, 당신은 반드시 구원을 얻게 될 것입니다.

3) 때로는 나누어서

당신이 기도하는 바로 그것을 얻을 것이라고 정확하게 믿을 수는 없습니다. 그 대신 이것을 받거나, 혹은 다른 것을 얻을 것이라고 믿을 수 있습니다. 하나님의 영광과 당신의 행복의 측면에서 좋은 것이나 혹은 더 나은 것을 얻을 수 있습니다.

이것은 당신이 기도하는 것이 당신을 위해 가장 좋은 것이라고 확신할 수 없을 때도 충분한 것입니다. 저는 그럴 수 있다고 말하는 것이 아니라, 그렇다는 것을 말하고 있습니다. 이 경우, 당신이 기도하는 바로 그것을 얻을 것이라고 확실하게 믿는 것을 요구하지는 않습니다. 대신 나누어서, 즉 이것 아니면 다른 것을 위해 기도할 수 있습니다. 바울도 그러했습니다. "내가 그 두 사이에 끼였으니 떠나서 그리스도와 함께 있을 욕망을 가진 이것이 더욱 좋으나, 그러나 내가 육신에 거하는 것이 너희를 위하여 더 유익하리라"(빌 1:23,24)라고 했습니다.

당신에게 가장 좋은 것이 무엇인지 알 수 없는 그러한 어려운 상황 가운데 있을 때, 당신이 기도한 대로 정확하게 응답될지는 확신할 수 없습니다. 그러나 기도한 그것이나, 혹은 더 낳은 어떤 것, 혹은 내가 구한 것에 상응하는 응답을 얻을 수 있습니다. 그러므로 부와 자손이나 구원 등 사실상 모든 것들을 구할 수 있으며, 혹은 당신에게는 어떠해도 괜찮은 것들을 위해서 기도할 수 있습니다.

당신은 부요함을 원할 수 있습니다. 그러나 하나님께서 당신에게 부를 주시리라고 확신하지는 말아야 합니다. 하나님께서는 기도한 그것을 주시거나, 혹은 그것과 마찬가지인 다른 어떤 것을 주십니다.

4) 때로는 조건적으로

우리는 명령한 것이나, 약속된 것만을 기도해야 합니다. 그리고 우리가 기도해야 하는 것들은 두 가지 조건들, 즉 어떤 것들은 약속에 동반된 것들로, 어떤 것들은 약속된 것들로 제시됩니다. 영적인 축복들은 조건적인 것입니다. 왜냐하면 때로는 하나님께서 주시기로 한 약속에는 조건들이 첨부되어 있기 때문입니다.

그분께서 이미 조건들을 만들어 놓으셨을 때, 우리는 앞에서 설명한 대로, 그 조건들을 가지고 믿음으로 확실하게 기도할 수 있습니다. 조건들이 정해지지 않았을 때, 우리는 조건적으로 축복을 위해서 기도해야 하는 것이 아니라, 조건들 그 자체를 위해서 기도해야 합니다.

의로움을 얻은 뒤에도 우리는 배고프고 주릴 수 있습니다(마 5:6 참고). 요한계시록의 말씀처럼, 우리는 죽기까지 충성할 수 있습니다(계 2:10 참고).

현실적인 축복들도 조건적입니다. 왜냐하면 그 축복들이란 다음과 같은 조건들이 따라오기 때문입니다. 만약 그것이 선한 것이라면, 그것이 당신의 뜻이라면, 그것이 당신의 영광을 위한 것이라면, 그것이 나의 영혼을 위한 것이라면 등과 같은 조건 말입니다.

현세적인 은혜들은 믿음으로 구할 수 있습니다. 그러나 그 믿음은 조건적으로 행해지는 것이어야 합니다. 고통을 없애는 것 혹은 우리의 행복에 이바지하는 영적인 은혜의 허락도 이와 같은 것입니다. 이러한 것들은 믿음으로 구해야만 합니다. 동시에 조건적으로, 또한 순종함으로 행하는 것이어야만 합니다.

우리는 믿음에 강하고, 그만큼 기도에 강한 사람이었던 다윗의 예를 살펴볼 수 있습니다. 그는 "만일 내가 여호와 앞에서 은혜를 얻으면 도로 나를 인도하사 내게 그 궤와 그 계신 데를 보이시리라. 그러나 저가 말씀하시기를 내가 너를 기뻐하지 아니한다 하시면, 종이 여기 있사오니 선히 여기시는 대로 내게 행하시옵소서 하리라"(삼하 15:25,26)라고 기도합니다.

또한 그리스도께서도 마찬가지로 "내 아버지여, 만일 할 만하시거든 이 잔을 내게서 지나가게 하옵소서. 그러나 나의 원대로 마옵시고 아버지의 원대로 하옵소서"(마 26:39)라고 기도하셨습니다.

2. 낙심케 하는 것들

믿음으로 기도하는 습관들을 방해하며, 믿음의 행위를 약하게 하는 바 모든 낙심케 하는 것들을 제거하도록 노력하십시오.

1) 질투와 시기

당신을 가장 낙심케 하는 것은, 주님께서 이전에 당신의 기도를 듣지 않으셨다고 질투하고 시기하는 것입니다. 만약 당신이 주님께서 이전에 당신의 간구를 거절하시고, 거부하셨다는 그러한 교만을 즐긴다면, 당신은 앞으로 올 시간에도 그분께서는 그렇게 하실 것이라는 두려움에 쉽게 빠지게 될 것입니다.

이러한 두려움과 질투심은 뿌리에 기생하는 벌레나 믿음의 손에 생긴 중풍과도 같아서 믿음의 힘과 견고함을 빼앗아 갑니다. 믿음을 무기력하게 만들어 주저앉게 합니다. 마치 폭풍과도 같이 믿음을 흔들어 놓아, 믿음을 요동하는 바다의 물결로 만들어 버립니다(약 1:6 참고). 이것은 주님께서 당신에게 다가갈 모든 것을 기대하신다는 확신과는 어울리지 않는 것으로 반드시 제거되어야 하는 것입니다.

그러기 위해서는 주님께서 당신이 알아차리지 못할 때도 당신의 기도에 응답하신다는 것을 인지해야 합니다. 그분께서는 우리에게 응답하는 수많은 방법을 가지고 계십니다. 반면 우리는 일반적으로 우리가 생각할 수 있는 단 하나의 방법만을 지켜 볼 뿐입니다. 그리고 그 방법대로 응답되지 않으면, 우리는 다른 방법은 없으며, 그러므로 주님과 우리가 잘못된 것이라고 결론을 너무나 쉽게 내려 버립니다.

그러하기에 그분께서 우리의 기도를 들으시고, 응답하실 때에도 우리는 그분께서 듣지 않으시고, 우리가 응답 받지 못했다고 착각할 수 있습니다. 하나님께서 당신의 기도에 얼마나 많은 방법으로 응답하실 수 있는지를 살펴 보십시오. 자기가 바라고 상상하던 것을 초월하는 방법을 그분께서는 때때로 사용하십니다. 그렇다면 비록 그분께서 어떻게 하시는지는 보지 못했다고 할지라도, 그분께서 기도 듣기를 거절하신다는 결론을 내릴 이유보다 그분께서 모든 것을 주신다는 결론을 내릴 이유가 훨씬 많다는 것을 알게 될 것입니다.

(1) 받아들여졌다는 것 자체가 응답

비록 눈에 보이는 효과가 없더라도, 기도는 받아들여질 때, 응답됩니다. 기도자가 하나님께 받아들여지고, 그 기도의 제사가 인정받는다면, 그 기도는 헛된 것이 아닙니다. 하나님을 기쁘시게 하는 것이 아무것도 아니라고 생각하십니까? 그분의 영혼에 즐거움을 선사하고, 그분께 아름다운 향기가 올려지도록 하는 것이 아무것도 아닌 것입니까?

하나님께 순종하고 그분께 영광을 돌리고, 사람이 자기 친구와 혹은 자녀가 자기 아버지와 대화하듯이, 하나님과 달콤하고 긴밀한 교제를 나누는 것이 아무것도 아닌 것입니까? 당신이 기도로 유익을 거두지 못했다고 이러한 것들이 응답이 될 만한 것이 되지 못한 것입니까?

비록 당신이 받은 열등하고 낮은 유익들로는 당신에게 돌아온 응답을 측량할 수 없다고 하더라도, 앞에서 말한 것들은 가장 축복받은 응답입니다. 당신이 자기 자신을 행복하게 만드는 것보다 하나님을 기쁘시게 하는 것이 당신에게 더욱 바람직한 것이어야 합니다.

그분의 영광이 당신의 구원과, 그것을 위한 모든 수단들보다 더욱 귀한 것입니다. 그리고 그분과의 교제가 천국의 첫 열매로 여겨져야 하는 것입니다. 이러한 것들은 모든 인정받는 기도의 특권들입니다. 그러므로 그 기도가 받아들여진다면, 비록 더 이상 얻는 것이 없다고 하더라도, 그 기도는 풍성하게 응답 받은 것입니다.

(2) 기도 그 자체가 응답

그분께서는 때로는 기도 자체가 응답이 되게 하시고, 또 때로는 당신이 기도하는 바로 그때 응답하시기도 합니다. 그분께서는 "그들이 말을 마치기 전에 내가 들을 것이며"(사 65:24)라고 하십니다. 들으실 뿐만 아니라, 응답하십니다. 우리로 하여금 기도하도록 하는 것으로 기도에 응답하십니다. 다니엘이 기도하고 있는 동안, 그가 바라는 것에 응답하기 위해서 천사가 보내졌습니다(단 9:20,21 참고). 당신은 이것을 아름다운 응답이라고 판단할 것입니다.

그러나 성령님께서 마음에 오시고 능력 있게 도우시며, 평안함으로 일러 주시고 천국의 애정을 쏟으시며, 은혜의 활기찬 활동을 하시는 것이 얼마나 더 아름다운 응답입니까! 영혼에 거룩한 사랑의 날개를 달아 그리스도의 품으로 날아가도록 하며 천국의 문을 열고, 베일을 벗겨서 하나님의 얼굴빛이 흘러나와 영혼에 비취도록 하는 것이 얼마나 아름다운 응답입니까! 이런 것들이 가장 크고 가장 아름다운 영적인 축복이며, 모든 외적인 즐거움을 무한히 능가하는 것들입니다(시 4:6-8 참고). 이런 것들이야말로 가장 축복 받은 응답으로 여겨질 수 있는 것입니다.

(3) 기도에서의 결점 발견도 응답

그분께서는 때때로 기도의 결점을 발견하는 것으로 응답하시며, 자신들의 백성들이 응답 받지 못하게 만드는 잘못된 것을 확인시키는 것으로 응답하십니다.

기도의 잘못된 점들을 발견하십시오. 기도 속의 죄악, 형식주의, 미지근함, 불신, 부주의함, 게으름, 불경, 위선, 자기 추구, 혹은 당신의 기도를 불법적인 것으로 만드는 모든 것들을 찾아내십시오. 기도가 이러한 것들을 많이 포함하고 있으며, 죄악들을 찾아내게 한다면, 그것은 참으로 큰 이익이며, 은혜입니다. 또한 기도가 그러한 것들을 그만큼 많이 포함하고 있다 할지라도, 그 기도가 응답 받지 못한 것은 분명히 아닙니다.

(4) 거절 또한 훌륭한 응답

때로는 거절당하는 것도 은혜로운 응답입니다. 당신은 바라던 것보다 더 좋은 것을 가지게 될 때, 간구한 것에 대한 선한 응답이라고 여길 것입니다. 그러나 당신이 바라는 것이 선한 것이 아닐 때, 거절하신 것이 주신 것보다 더욱 좋은 것입니다. 거절하신 것이 은혜이며, 주신 것은 심판이 될 수 있기 때문입니다.

이것은 다윗에게 나타난 예로 알 수 있습니다. 그는 자신의 아들의 생명을 위해서 끈덕지게 기도했습니다. 그러나 주님께서 주지 않으신 것이 그에게는 더욱 좋은 것이었습니다. 다윗의 기도대로 되었다면, 그것은 그의 불명예의 살아있는 기념비가 되어서, 그 자식을 보는 모든 자들은 다윗의 부끄러움과 사악한 죄악을 보게 되지 않았겠습니까?

주님께서는 자비하셔서 자기 자녀들에게 때로는 외적인 축복들과 세상적인 즐거움을 주기를 거절하십니다. 그들의 영혼을 야위게 할 수 있는 현실적인 많은 것들을 주기를 거부하십니다. 그들의 영혼의 성장을 위해서 건강도 거절하십니다. 사랑의 관계를 위해서 편안함도 거절하십니다. 그들이 하나님을 향한 마음을 지키도록 그들을 힘들게도 불편하게도 하십니다. 이렇듯 거절하는 것은 큰 은혜이며, 아름다운 기도의 응답입니다.

(5) 부분적인 응답

그분께서는 때로는 바라는 것의 전체를 주지 않으시고 일부만 응답하십니다. 주님께서는 모세의 기도에 가나안을 완전히 소유하는 것이 아니라, 보여주는 것으로 응답하십니다. 은혜가 많아지도록 기도하는 자들은 주님께서 그 마음이 더욱 그러한 것을 바라도록 이끌어 내실 때에 이미 응답 받은 것입니다. 은혜를 향한 사모함이 바로 은혜의 응답입니다.

바울이 기도한 사탄의 가시가 육체의 쇠약함에 관한 것이라면, 그의 기도는 수치에서 완전히 자유로워지는 것으로 응답 받은 것이 아니라, 그것에 충분히 저항할 수 있는 능력으로 응답 받은 것입니다. 적그리스도의 파멸을 위한 하나님 백성의 기도는 부분적으로 응답 받습니다. 그것은 그들의 사기와 협잡들이 발견되도록 하고, 많은 나라들이 그들로부터 멀어지게 하는 것으로 응답 받습니다. 비록 그 적그리스도를 고독하게 만들지는 않을지라도, 많은 사람들이 미워하도록 하는 것으로 응답 받습니다.

(6) 응답의 지연

그분께서는 즉시 응답하지 않으실지라도 기도를 들으십니다. 지연하시는 것은 거부하시는 것이 아닙니다. 때로는 주님께서 기도한 것을 천천히 주기도 하시지만, 분명히 들으십니다. 지연하시는 것은 때로는 은혜입니다. 주시기에 합당한 때라면 그분께서는 결코 지연하지 않으십니다.

베드로후서에서는 "주의 약속은 어떤 이의 더디다고 생각하는 것같이 더딘 것이 아니라"(벧후 3:9)라고 하십니다. 다시 말해서 그분께서 자기 목적을 변경하시거나, 자기 약속을 잊어버리시거나, 혹은 그 어느 것을 성취하는 것에 부주의하신 것처럼 보여도, 실제로는 그러한 것이 아닙니다. 그분께서는 자비와 오래 참으심으로 지연하시는 것입니다. 비록 우리에게는 더딘 것처럼 보이지만, 그분께는 그렇지 않습니다(벧후 3:8 참고).

심판의 날과 그리스도의 오시는 약속은 교회의 기도였습니다(계 22:20 참고). 그 날에 적합할 때가 되면, 그분께서는 한순간도 지체하지 않고 급히 오실 것입니다. 그렇게 되는 것은 은혜입니다.

주님께서는 "하물며 하나님께서 그 밤낮 부르짖는 택하신 자들의 원한을 풀어 주지 아니하시겠느냐? 저희에게 오래 참으시겠느냐?"(눅 18:7)라고 하십니다. 오래 기다리십니다. 그러나 신속히 행하십니다. 그분께서는 우리가 믿음으로 기도하는 연습을 하도록 기다리십니다(히 10:35 참고).

그리스도께서는 자기의 대적들을 향해 기도하셨습니다. 그리고 부활 이후에 응답 받으셨습니다. 스데반은 자신을 핍박하는 자를 위해서 기도했습니다. 그리고 그의 죽음 후 사울의 회심을 통해서 응답 받았습니다. 옛날 하나님의 백성들은 얼마나 오랫동안 메시야의 오시기를 기도했으며, 옛날 그리스도인들은 얼마나 오랫동안 선한 통치를 위해서 기도했으며, 신실한 자들이 적그리스도를 위해서, 순교자들이 그들의 핍박자들에 대한 보수를 위해서 얼마나 오랫동안 기도했습니까?(계 11:10 참고)

기도는 땅 아래에 묻혀있는 씨앗이며, 천국을 위해 쌓여 가는 달란트입니다. 기도 속의 한 달란트는 열 달란트가 되어 돌아올 것입니다. 비록 응답이 당신의 날에 구름과 같은 것일지라도, 그 속에는 당신의 자손을 위한 천국을 담고 있으며, 축복의 소나기를 담고 있습니다.

마지막 때는 가장 큰 은혜의 때가 될 것입니다. 왜냐하면 수많은 기도의 시간과 응답이 그때에 예약되어 있기 때문입니다. 그러므로 당신이 단지 즉각 응답 받지 못했다는 것 때문에, 거절당했다고 결론 내릴 아무런 이유가 없습니다.

(7) 다른 자에게 주시는 응답

비록 원하던 자에게는 아닐지라도, 그분께서는 바라던 은혜를 주십니다. 그분께서는 당신 자신을 위해서 구하던 것을 다른 사람에게 대신 주심으로, 당신의 기도에 응답하시기도 합니다. 모세의 경우가 그러했습니다. 모세는 자신이 이스라엘 백성들을 가나안 땅으로 인도하기를 원했습니다. 이에 대해 주님께서는 그의 종 여호수아를 그들의 지도자와 모세를 대신할 자로 지명하셨습니다.

이와 마찬가지로 하나님께서는 당신이 다른 사람을 위해서 구하는 것을 당신에게 주시기도 합니다. 하나님께서는 다윗에게 이렇게 응답하셨습니다(시

35:11-13).[1] 그의 기도가 그의 품으로 돌아왔습니다. 주님께서는 위선자들과 이와 같은 자들에 대한 기도가 헛되이 되지 않게 하십니다.

우리가 기도하는 사람이 아니라 주님께서 사랑하시는 사람에게 응답하시기도 합니다. 아브라함은 이스마엘에게서 약속이 이루어지기를 원했습니다. 그러나 주님께서는 이삭에게서 그 약속을 이루셨습니다. 이삭은 에서가 축복받기를 바랬지만, 주님께서는 야곱에게 축복을 주셨습니다. 다윗이 밧세바에게서 얻은 그의 첫째 아들을 위해서 구한 것이 둘째 아들 솔로몬에게 주어졌습니다.

사도들은 메시야로 인한 유익들이 유대인의 몫이 되기를 원했지만, 주님께서는 그것들을 이방인에게 허락하셨습니다. 그러하기에 그분께서 각자에게 응답하지 않으셨다고 해서, 거절하신 것이라고 결론 내릴 아무런 이유가 없습니다.

(8) 다른 것을 주시는 응답

그분께서는 구한 것 대신에 다른 것을 주는 것으로 응답하십니다. 그분께서는 좋은 어떤 것으로, 혹은 더 나은 것을 주는 것으로 응답하십니다. 여호와께서는 바룩에게 "네가 너를 위하여 대사를 경영하느냐? 그것을 경영하지 말라. 보라, 내가 모든 육체에게 재앙을 내리리라. 그러나 너의 가는 모든 곳에서는 내가 너로 생명 얻기를 노략물을 얻는 것 같게 하리라. 여호와의 말이니라"(렘 45:5)라고 하십니다. 바룩에게는 생명의 안전이 없이 수많은 재산을 즐기는 것보다 그가 가는 곳에서 생명을 유지하는 것이 더욱 나은 것이었습니다. 하나님께서는 거의, 아니 결코 우리가 바라는 특정한 것을 거절하지

---

1. 시 35:11-13 불의한 증인이 일어나서 내가 알지 못하는 일로 내게 힐문하며, 내게 선을 악으로 갚아 나의 영혼을 외롭게 하나, 나는 저희가 병들었을 때에 굵은 베옷을 입으며 금식하여 내 영혼을 괴롭게 하였더니 내 기도가 내 품으로 돌아왔도다.

않으십니다.

그러나 그분께서는 그것과 마찬가지의 것이거나, 혹은 더 나은 것을 다음의 네 가지 측면에서 주십니다.

• 종류의 측면에서

우리가 현세적인 것을 바라고 기도할 때, 그분께서는 영적인 것을 주십니다. 제자들은 그리스도께서 이 땅의 임금이 되시기를 원했습니다. 그러나 그리스도께서는 그 기도들을 영적인 왕국을 세우는 데 사용하셨습니다. 그들은 외적인 선호, 즉 세상에서 뽐낼 수 있는 왕의 오른편과 왼편에 앉기를 원했습니다. 그러나 그리스도께서는 그들에게 영적이고 영원한 영광을 확신시키심으로써 열두 보좌에 앉게 하셨습니다.

• 선하심과 그분의 뜻에 관한 것으로

그분의 뜻에 합당한 것이 최상의 것이 되어야 합니다. 그분을 가장 기쁘시게 하는 것은 우리에게도 최상의 것입니다. 그분께서는 우리의 뜻에 응답하시기 보다는 항상 자신의 뜻에 따라 응답하십니다. 그것이 그분의 선하심의 법칙으로 그것에 합당한 것은 우리에게 최상의 것입니다.

• 우리가 기도하는 궁극적인 목적인 하나님의 영광의 측면에서

그분께서는 우리가 원하는 바로 그것을 주기 보다는 자신의 영광에 보다 이바지하는 것들을 주십니다. 그리고 그것은 항상 최상의 것을 이끌어 냅니다. 하나님의 측면에서만이 아니라, 우리에게도 가장 최상의 것입니다. 왜냐하면 우리의 주요한 행복은 그분의 영광에 놓여 있기 때문입니다. 우리가 그분을 영광스럽게 할수록, 우리는 더 행복해집니다. 그분을 가장 영광스럽게 하는 것이 분명히 우리를 가장 행복하게 만드는 것입니다. 우리가 구하는 것보다 더 좋은 것으로 주시는 것, 바로 이것이 기도에 대한 달콤하고도 명쾌한 응답입니다.

- **당신이 바라는 특정한 목적의 측면에서**

만약 그분께서 원하는 은혜를 주지 않으신다고 하더라도, 당신이 원하는 것에 대한 목적을 증진시키는 어떠한 것을 주십니다. 만약 당신이 겨냥하는 것에 대한 목적을 가지고, 당신이 원하는 것을 가진다면, 달리 바람직한 다른 방도가 없기 때문입니다.

당신이 만족해하며 살아가는 축복을 원할 때, 그분께서 이것을 주시지 않을지라도, 그만큼의 만족과 혹은 그보다 더 많은 만족을 주는 다른 은혜를 주십니다. 당신은 보다 만족스럽게 살 수 있는 여건들로 바뀌기를 바랄 수 있습니다. 그러나 주님께서 당신의 여건을 바꿔주시지 않으신다면, 비록 부와 신용이 당신이 원하는 만큼 올라가지 않는다고 하더라도, 당신의 마음을 현재의 상태에 만족하도록 바꾸실 것입니다.

그분께서 당신의 마음과 소원을 당신의 여건에 맞게 낮추어서 거기에 완전히 만족하게 하셨다면, 그분께서는 당신이 원하는 만큼의 것과 그 이상의 것을 주시며, 그렇게 당신의 기도에 아름다운 응답을 주신 것입니다.

만약 당신이 정욕을 이기려고 특정한 어떠한 수단들을 바란다면, 비록 그분께서 그것을 주시지는 않을지라도, 다른 것, 그 정욕을 이기는 데 보다 효과적인 것을 주십니다. 만약 당신의 고통이 제거되기를 바란다면, 비록 그분께서 그것을 없애지는 않으실지라도, 당신이 그 고통 아래서도 명랑한 마음과 넓은 마음으로 그분을 섬길 수 있도록 하심으로써 당신의 요구를 들어주시고, 당신의 기도에 응답하십니다.

2) 무가치하다는 의식

무가치하다는 의식이 낙심케 합니다. 겸손해 하는 영혼은 '일반적인 사람들의 처지처럼, 먼지나 재와 같고, 벌레보다 못하며, 더구나 일반적인 죄악의 모습보다 더욱 악하여, 이전에 하나님께 받은 것들을 남용하고, 그 명령을 자주 어긴, 나와 같은 자의 기도를 주님께서 들어주실 것이라고 내가 어떻게 믿을 수 있겠는가' 라고 말할 것입니다.

또한 '이 세상에서의 나의 처지, 즉 비천하고 경멸할 만하여 이 세상의 저명한 사람에게 다가가는 것도 확신할 수가 없을 정도인데, 하물며 위대하며 거룩한 하나님께서 들으시고, 받으신다고 어찌 확신할 수 있겠습니까?' 라고 말할 것입니다.

이러한 생각을 제거하기 위해서 다음과 같은 것을 고려하십시오.

(1) 스스로의 가치를 높이는 자의 가치

주님께서는 실제로 가치 있다는 것, 혹은 가치 있는 것으로 자신을 평가하는 자의 기도를 결코 듣지 않으십니다. 하나님께 다가서며, 하나님께서 그 기도를 들으시는 모든 자는 실제로 자기 스스로 무가치하다고 평가하던 사람들입니다.

주님께서는 주님의 백성이 기도를 드리는 데 있어서 가치 있는 어떤 것을 가지고 오기를 요구하지 않으십니다. 개인적인 가치의 부족함이 하나님께서 기도에 응답하시는 데 결코 방해가 될 수 없습니다. 그러므로 필요하지도 않고, 있지도 않는 것이 부족하다고 해서 낙심할 이유도 없는 것입니다. 그분의 앞에서는 의롭다 칭할 어떤 육체도 없습니다.

(2) 무가치함을 느끼는 자에게 있는 소망

더욱 무가치하며 동시에 더욱 무가치함을 인식하면 할수록, 더 많은 응답과 수납의 소망이 있습니다. 이것은 믿음을 방해하는 것과는 거리가 멉니다.

오히려 이것은 믿음을 격려합니다. 왜냐하면 주님의 은혜로운 처분과 행동은 대부분 가장 무가치한 자들, 스스로 무가치하다고 느끼는 자들을 위한 것이라고 성경과 경험이 우리에게 말하고 있기 때문입니다.

"주리는 자를 좋은 것으로 배불리셨으며"(눅 1:53)라고 하시며, "권세 있는 자를 그 위(位)에서 내리치셨으며"(눅 1:52)라고 하십니다. "가난한 자는 복이 있나니"(눅 6:20)라고 하시며, 많은 지혜 있는 자와 문벌 좋은 자를 부르시지 않으셨다(고전 1:26-28 참고)라고 하십니다. 잃어버린 것을 찾으며, 종을 보내어 거지들을 초대하십니다(눅 14:21,23 참고). 돈도 없고, 아무런 가치 없는 자를 찾으십니다(사 55장 참고).

주님께서는 그 아무도 긍휼히 여기지 않는 자를 긍휼히 여기시며(겔 16:6 참고), 가장 낮은 자의 자리에까지 자기를 낮추십니다. 그분께서는 이러한 것에서 기쁨을 누리시고, 이것으로 영광을 받으십니다. 여기에 은혜의 자유함과 부요함이 확실하게 드러나며, 무한하신 자비가 보다 자비롭게 나타나는 것입니다.

바리새인들이나 사두개인들의 성공과 그들의 다른 행동을 살펴보십시오. 그리하면 이러한 점을 의심할 수 없게 될 것입니다. 누가복음 18장 10-14절의 말씀[2]에서 자기 확신과 교만이 무엇이며, 겸손과 무가치함을 인식하는 것

---

2. 눅 18:10-14 두 사람이 기도하러 성전에 올라가니 하나는 바리새인이요, 하나는 세리라. 바리새인은 서서 따로 기도하여 가로되 하나님이여, 나는 다른 사람들 곧 토색, 불의, 간음을 하는 자들과 같지 아니하고 이 세리와도 같지 아니함을 감사하나이다. 나는 이레에 두 번씩 금식하고 또 소득의 십일조를 드리나이다 하고, 세리는 멀리 서서 감히 눈을 들어 하늘을 우러러 보지도 못하고 다만 가슴을 치며 가로되 하나님이여, 불쌍히 여기옵소서. 나는 죄인이로소이다 하였느니라. 내가 너희에게 이르노니 이 사람이 저보다 의롭다 하심을 받고 집에 내려갔느니라. 무릇 자기를 높이는 자는 낮아지고 자기를 낮추는 자는 높아지리라 하시니라.

이 무엇인지 살펴보십시오.

그리스도께서는 14절에서 "이 사람이 저보다 의롭다 하심을 받고"라고 하십니다. '의롭다' 는 것은 용서받고 받아들여지며, 응답 받는다는 것입니다. '저보다' 는 배타적으로라는 뜻으로, 이 사람은 의롭게 되었으나, 저 사람은 그렇지 않다는 것입니다. 그 이유는 분명합니다. "무릇 자기를 높이는 자는 낮아지고 자기를 낮추는 자는 높아지리라"라고 하십니다. 무가치함을 인식하는 것은 낙심시키기보다는 오히려 힘을 더해 주는 것입니다.

(3) 자신이 무가치하다면서 발을 빼는 교만

기도와 믿음으로 기도하는 것은 특권일 뿐만 아니라, 의무입니다. 자신의 의무를 다하는 것에 무가치한 사람이 있습니까? 기도가 단지 특권이라면, 무가치함이 죄인들이 기도와 믿음으로 행하는 것에 관여하지 못하는 것에 어떤 변호할 것이 있을 수 있습니다. 그러나 그것이 의무라면, 당신은 그 어떤 이유를 달 수도 없고, 당신이 낙심하도록 그것을 이용하는 것은 너무나 부조리한 것입니다.

하나님을 따르고 그분의 명령을 지키며, 그분께서 요구하시는 것을 행함에 있어서 당신의 어떤 것이 무가치한 것입니까? 그 교만함이 바로 모순된 것입니다. 사람들은 그러한 변호에 비웃을 수 있습니다. 하나님께서는 그러한 말을 결코 받아들이지 않으십니다.

만약 당신의 종이 무가치한 척하며 당신의 명령을 무시한다면, 당신은 그 종을 잘 받아들일 수 있겠습니까? 그렇습니다. 당신은 그의 이야기에 비웃을 것이며, 그가 게으르고 그의 게으름에 대한 더 나은 이유를 찾지 못함에 있어서 어리석다고까지 할 것입니다. 이것은 하나님도 마찬가지입니다. 우리는 받기에는 무가치한 존재이지만, 따르기에는 무가치한 존재가 아닙니다. 이것이 우리를 낙심케 하는 이유가 되지 못합니다.

(4) 그리스도께로서 난 가치가 있는가가 중요

비록 당신은 받아들여지기에 무가치하다고 할지라도, 그리스도께서는 가치가 있는 분이십니다. 당신의 간구를 하나님께 올려 드리는 분은 그리스도이고, 응답을 얻는 분도 그리스도입니다. 신자들은 바울처럼 기도해야 합니다. 바울은 "그 안에서 발견되려 함이니 내가 가진 의는 율법에서 난 것이 아니요, 오직 그리스도를 믿음으로 말미암은 것이니, 곧 믿음으로 하나님께로서 난 의라"(빌 3:9)라고 말합니다.

믿음은 그리스도를 당신의 것으로 만들며, 그러하기에 그분의 의로움도 당신의 의로움이 되게 합니다. 믿음은 당신의 머리로서 그리스도와 연합하게 합니다.3 주님께서 당신을 바라보실 때, 그분께서는 당신이 그리스도의 의를 지녔는지 살피십니다. 그리고 그것이 당신이나 당신의 기도를 의롭게 하며, 당신의 기도를 받아들이는 데 방해될 수 있는 모든 무가치한 것들을 덮어버리십니다.

비록 그리스도께서 우리가 어떤 것을 받을 만한 가치가 있는 사람이 될 정도로 자신의 업적을 주시지 않는다고 할지라도, 자신의 업적 안에 있는 권리에 대한 이익과 효능을 나누어 주시므로 비록 이익과 효능이 우리의 것이 아니더라도, 우리를 위한 것이 되게 하십니다. 그리스도께서는 받으실 만하며 가치 있는 분이시기에 우리의 기도가 받아들여져야만 하는 것입니다.

3) 자기 기도가 약하다는 자괴감

기도의 연약함이 낙심케 합니다. 겸손한 영혼은 나는 무가치할 뿐만 아니라, 나의 기도는 약하다고 말할 것입니다. 이전 하나님의 사람들과는 많이 달

---

3. Caput et membra sunt quasi una mystica persona.

라서 나의 기도는 수많은 약점들과 죽은 마음과 영혼의 갑갑함과 형식적인 것과 산만한 것들이 따라오는 것이라고 쉽게 말할 것입니다.

이러한 것을 제거하기 위해서 다음과 같은 것을 고려해 보십시오.

(1) 기도의 힘은 보이는 것이 아님

당신이 강할 때에도 당신의 기도가 약하다고 잘못 생각할 수 있습니다. 기도의 강함은 외적인 것, 즉 말과 눈물의 표현이나, 외적인 제스처나 표현의 확대에 있는 것이 아닙니다. 기도에 있어서의 힘은 숨겨진, 내적인 힘입니다. 그것은 때로는 밖으로 표시될 수도 있습니다. 그러나 그것이 원동력은 아닙니다.

사람들은 흔히 기도의 힘을 기도의 양과 격렬함과 표현의 애절함으로 판단할 수 있습니다. 그러나 하나님께서는 "나의 보는 것은 사람과 같지 아니하니 사람은 외모를 보거니와 나 여호와는 중심을 보느니라"(삼상 16:7)라고 하십니다. 사람의 판단은 하나님의 판단과 다릅니다. 사람이 판단하기에 연약한 것을 하나님께서는 강하다고 하십니다.

기도의 강함은 마음과 사모함의 동기와 은혜의 실천에 놓여 있습니다. 기도의 힘은 모든 감정들을 뛰어넘는 열정에 있고, 모든 은혜보다 더 높은 믿음에 있습니다. 믿음과 열렬함이 기도의 힘입니다. 믿음이 기도의 힘의 원천적인 것이며, 열렬함은 그 믿음에서 나오는 것입니다. 어떤 감정도 이러한 것이 없으면 효력도 없으며 능력도 없습니다. 믿음을 잘라내면, 기도의 힘을 잘라내는 것입니다. 왜냐하면 믿음은 이 땅에서 가장 효력 있는 활동이며, 사람과 하나님을 이어 주는 것이기 때문입니다.

믿음이 없는 것은, 마치 머리털을 빼앗긴 삼손과도 같은 것입니다(삿 16:17 참고). 이스라엘 가운데 가장 위대한 용사였지만, 그의 힘은 사라져 버렸고, 다른 사람처럼 연약한 자가 되어 버렸습니다. 그러므로 믿음이 없는 기도는 연약해지며, 아무런 유익을 얻을 수 없는 육체적인 운동을 하는 것과 같게 됩니다. 당신의 기도가 약하다고 믿어서 낙심하지 말기를 바랍니다. 오히려 이 것으로 당신의 기도가 강해지도록 믿음을 단련해야 합니다.

(2) 진실성이 실렸는가가 강함의 열쇠

이러한 연약함이 고의적인 것인지, 아니면 본인이 어찌할 수 없는 것인지를 점검해 보십시오. 또한 피할 수 없는 연약함에서 오는 것인지, 혹은 부주의함이나 게으름과 태만함에서 오는 것인지를 점검해 보십시오.

만약 그 연약함이 고의적인 것이라면 기도는 연약한 것이며, 당신은 기도가 연약하다는 것을 인정할 수밖에 없습니다. 게을러서 그런 것이라면 당신은 하나님을 붙들려고 움직이려하지 않을 것입니다. 그러나 힘이 부족할 것입니다. 왜냐하면 당신은 그것을 연습하지 않을 것이기 때문입니다. 당신은 하나님을 좇아갈 은혜와 사랑의 영적인 힘을 부르지 않을 것입니다. 그러므로 저는 당신은 슬픈 상태이며, 죄와 낙심으로 가득 찬 상태라고 솔직히 말하고 싶습니다.

당신은 당신의 기도가 받아들여지도록 기도해야 합니다. 하는 둥 마는 둥 해서는 안 됩니다. 당신은 기도가 응답되도록 울부짖어야 합니다. 강력하게 울부짖음으로 아뢰어야 할 것입니다. 당신이 하나님을 찾으려면, 하나님을 열심히 좇아야 할 것이며, 그분을 붙들고, 그분을 즐겁게 하기 위해서는 당신의 모든 힘을 다해야 할 것입니다.

그러나 이러한 연약함이 본인이 어찌할 수 없는 것이라면, 그 연약함이 당신의 짐이며 고통이라면, 당신이 더 많은 기도의 힘을 위해서 간절히 바라고, 목말라하며 숨쉬고, 당신이 이 모든 연약함을 떨쳐 버리기 위해서 전심으로 노력하며 당신의 기도에 힘을 더하기 위해서 모든 인정된 방법들을 사용하기에 애쓴다면, 이러한 애통과 간절함과 노력들은 주님께서 당신의 연약함을 보지 않으시며, 당신의 연약함을 당신의 탓으로 돌리지 않으시며, 그것으로 당신을 비난하지 않으실 것이라는 표시인 것입니다. 그러한 연약함은 주님께서 듣고 응답하시는 것을 방해할 수 없으며, 당신이 믿는 것을 방해할 수 없습니다.

이러한 경우, 주님께서는 행동을 위한 그 의지를 받아들이십니다. 그래서 "할 마음만 있으면 있는 대로 받으실 터이요"(고후 8:12)라고 하십니다. 연약한 기도도 강한 기도로 여겨 응답하고 보답해 주십니다. 그분께서는 당신의 힘의 많고 적음보다는 노력의 진실성을 받아들이십니다. 그분께서는 지금 당신이 어떤 사람이냐가 아니라, 당신이 어떠한 사람이 될 것이냐를 바라보시고, 당신에게 보답하십니다.

비록 적은 힘을 가졌지만 자신이 가진 모든 것을 기도에 쏟는 사람이 비교적 많은 힘을 가졌지만 모든 힘을 가지고 기도하지 않는 사람보다 더욱 우세한 사람입니다. 이것이 그리스도께서 과부에 대해 증언하신 설명입니다(눅 21:3 참고). 그녀의 두 렙돈이 백달란트를 가진 자가 이십달란트를 내는 것보다 더욱 많이 낸 것이라고 하였습니다. 주님께서는 은혜로우셔서, 많이 할 수 없는 자의 작은 것을 받으시며 많이 할 수 있는 자가 많이 하는 것보다 더욱 나은 것으로 여기십니다. 그분께서는 적은 것의 날을 경멸하지 않으시고, 빌라델비아 교회의 적은 능력을 귀히 보셨습니다.[4]

그러므로 연약한 것이 고의적인 것이 아니라면, 그 연약함으로 인해 낙심할 이유가 없습니다.

---

4. 계 3:8 볼찌어다. 내가 네 앞에 열린 문을 두었으되 능히 닫을 사람이 없으리라. 내가 네 행위를 아노니 네가 적은 능력을 가지고도 내 말을 지키며 내 이름을 배반치 아니하였도다.

(3) 연약이 강함의 동기를 부여함

만약 당신이 연약하다면, 당신이 강해지도록 믿음으로 기도하는 데 노력하십시오. 이것은 낙심이 되는 것이 아니라, 오히려 동기부여가 됩니다. 당신은 자신이 연약하기 때문에 양육 받는 것을 무시하고 거절하는 사람이 합리적이라고 보십니까? 그는 오히려 강해지도록 보다 많은 양육을 받을 필요가 있습니다.

이와 마찬가지입니다. 기도로써 믿음을 실행하는 것은 강력하게 기도할 능력과 힘을 얻는 가장 좋은 길입니다. 믿음은 믿음 자체에서 나오는 힘과 외부에서 나오는 힘을 모두 이끌어 내며, 영혼의 힘을 자극하고 동시에 그리스도의 힘과 결부시킵니다. 그러한 힘을 가지고 씨름하면 반드시 승리하게 됩니다.

머리와 지체가 연합되어 있으므로, 그 머리의 효험은 몸으로 나뉘어 집니다. 이처럼 믿음은 우리를 그리스도와 연합하게 합니다. 하늘과 땅의 모든 능력을 소유하신 분께서 우리가 믿음으로 우리의 마음속에 계시며, 이 믿음으로 그분의 능력이 우리의 것이 되게 하십시오.

히브리서에서는 선조들이 믿음을 통하여 "연약한 가운데서 강하게 되기도 하며"(히 11:34)라고 말씀하고 있습니다. 전쟁에서 용맹하게 되어 이방 사람들의 진을 물리치기도 할 뿐만 아니라, 기도에 강해져서 하나님과 겨루어 이기기도 했습니다.

당신이 기도에 강해지기를 원하신다면, 당신의 연약함이 믿음으로 산산이 흩어지며 날아가 버리도록 당신은 믿음으로 기도해야 합니다. 이러한 연약함이란 당신의 확신을 앗아가는 것이 아니라 강하게 성장시키는 유일한 길이기에, 당신이 확신을 가지도록 이끄는 것입니다.

4) '나 같은 자의 기도는 오히려 죄악일 뿐'이라는 낙심

나의 기도가 연약할 뿐만 아니라, 죄악 된 것이라고 생각하는 것은 낙심케 하는 것입니다. 연약함이 고의적인 것이고 게으른 것이며, 기꺼이 게을러지기를 원하고 내 자신을 일깨우기가 싫으며, 미지근하고 또한 그 미지근함을 떨쳐버릴 수도 없습니다. 은혜가 잠들어 버린 듯이 기도하며, 나의 영혼은 깊은 잠에 빠졌다고 생각하는 것입니다.

그렇게 생각합니까? 비록 당신의 기도에 죄악 됨과 연약함이 있다고 하더라도, 거기에는 은혜로운 어떤 것이 있으며, 그 은혜가 최소한의 격려조차도 주지 못하는 것은 아니라고 말하고 싶습니다.

비록 부패가 심하더라도, 거기에는 여전히 영적인 어떤 것이 있으며, 육적인 것이 많다고 하더라도, 거기에는 여전히 성령님의 역사하심이 있습니다. 비록 낮은 수준이지만 은혜의 행동들이 있으며, 약하지만 하나님을 좇는 진실된 사모함이 있습니다. 비록 느리고 미약하지만 그리스도를 향한 움직임이 있으며, 비록 부적절한 것에 방해받아서 산만해지기는 하지만 주님에 대한 지식이 있습니다.

비록 잠들어 있지만 하나님 앞에 살아 있다고 할 만큼의 열기를 지니고 있습니다. 비록 많은 죄가 있다고 하더라도, 거기에는 거룩한 무엇이 있습니다. 여기에서 말하는 것은 다음의 두 가지 명제 안에서 제시된 것입니다.

(1) 죄악 된 기도에는 응답 대신 용서가 필요

당신의 기도가 죄악 된 것인 이상, 당신은 아무런 응답도 기대할 수 없습니다. 하나님께서는 기도의 죄악 됨을 인정지도, 그것에 보답하지도 않으십니다.

죄악 된 기도는 하나님께서 평가하시기에 다른 죄악된 행동들과 마찬가지입니다. 이러한 것들의 삯은 사망입니다. 이것 이외에 다른 어떤 보상도 기대할 수 없습니다. 하나님께서 응답하시기보다는 벌주실 것을 기대할 수밖에 없습니다.

물론 그리스도의 구속으로 말미암아 회개하고 믿는 자들은 이러한 죄를 용서를 받습니다. 당신은 이러한 기도의 죄악 됨에 대하여서도 회개해야 하며, 하나님께서 이 기도의 죄악 됨을 용서해 주시기를 당신은 기도해야 하고, 또한 그럴 때 그분께서 용서해 주실 것이라고 믿어야 합니다.

이것이 이 경우에 기대할 수 있는 모든 믿음입니다. 그리스도께서는 죄악 된 기도에 어떤 것도 주지 않으셨으며, 어떤 약속도 하지 않으셨습니다. 당신은 하나님께서 죄악 된 기도에 응답하시며, 보답하신다고 기대해서는 안 됩니다. 하나님께서 그 기도들을 용서하시는 것만 해도 무한하신 은혜입니다. 은혜로운 행동은 보상을 받습니다. 그러나 죄악 된 기도는 용서받는 것으로도 만족스러운 것입니다.

비록 주님께서 용서하신다고 하더라도, 그분께서는 여전히, 그리고 일반적으로 그 기도에 대하여 자기 백성들을 바르게 하십니다. 그 기도는 보답을 받지 못합니다. 그리스도께서 그 기도를 위해 주실 수 있는 모든 것은 용서입니다.

또한 그러한 용서가 쓰라린 고통을 면제해 주는 것은 아닙니다. 하나님께서는 죄악 된 기도에 채찍을 가하십니다. 비록 용서는 하시지만, 심하게 매질하십니다(시 99:8 참고). 하나님께서 은혜로운 우리의 행동을 기뻐하시는 것처럼, 우리의 죄악 된 행동을 기뻐하실 것이라고 생각하는 것은 미친 생각이며, 흉악하게 속이는 생각입니다.

하나님께서는 우리의 은혜로운 행동에 부족함이 없는 보답을 하십니다. 그러나 죄악 된 행동은 구속의 무한한 가치가 없이는 용서하지 않으십니다. 또한 무한한 구속의 은혜로 용서를 하시더라도, 고통을 통하여 자신의 불쾌함을 드러내십니다.

비록 이러한 고통들이 선을 위한 것이지만, 그것은 여전히 고통스러운 것입니다. 로마서 8장에서 약속하신 대로, 믿는 자들에게 주어지는 고통들은 선을 이루기 위한 것입니다. 그들이 당하는 고통은 선한 것입니다. 피고름을 들어내기 위해서 칼로 자르고 도려내며, 불로 지져야 할 상처를 가진 환자에게는 유리기구로 피고름을 빨아내는 것이 가장 좋은 방법입니다.

마찬가지로, 고통은 선을 위한 것입니다. 그러나 그 자체는 고통스러운 것입니다. 고통스럽게 칼로 자르고 도려내며, 불로 지져서 치료하는 방법보다는 상처 없이 건강한 상태가 되는 것이 더 좋지 않겠습니까? 응답을 기대하지는 못하지만, 기도에 대하여 용서를 구하고 고통을 가져오는 기도를 하는 것이 우리의 게으름을 고치는 것보다 못하다고 생각하는 것은 미친 생각입니다.

죄악 된 기도는 응답 받을 수 없지만, 용서받을 수는 있으며, 또한 믿는 자들에게 선을 이루기 위해서 매질이 가해질 것입니다. 그것은 고통스러운 것이며, 그 자체로는 매력적인 길이 아닌 것입니다. 당신은 죄악 된 기도로부터 무엇을 기대할 수 있는지 살펴보십시오.

(2) 은혜로운 기도에는 격려가 따름

기도가 은혜로운 이상, 거기에는 격려가 있습니다.

비록 많은 부패와 연약함이 있다고 하더라도, 기도에 어느 정도 은혜가 있다면, 주님께서 받으시고 어떤 방면으로든지 응답하십니다. 은혜가 활동하는 기도는 비록 약하지만 거기에는 성령님께서 도우시며, 비록 적은 능력이지만 그 기도는 받아들여집니다.

왜냐하면 첫째로, 은혜는 하나님의 역사인 동시에 하나님의 선물이기 때문입니다.[5]

은혜가 있는 곳은 어디든지, 그분께서는 자신의 선물을 받으시고, 또한 주시는 분이십니다. 그리고 성령님의 역사는 비록 기도에 불법적인 것이 부수적으로 있다고 하더라도, 하나님을 기쁘시게 하는 것입니다. 그분께서는 알곡과 가라지를 선별하시며, 불순물과 금을 구별하시는 분이십니다.

둘째로, 그분께서는 꺼져 가는 심지를 끄지 않으시는 분이시기 때문입니다. 영적인 열기는 그분을 기쁘시게 하는 것입니다. 비록 그 심지에 불꽃이 타오르지 않고, 연기만 보인다고 하더라도 말입니다. 그분은 빌라델비아 교회의 적은 능력도 유심히 보셨습니다(계 3:7,8 참고). 적은 능력에도 많은 것을 약속하셨습니다.

셋째로, 부패와 연약함이 섞여 있는 것을 애통해하며, 회개한다면, 이러한 것들은 용서받을 것입니다. 그리스도의 의가 믿음으로 적용된다면, 이러한 잘못된 것들이 용서받을 것입니다. 주님께서 그리스도로 만족해 하셨다면, 무엇이 응답하시는 데 방해를 하겠습니까? 잘못된 것으로 꾸짖지 않으시며, 또한 그 잘못된 것이 아무런 영향을 주지 않습니다. 만족하신 주님께서는 범죄가 없는 것처럼 여기실 정도로 은혜로우실 것입니다.

많은 부패가 있고 반대로 적은 은혜가 기도 속에 있을 때, 비록 주님께서 응답하시더라도, 항상은 아니지만 일반적으로 그 응답은 완전하고 신속하며, 평안하고 만족할 만하며, 감지할 만한 응답은 아닙니다. 주님께서는 죄와 기도의 연약함의 실패를 용서하시더라도, 그러한 것에 대하여 자주 고통을 더하십니다.

또한 그 고통의 일부는 응답을 구성하기도 합니다. 주님께서는 자주 우리의 기도에 비례하여 응답을 하십니다. 게으른 기도에는 그것에 걸맞는 게으

---

5. Deus coronat dona sua.

른 응답이 있습니다. 우리의 경험이 이것을 증거하며, 다윗도 시편에서 이러한 점을 말합니다. 그는 주님께서 자신에게 응답하셨다고 합니다. "내 소리를 들으심이여, 그 앞에서 나의 부르짖음이 그 귀에 들렸도다"(시 18:6)라고 합니다. 또한 그분께서 어떻게 응답하셨는지를 말해 줍니다. "여호와께서 내 의를 따라 상 주시며 내 손의 깨끗함을 좇아 갚으셨으니"(시 18:20)라고 다윗은 말합니다.

비록 그분께서 우리 기도의 거룩함과 열정과 애정의 정도로 인하여 응답하지 않으실지라도, 그분께서는 다른 것들을 따라서 응답하기도 하십니다. 천주교도들에게 있어서의 공로처럼, 이런 것들이 그분께서 응답해 주시는 원인은 아닐지라도, 은혜로운 응답을 위한 합당한 자격이나 전조나 표시는 됩니다.

그레고리가 말한 것처럼, 이러한 것들은 자격을 주는 것입니다.[6] 비록 이러한 것들이 응답을 획득하는 것은 아니지만, 응답을 받도록 영혼을 준비시키며, 응답을 받으려는 마음을 가지도록 하며, 영혼이 그러한 자격을 갖추도록 합니다. 주님께서 풍성하신 은혜를 주시고자 자신의 손을 펴실 때, 그분께서는 우리의 은혜를 구하는 마음을 넓히시는 동시에 은혜를 받는 마음도 넓히십니다.

다니엘서 9장을 보십시오. 죽거나, 미지근한 마음은 영적인 은혜를 받지 못하며, 현실적인 축복도 사용할 수 없습니다. 주님께서 더 좋은 응답을 주실 때에는, 더 나은 심정이 되도록 하십니다. 넓은 마음은 은혜로운 응답의 표시입니다. 버나드가 이것에 관하여 말하기를, '넓은 마음은 평안한 응답의 평안한 표시로서, 주님께서 풍성하게 다루시기로 결정하신 것을 논증하는 것'

---

6. aliud est de causa agere, aliud de quantitate.

이라고 합니다.[7]

마음이 닫힌 것은 주님께서 자신의 손을 닫으신 것을 의미합니다(마 7:2 참고). 우리의 기도, 즉 기도 속에 사용된 은혜와 사랑의 수준에 따라, 기도의 응답으로 우리에게 주실 축복을 측정하십니다. 이러한 것이 일반적인 것입니다. 부족하게 뿌리는 자는 그것에 따라 모자라게 거두게 될 것입니다. 적게 기도하거나, 충분히 기도하지 않는 자는 크고 은혜로운 보답을 기대할 수가 없습니다.

주님께서는 비록 연약하고 죄악 된 기도라 하더라도 어느 정도는 받으시고 다른 방면으로 응답하십니다. 그 기도가 비록 거절하여 마땅하고 벌하실 정도로 그분을 진노케 하는 부패를 동반한 기도라고 하더라도, 그 기도가 하나님의 영과 은혜로서 나온 것으로 인정하실 정도로 은혜로운 분이시기에, 당신은 주님께서 그 기도에 응답하시며, 보답해 주실 것이라고 믿을 수 있는 격려를 받습니다.

만약 당신이 그분께서 원하시는 것 중에서 첫 번째 것을 한다면, 당신은 응답 받고 보답 받을 확실한 보증을 가지게 될 것입니다. 당신이 회개한다면, 다시 말해서 당신 기도의 연약함과 죄악에 애통해하며, 이렇게 기도드리는 당신 자신을 혐오하고, 앞으로는 이러한 것들을 피하고자 자신의 모든 힘과 정해진 모든 수단과 노력을 다하기로 결심한다면 말입니다.

또한 당신이 믿음을 실행한다면, 다시 말해서 이러한 잘못들에 대하여 그리스도의 용서하시는 은혜를 의지하고, 용서해 주는 약속을 적용하며, 이러한 잘못들에 대하여 주님을 만족케 하는 그리스도의 의를 붙든다면 말입니다. 이것이 이루어질 때, 당신은 아마도, 아니 분명히 주님께서 앞으로 당신

---

[7] future responsionis praesagia, occultae predestinationis judicia.

의 기도에 응답하실 뿐만 아니라, 과거 당신의 기도에 대한 대답도 기대할 수 있을 것입니다.

3. 믿음으로 기도하고 있는가에 대한 점검

점검을 위해서. 우리가 믿음으로 기도하는지를 시험해 보십시오. 이것은 매우 중요한 일입니다. 왜냐하면 우리가 믿음으로 기도하지 않는다면, 당신에게 믿음이 없다는 것을 의미하기 때문입니다. 그러면 우리는 여전히 율법 아래 있으며 그리스도와의 관계가 멀고, 저주에 노출되어 있으며 영원한 진노를 받기에 합당한 자이기 때문입니다. 진노에 머무르는 것이 지옥이 아니고 무엇입니까?

만약 당신이 믿음을 가지고도 믿음으로 기도하지 않는다면, 당신은 스스로 야고보서 1장 6, 7절[8]의 계명의 이익을 끊어 버리는 것입니다. 기도는 위에 있는 모든 축복을 아래의 사람들에게 전달하시는 하나님께서 지정하신 수도관입니다. 그러나 그 통로가 막히게 되면, 그것은 당신에게 필요도 없으며 무익한 것이 됩니다. 믿음의 부족은 바로 이 모든 것을 막는 위험한 것입니다.

믿음의 부족은 모든 은혜의 통로를 방해하는 것입니다. 믿음 없이는 단 한 방울의 물도 전달될 수가 없습니다. 그러므로 이것이 믿음으로 기도하는 것을 점검해야 하는 중요한 이유이며, 아래의 특성들을 고려하는 것이 당신에게 도움이 될 것입니다.

---

8. 약 1:6,7 오직 믿음으로 구하고 조금도 의심하지 말라. 의심하는 자는 마치 바람에 밀려 요동하는 바다 물결 같으니, 이런 사람은 무엇이든지 주께 얻기를 생각하지 말라.

1) 의무로만 여기는 기도

기도하기에 주춤하는 것은 당신이 믿음으로 기도하지 않는다는 표시입니다. 무엇이든지 자유로이 구하거나 꾸중 듣지 않고 받게 될 것을 믿는 사람은 모든 상황 가운데서 구하기를 주저하지 않을 것입니다. 당신이 믿는다면, 하나님께 당신을 아뢸 기회를 놓치지 않을 것입니다. 당신이 가족들 가운데에서나, 사적으로나, 공적으로나 이 기회를 무시하지 않을 것입니다.

기도할 기회를 잃어버리고 중요하게 여기지 않는다면, 기도할 기회가 없이 하루를 보낼 것이고 기도를 짐으로 여기며, 기도하는 것은 매우 고단한 것이라고 할 것입니다. 어떤 기쁨과 즐거움도 없이 기도를 그저 의무로만 여긴다면, 믿음으로 기도하는 것이라고 할 수 없습니다.

2) 부주의한 기도

기도할 때 부주의 하는 것은 믿음으로 기도하지 않는 것입니다. 기도는 축복의 엔진으로써 믿음으로 운영되며 당신이 원하는 모든 은혜들을 현재, 그리고 영원토록 획득하게 하는 것입니다. 결코 헛되이 사용되는 것이 아닙니다. 당신이 이것을 믿는다면, 기도하는 데 그렇게 부주의하지는 않을 것입니다. 오히려 그러한 믿음이 당신을 격려하여 기도에 온 힘을 다하도록 열심을 내게 할 것입니다.

오직 입으로만 기도하는 사람들은 그들의 입술만 움직여서 육체의 운동을 하는 것에 지나지 않으며, 그들의 마음과 생각은 아무런 관리도 없이 방황하게 합니다. 비록 그들이 기도를 하지만 이것은 믿음으로 기도하는 것이 아니기에 기도하지 않는 것과 마찬가지입니다.

당신이 믿음으로 기도한다면, 믿음의 기도의 조건을 지킬 것입니다. 그 조건 중 하나는 열심입니다. 미지근함과 무관심과 형식적인 것과 산만함이 있는 곳에는 믿음이 작용하고 있지 않습니다.

3) 염려가 깃드는 기도

기도 이후에 혼란과 염려가 뒤따른다면 믿음으로 기도하는 것이 아닙니다. 이러한 표시는 믿음으로 기도한 한나에게서 알 수 있습니다(삼상 1장 참고). 왜냐하면 비록 그녀가 자신의 수많은 불평과 슬픔을 말했을지라도, 기도 이후에 그녀의 얼굴은 더 이상 슬픈 얼굴이 아니었기 때문입니다.

믿음은 우리의 짐을 주님께 내맡기는 것으로 표현됩니다. 짐에 눌려서 신음하던 자도 그 짐이 다른 이에게 옮겨갈 때는 편안해집니다. 믿음으로 기도하는 자는 하나님께 자기의 짐을 맡기는 것입니다. 그러므로 믿음의 기도 이후에는 억압받는 영혼이 평안해져서 '안식처로 돌아가는 것' 입니다. 마음을 분열시키는 근심으로 괴롭히지 않습니다. '아무것도 염려할 것이' 없는 것입니다.

4) 약속을 믿는 기도

약속이 기도 속에서 당신에게 격려가 됩니까? 약속이 당신으로 하여금 기도하도록 합니까? 약속이 당신의 기도를 서두르도록 합니까? 약속이 기도 후에 응답을 기대하도록 합니까? 당신은 말씀을 가지고 변호하십니까? 당신은 약속을 주장하십니까? 그러면 이것은 믿음입니다.

하나님의 사람들도 이와 같이 믿음의 기도를 드렸습니다. 모세도(민 14:17,18 참고), 솔로몬도(왕상 8:23-26 참고), 느헤미야도(느 1:8,9 참고), 다윗도(시 119:25,28,58,65,76,116 참고) 그러했습니다.

당신은 약속의 말씀을 내세우십니까? "나는 비록 받아들여지기에 무가치한 존재이나, 하나님께서는 영광 받으시기에 합당한 분이십니다. 주님의 말씀을 무시하는 것은 주님의 영광이 되지 못합니다. 나는 비록 주님께 약속한 것이 아무것도 없지만, 주님께서는 스스로 약속하셨고, 자기 약속에 진실하십니다. 나에게 주어질 것이라고는 진노 이외에 아무것도 없지만, 주님께서는 자기 약속으로 나에게 은혜를 약속하셨습니다. 그러므로 나는 은혜를 기대합니다.

주님께서는 주시기로 한 것을 보류하지 않으십니다. 비록 나는 하나님을 향한 약속과 결심들을 잊어버린다고 하더라도, 주님께서는 자기의 언약을 결코 잊지 않으십니다. '약속을 지키시는 하나님'은 바로 그분의 속성입니다. 주님께서 비록 나를 부인하실지 몰라도, 주님 자신을 부인하시겠습니까? 이렇게 하나님의 신실하심과 의로우심이 당신으로 하여금 구하고 응답받기를 바라도록 격려합니까?

다윗이 "주의 의로움으로 나를 구원하소서"(시 119:40, 143:1 참고)라고 한 것처럼, 당신은 주님의 의로움을 내세우십니까? "비록 나의 불의가 나에 대하여 증거할지라도, 주님께서는 영원부터 영원까지 의로운 분이십니다. 주님께서 자신이 말씀하신 것을 행하시는 것이 의로운 것이 아닙니까? 비록 나는 충성하지 못하고, 언약 안에서 잘못 행하였더라도, 나의 불의함이 주님의 신실하심에 영향을 미치지 못합니다."

주님께서는 약속하셨으며, 약속하신 그분께서는 신실한 분이십니다. 그러므로 그 약속을 지키실 것입니다. 약속에 의지하며 행동하고, 약속 속의 하나님의 의로움과 신실하심을 의지하여 행하는 것은 믿음의 행동입니다. 그리고 이러한 행동에 근거한 기도는 믿음의 기도입니다. 약속이 소망하는 마음을 일으키는 곳에서, 그 소망은 마음의 열정을 되살리며, 기도의 열정을 되살립니다.

5) 응답을 믿는 기도

당신은 응답을 위한 하나님의 시간에 순종하십니까? 기도가 지금 혹은 나중에라도 반드시 응답될 것을 믿으며, 주님의 시간이 당신에게 최상의 시간이라는 것을 믿으십니까? 이것은 당신의 기도를 좌우하는 것입니다. 믿음은 순종하는 은혜입니다. 이것은 주님께 규정을 내리는 것도 아니고, 성령님을 제한하는 것도 아닙니다. 크리소스톰이 말한 것처럼 믿음은 주시는 분께, 또한 주시는 시간에 관해서도 그분을 인정하는 것입니다.

때로는 주님께서 즉각 응답하시기도 합니다(창 24:12-15, 단 9장 참고). 때로는 '정해진 시간에 대한 묵시'를 보여 주십니다. "비록 더딜지라도 기다리라. 지체되지 않고 정녕 응하리라"라고 하시며, "의인은 그 믿음으로 말미암아 살리라"라고 하셨습니다(합 2:3,4 참고). 우리는 정해진 시간이 지금인지, 나중인지를 알지 못합니다. "때와 기한은 아버지께서 자기의 권한에 두셨으니"(행 1:7)라고 하시며 우리의 알 바가 아니라고 하십니다. 주님께서는 제자들이 "이때니이까"라고 하면서 즉각적인 응답을 바라고 있을 때, "이것은 너희의 알 바가 아니라"라고 대답하시며 기다리라고 말씀하셨습니다(행 1:4 참고).

믿음은 하나님께서 계시하신 것에 따라 행동하는 것에 만족하는 것입니다. 하나님의 비밀을 엿보려 하는 것은 불신앙입니다. 믿음은 하나님의 시간에 만족하는 것입니다. 주님을 우리의 시간으로 제한하는 것은 불신앙입니다. 믿는 사람은 '서두르지 않는 사람'입니다. 그는 하나님의 시간 안에 머물고, 언제가 가장 최선의 시간인지를 알고 계시는 분께 자신을 의뢰하는 자입니다.

열왕기하 6장 33절[9]의 가련한 사람처럼 지금 아니면, 아무것도 안된다며 서두르는 것은 믿음이 아닙니다. 주님께서 우리의 시간이나, 자신의 시간에 응답하실 것이며, 지금 혹은 나중에라도, 좀 더 합당한 때에, 더 많은 은혜로 응답하실 것이라는 사실에 만족하는 것이 믿음의 기도를 구성하는 것입니다. 믿음이 기도 가운데 이렇게 작용한다면, 당신은 믿음으로 기도하는 것입니다.

6) 받아들여짐을 믿는 기도

주님께서 당신이 원하는 것을 주시거나, 혹은 더 나은 어떤 것을 주실 것이라고 생각합니까? 당신은 당신이 구하는 것이나 그와 동등한 것, 즉 주님께서 당신의 요구를 당신이 구하는 문자 그대로 주시거나 그 의도에 맞게 들어주실 것이라는 것을 믿습니까?

주님께서 당신의 뜻대로 응답하시거나 그분의 뜻대로 당신에게 응답하실 것으로, 즉 당신이 생각하기에 최선의 것을 주시거나 아니면 그분께서 생각하시기에 최선의 것을 주실 것이라고 인정합니까? 당신의 기도가 받아들여지며, 어거스틴이 말한 것처럼 당신이 원하는 것을 그분께서 주시거나 당신이 원하는 것보다 더 나은 것을 그분께서 주실 것이라고 믿습니까? 그렇다면, 당신은 믿음으로 기도하는 것입니다.

당신이 구하는 특정한 것이 주어지지 않았다고 믿음으로 기도한 것이 아니라고 생각하는 것은 가장 큰 실수입니다. 믿음은 더 큰 폭으로 움직이며, 더 넓은 범위를 지니고 있습니다. 믿음은 기도의 응답을 지시하는 하나님의 섭리의 범위에까지 도달하는 것입니다. 믿음은 주님의 응답을 따라 움직이는 것입니다.

---

9. 왕하 6:33 무리와 말씀할 때에 그 사자가 이르니라. 왕이 가로되 이 재앙이 여호와께로부터 나왔으니, 어찌 더 여호와를 기다리요.

성경과 우리의 경험 속에서도 주님께서는 우리가 바라는 것을 주실 뿐만 아니라 그만큼, 아니 더욱 많은 것으로 허락하시는 분이라는 것이 분명하게 나타납니다. 제자들은 "이스라엘 나라를 회복하심이 이때니이까"(행 1:6)라고 하며 제자들은 현실의 왕국을 원하였습니다. 그리스도께서는 이러한 점에서 그들을 만족시키신 것이 아니라, 그것보다 훨씬 나은 것으로 주셨습니다. "성령이 너희에게 임하시면 너희가 권능을 받고 내 증인이 되리라"(행 1:8)라고 하셨습니다.

믿음이 이처럼 좁은 테두리 속에 제한되는 것이 아닌 것처럼 믿음이 주님을 제한할 수도, 이스라엘의 거룩한 자를 제한할 수도 없습니다. 주님을 제한하는 것은 그분을 시험하는 것이며, 그분을 시험하는 것은 불신앙의 행위입니다.

그 불신앙은 바로 이스라엘 백성이 광야에서 하나님을 진노케 만든 것이었습니다(시 78장 참고). 이것은 불신앙의 개념 아래에서 비난을 받은 것입니다(22절 참고). 그들이 하나님을 제한한 것은 불신앙에서 나온 것이었습니다. 그들은 천사의 음식이며, 주님께서 그들에게 주신 최상의 것인 만나에 만족하지 못하였습니다. 그들은 고기를 원했습니다. 그들은 고기가 아니라면 아무것도 원하지 않았습니다(18절 참고). 그들의 탐욕은 무례한 것이었으며, 불신앙에 기인한 것이었습니다.

우리는 이러한 요구의 본질을 응답의 질로 판단해 볼 수 있습니다. 만약 이것이 믿음의 요구였다면, 은혜로 응답 받았을 것입니다. 그러나 주님께서는 진노로 응답하셨습니다(29-31 참고). 하나님께서는 그들이 요구하는 것을 주셨습니다. 왜냐하면 그들은 원하는 그것을 얻지 못하면 만족하지 못할 것이었기 때문입니다. 그들은 실제로 그것을 받았습니다. 그러나 그것과 하나님의 진노를 함께 받았습니다.

주님께서는 믿음의 요구에 이런 식으로 응답하지 않으십니다. 믿음의 요구는 다른 성질의 것입니다. 원하는 것을 받아서 만족하게 되거나, 주님께서 더 나은 것으로 여기시는 것을 받게 되는 것입니다. 원하는 것을 받는 것이 아니면 아무것도 아니라고 하는 것은 불신앙입니다. 믿음은 이처럼 무례한 것이 아닙니다.

우리가 절대적으로 필요치 않는 것을 기도하거나 비교적 필요치 않는 것을 위해서 기도할 때, 비록 우리가 구하는 것을 얻게 될 것이라고 믿지 않을지라도, 믿음으로 기도합니다. 이러한 경우, 주님께서 우리가 구하는 것을 허락하심을 믿거나, 보다 적절한 것을 아시는 분이 다른 것을 주실 것이라고 믿는 것으로 충분한 것입니다. 그러므로 당신의 믿음이 기도 속에서 적절하게 실행된다면, 그 기도는 믿음의 기도라고 할 수 있습니다.

7) 조건적인 믿음의 기도

당신은 성경이 보증하고 승인하는 조건에 따라 응답 받을 당신의 소망을 보류해 둘 수 있습니까? 어떤 경우, 믿음이 조건적으로 행해지는 것이 충분히 믿음의 기도를 구성하기도 합니다. 아브라함은 믿음으로 기도했습니다. 그러나 그는 조건적인 어투로 기도했습니다(창 18:29-32 참고). 솔로몬도 그러했습니다(왕상 8:35,44,47 참고). 그리스도께서도 그러하셨습니다(눅 22:42 참고). 사도 요한도 조건적인 확신을 말했습니다(요일 5:14 참고). 그 확신은 우리가 구할 때에 그분께서 들으십니다.

그 조건은 그분의 뜻을 따라서 우리가 구하는 것이었습니다. 같은 것이지만 모든 것을 고려하여 선한 것을 구한다면, 또한 우리가 구하는 것이 '그분의 뜻에 합당한 것이라면' 이라는 조건이었습니다. 이 경우, 하나님께서 당신이 원하는 것이 그분의 뜻이라는 것과 같은 것이라고 명령이나 약속으로써 명확하게 나타내신 것이 아니라면, 당신은 무엇이 그분의 뜻에 맞는 것인지를 알 수 없습니다.

혹은 당신이 구하는 것이 절대적으로 당신에게 좋은 것일지는 알 수 없으며, 더 나은 어떤 것이 있는지도 알 수 없습니다. 이러한 경우에 당신이 구하는 것이 주님의 뜻에 합당한 것이라면 주어질 것이며, 그것이 당신에게 가장 좋은 것이라고 믿는 것이 바로 믿음으로 기도하는 것입니다. 더 이상은 요구되지 않습니다.

어거스틴은 이처럼 불명확할 때에는, 현세적인 것을 규제하고, 영적인 것을 붙드는 것을 규칙으로 삼았습니다. 제한을 가지고 조건적으로 구하며, 그것이 선한 것이라면 그분께 달라고 의뢰하고, 그것이 해로운 것이라면 차라리 거절해 주십사고 의뢰하는 것입니다.[10] 의지와 지혜 모두를 그분께 복종시키라고 합니다.

---

10. Quando petitis temporalia, petite cum modo, illi committite, ut si profit, det; si scit obesse, nom det, quid autem obest, quid prosit, novit medicus, non aegrotus;

제7장

믿음의 기도를
확신하지 못하는 자들에게

I. 확신의 근거가 되는 빛과 증거

1) 의존하는 믿음에서 확신하는 믿음으로

"응답을 받고자 하는 사람은 믿음으로 기도해야 하기 때문에, 다시 말해서 그들의 기도가 응답 받을 것이라고 확신해야 하기 때문에, 확신이 부족하며 (그들이 생각하기로는) 확신의 근거들을 가지지 못한 사람들은 무엇도 기대할 수 없습니다. 이런 특권이 있는 확신의 상태에 있지 못하여 두려워하고 의심하는 사람들이 어떻게 이런 특권을 확신할 수 있습니까? 믿음을 가지지 못하여 두려워하는 사람들이 어떻게 믿음으로 기도합니까? 그들의 인격이 받아들여질 것이라고 믿을 만한 근거가 없는 사람들이 어떻게 자신들의 기도가 받아들여질 것이라고 믿습니까?" 라는 질문이 있을 수 있습니다.

이런 경우는 새롭게 태어나는 데 따르는 고통을 막 보낸 사람들과, 믿음의 씨앗을 가지고 있지만 그 증거가 없는 사람들의 경우입니다. 믿음이 아직 유아기에 머물러 있어서 그 믿음을 알 수 있을 만큼 성장하지 못한 상태입니다. 그들은 어둠 가운데를 걸어가기에 빛을 보지 못합니다. 하나님께서 자신들의 아버지시라는 것과 약속들이 그들의 몫이며, 그리스도께서 자신들을 위해 중재하시고 성령님께서 그들 속에서 중보하신다는 것을 발견할 빛을 가지지 못한 것입니다.

그들의 기도가 성공하기 위해서, 그들은 어떤 도움을 취할 수 있습니까? 이것은 아마도 이전에 확신을 가졌으나 지금은 그 확신을 잃어버린 사람들에 관한 경우일 것입니다. 이런 사람들은 주님 안에서 때로는 빛이었다는 사도들의 표현을 거꾸로 만들어, 지금 그들은 어둠이라는 슬픈 상황에 처해 있는 사람들입니다.

그들의 이전 증거들은 흐려졌고, 이전의 빛은 구름에 가려졌으며 하나님의 영께서는 진노로 확신시키며 증거하는 일을 보류하십니다. 이러한 사람들이 기도의 문제에 있어서, 무슨 격려와 도움을 얻을 수 있겠습니까? 그런 사람들이 믿음으로 기도할 수 있겠습니까? 혹은 그들의 기도가 응답되도록 기도할 수 있겠습니까?

확신이 부족한 곳에서 의존하는 믿음은 믿음의 기도를 이룹니다. 그러므로 하나님께서 내버려 두시는 시간에 하나님께서 뒤로 물러나 계시므로 믿음이 연약하고, 확신이 부족한 사람들도 의존하는 믿음으로 행한다면, 그들도 믿음으로 기도할 수 있습니다.

의존하는 믿음, 즉 '아마도'의 믿음은, 하나님께서도 '아마도'로 응답하시며, 확신의 믿음 '반드시'는 하나님께서도 '반드시' 응답하실 것입니다. 전자는 아마도 하나님께서 들으실 것이라고 말하며, 후자는 반드시 하나님께서 들으실 것이라고 말하는 것입니다.

요나단이 우리가 표현하는 하나님을 의존하는 믿음의 힘으로 블레셋 군대에 나아갔습니다. 이것은 '아마도' 이상의 것, 즉 '반드시' 였습니다(삼상 14:6 참고). 기도 속의 이와 같은 행동하는 믿음은 믿음의 기도를 만듭니다. 이 경우를 보다 완전하고 명확하게 해결하게 위해서 다음의 네 가지로 설명하고자 합니다.

(1) 의존이 바로 출발입니다

응답을 위해서 하나님께 의존하는 것을 보이는 것은 기도를 믿음의 기도로 만들기에 충분한 것입니다. 이 의존하는 믿음은 어떤 경우에는 충분한 것입니다. 이런 믿음은 죄인을 의롭게 하는 것입니다. 의롭게 된 사람은 분명히 받아들여집니다. 받아들여진 사람의 기도 역시 받아들여지며 응답 받을 것이 틀림없습니다.

죄인은 확신에 의해서 의로워지는 것이 아니라, 그리스도를 의존하며 의지하는 행위에 의해서 의로워집니다. 왜냐하면 그가 처음 믿을 때, 그 믿음의 첫 행위로 인하여 의로워지는 것이기 때문입니다. 그리고 확신은 믿음의 첫 행위 뒤에 오는 것입니다(엡 1:13 참고). 성령님의 인치심이 확신을 주며, 이것은 믿은 다음의 일입니다. 그가 의롭게 된 이상, 그와 그의 기도는 받아들여집니다. 의존하는 믿음은 확신이 없이도 기도가 응답 받고, 응답되기에 충분하게 만듭니다.

그러므로 기도 가운데 의존하는 행동은 그 기도를 믿음의 기도로 만드는 것입니다. 거기다가 이러한 믿음이 때로는 은혜로 응답 받은 기도 속에서 요구되고 표현된 전부이기도 합니다(욜 2:12-14 참고). 선지자는 백성들에게 어떻게 주님께 자신들의 처지를 호소해야 할 것인지를 가르치고 있습니다. "주께서 혹시 마음과 뜻을 돌이키시고 그 뒤에 복을 끼치사 너희 하나님 여호와께 소제(素祭)와 전제(奠祭)를 드리게 하지 아니하실는지 누가 알겠느냐"(욜

2:14).믿음이 그런 호소의 전부이며, 이런 호소를 하는 믿음의 여부는 '주께서 혹시' 라는 이 말씀에 나타나 있습니다. 이것은 의존하는 믿음, 그 이상이 아닌 것입니다.

하나님께서 혹시 뜻을 돌이키신다는 것이 바로 이런 믿음인 것입니다(욘 3:9,10 참고). 그러한 믿음으로 울부짖은 것은 '혹시', '누가 알겠느냐' 라는 것에 지나지 않았지만, 그 기도는 받아들여졌습니다. 이처럼 기도 가운데 의존하는 믿음은 하나님께서 응답하시게 하며, 믿음의 기도를 만드는 것이 분명합니다.

(2) 믿음의 대상은 세 가지로 일컬어집니다

저는 이러한 믿음의 대상을 알려 주어서 그 대상에 의해서 믿음이 어떠한 도움을 받으며, 위에서 제시된 경우 어떻게 믿음이 그 대상에 의해 실행되는지를 알려주고자 합니다. 이 믿음의 대상은 세 가지입니다.

① 하나님의 이름입니다.

주님께서는 어둠 속에 있는 자들에게 이 대상을 가르쳐 주셨습니다(사 50:10 참고). 그 이름이 가장 약한 자들을 돕기에, 그리고 그의 기도의 성공에 대한 두려움과 의심을 잠잠케 하기에 충분한 것입니다. 출애굽기 34장 6, 7절[1]에 선포된 말씀을 보십시오. 이것이 연약하고, 믿음을 지니고 있는지 분간할 수 없을 정도로 작은 믿음에 견고한 발판이 됩니다.

바울은 아브라함에 대해 "믿음이 없어 …… 의심치 않고"(롬 4:20)라고 합니다. 그 이유는 견고한 발판을 가지고 있었기 때문입니다. 만약에 그가 하

---

1. 출 34:6,7 여호와께서 그의 앞으로 지나시며 반포하시되 여호와로라. 여호와로라. 자비롭고 은혜롭고 노하기를 더디하고 인자와 진실이 많은 하나님이로다. 인자를 천 대까지 베풀며 악과 과실과 죄를 영서하나 형벌 받을 자는 결단코 면죄하지 않고 아비의 악을 자여손 삼사 대까지 보응하리라.

나님께서는 할 수 있는 분이시지만 기꺼이 하지는 않는 분이시거나, 기꺼이 하는 분이시지만 하실 능력이 없는 분으로 여겼다면, 그는 한 쪽 발로만 서 있는 것으로, 쉽게 비틀거렸을 것입니다.

그러나 아브라함은 양쪽을 다 믿었습니다. 바울은 아브라함이 하나님께서는 기꺼이 하는 분이시며, 하실 능력이 있는 분임을 확신했다고 표현하고 있습니다(롬 4:21 참고). 그러므로 그의 믿음은 양쪽 발로 확실하고 든든하게 서 있었습니다. 그의 믿음은 흔들리지 않았습니다. 하나님의 이름이 바로 믿음에 좋은 근거를 제공합니다. 이것은 의심하는 영혼에게 하나님께서는 할 수 있는 분이시며, 기꺼이 하는 분이신 것을 믿도록 합니다. 하나님의 이름은 그분의 이름에 걸맞게 능력을 제공합니다.

'주님, 주 하나님'은 히브리어로 '여호와, 여호와 엘'입니다. 강하신 하나님이십니다. 그분께서는 스스로 계신 분이며, 없는 것을 있게 하는 분이십니다. 이것은 그분께서는 할 수 있는 분이시며 비록 아무것도 없는 것에서 나오는 것이라도, 당신이 바라고 원하는 모든 것이라면 주실 수 있는 분이심을 보여줍니다. 그분께서는 당신이 기도하게 하시고 당신의 기도에 모든 합당한 보답을 주시며 아니, '당신이 구하는 것이나, 생각하는 것보다 더 많이' 주시는 분입니다.

또한 그분께서는 기꺼이 주시는 분으로, 그분의 이름의 나머지 부분, '은혜로우시며, 자비로우신' 이 이것을 보여줍니다. 그분께서는 은혜로운 분이시므로 우리의 비참한 상태는 자비를 위한 합당한 간구입니다. 나는 비참한 상태에 있지 않습니까? 그분께서는 은혜로우시며 은혜는 외부로부터 어떤 동기를 요구하지 않습니다. 거저 주시는 은혜는 스스로 움직이며 내 안에 있는 어떤 방해로도 중단되지 않습니다.

무가치함이 방해하지 못합니다. 왜냐하면 가장 무가치한 사람 안에 가장 큰 은혜가 있기 때문입니다. 나는 그런 무가치한 사람이 아닙니까? 회개함으로 끊어 버린다면, 오랫동안 지속된 죄가 방해할 수도 없습니다. 왜냐하면 그분께서는 오래 참으시는 분이기 때문입니다. 죄 많음도 방해할 수 없습니다. 왜냐하면 그분께서는 선하심이 풍성하시기 때문입니다. 죄의 무한함과 다양함도 방해할 수 없습니다. 왜냐하면 그분께서는 죄악과 범죄와 죄를 용서하시기 때문입니다. 수많은 고소자도 방해할 수 없습니다. 그분께서는 그들에 대하여 자비를 지키시기 때문입니다.

비록 의심하는 영혼이 기도 가운데 언약 안에 있는 자신의 권리를 모르기에 언약의 측면에서 하나님의 진리(그의 또 다른 이름)에 대하여 주장하지 못한다고 하더라도, 그분의 이름을 선포하는 것에서, 그는 이것을 주장할 수 있습니다. 하나님께서 진리이심이 확실하듯이, 그분이 자비로우며, 은혜로운 분임은 확실합니다.

② 그리스도의 '거저 주심' 입니다.

성경에는 거저 주심의 예가 풍성하게 나옵니다. 저는 한 가지의 예만 들고자 합니다. 그리스도께서는 "아버지께서 내게 주시는 자는 다 내게로 올 것이요, 내게 오는 자는 내가 결코 내어 쫓지 아니하리라"(요 6:37)라고 말씀하십니다.

기도의 성공을 위해서 믿음이 그리스도를 주로서 바라보는 것은 그분의 중보하심입니다. 대변자로서의 그분의 사역입니다. 비록 의심하는 영혼이 감히 그리스도를 자신의 대변자로서는 의지하지 못한다고 하더라도, 대변자로 제공되는 분으로는 의지할 수 있습니다.

그리스도를 고용하는 것을 거절할 정도로 어리석지는 않을 것입니다. 그 영혼은 그리스도께서 그분의 대적들, 즉 그분을 죽이던 자들을 위해서도 기도했다고 말할 수 있을 것입니다. 그러하다면 왜 그분께서 나를 위해서 중보하지 않으시겠습니까? 내가 그 적대자였다는 것은 사실이지만, 그것으로 인해 내가 자신을 얼마나 미워했습니까? 비록 그분을 위해서 할 수 있는 것이 거의 없을지라도, 지금 나는 무기를 내려놓고 비록 내가 파멸할지라도 더 이상 그를 반대하지 않을 것이라고 다짐합니다.

그분께서는 은혜로운 분이셨기에, 자기를 살해하던 사람들을 위해서도 기도하셨습니다. 그러하신 분이 나를 위해서도 중보하실지 누가 압니까? 또한 그리스도께서는 실제로 믿고 있는 사람들을 위해서 기도하실 뿐만 아니라, 앞으로 믿을 사람들을 위해서도 기도하셨습니다(요 17:20 참고). 그분께서는 기도하실 때, 믿음이 없는 사람들을 위해서도 기도하셨습니다. 의심하고, 버려진 영혼이 바로 이런 경우가 아닙니까? 이것이 당신이 될 수 있는 최악의 상태가 아닙니까? 믿음이 없다는 것 이외에 무엇이 가장 최악의 상태이겠습니까?

그러므로 바로 이때에, 그리스도를 구하고 그분을 의지하십시오. 불신자들을 위해서도 기도하며 중보하시는 그분을 의지하십시오. 바로 이것으로 인하여 당신이 믿음을 가지고 있음을 보이게 될 것이며, 주님께서 믿음의 기도에 응답하신 것처럼 당신의 기도가 응답될 것입니다.

③ 일반적인 약속입니다.

일반적인 약속은 어두운 영혼이 자신은 범위 밖에 있다고 생각하는 자격이나 조건들에 아무런 제한을 받지 않습니다. 이 일반적인 약속이란 "하나님께 나아가는 자는 반드시 그가 계신 것과 또한 그가 자기를 찾는 자들에게 상 주시는 이심을 믿어야 할찌니라"(히 11:6)와 "누구든지 여호와의 이름을 부르는 자는 구원을 얻으리니"(욜 2:32)와 같은 것입니다.

의심하는 영혼은 다음과 같이 생각할 수 있습니다. 사람에게 있는 어떤 것으로도 하나님께서 이러한 약속을 하시도록 만들 수 없습니다. 또한 사람에게 있는 어떤 것으로도 하나님께서 자신이 기뻐하시는 때와 장소에서 이 약속을 성취하는 것을 방해할 수 없습니다. 그러므로 나를 위해서 이 약속들을 행하실지 누가 알겠습니까?

내가 이전에 그리스도를 무시한 것은 사실입니다. 그러나 지금 나는 그분을 진심으로 찾기로 다짐합니다. 비록 그분께서 나를 좋아하실지는 분명하게 알 수 없지만, 내가 그분을 아침 일찍 찾을 것이고 다른 사람들보다 먼저 그분을 찾을 것이며, 다른 사람들 위에 그분을 최우선으로 둘 것입니다. 내가 결국 그분을 찾게 될지 누가 알겠습니까? 그는 이전에 자신을 찾던 자들을 만나 주셨습니다. 그를 찾지 않던 자들도 만나 주셨습니다. 그러하기에 그를 찾는 나도 만나 주지 않겠습니까?

(3) 믿음의 행동

이러한 믿음의 행동들은 다음과 같은 것으로 실행되며, 또한 분별할 수 있습니다.

① 그리스도 이외의 모든 도움과 피난처를 포기하는 것입니다.

돌아오는 에브라임을 보십시오. "우리가 앗수르의 구원을 의지하지 아니하며 말을 타지 아니하며"(호 14:3)라고 말합니다. 이와 같은 영혼은 더 이상 자신의 지혜나 자신의 의로움을 의지하지 아니하며, 자신의 업적과 행동을 의지하지 않습니다. 그가 기도하러 올 때 바리새인들처럼 자신이 한 것과 자신이 하지 않은 것을 구분 지으며 자신의 지위를 자신의 확신으로 근거 삼지 않을 것입니다.

그는 이런 것들을 거짓된 피난처라고 인식할 것입니다. 비록 이러한 점에서 궁핍하고 의지할 것 없으며, 자신을 안심시킬 그 어떤 것이 없을지라도 하나님께서 자신의 아버지이시기에, 이런 고아와 같은 상태에서 그분의 도움을 얻을 수 있는 것입니다. "고아가 주께로 말미암아 긍휼을 얻음이니이다"

(호 14:3).

② 비록 상에서 떨어진 부스러기에라도 만족해하는 순종입니다.

의존하는 영혼은 주님께서 인정하시는 것, 그리스도께서 미소 지으시며 즐거워하시는 것이라면 어떤 것이든지 만족해합니다. 이것은 돌아오는 탕자에게서 나타납니다(눅 15:18,19 참고).

"아버지를 향한 저의 믿음이 있습니다. 주님께서 저를 저의 아버지로서 대해 주시지만, 저는 아들이라 불릴 가치가 없습니다. 아들로서 아들의 도리를 다 하거나, 아들의 지위를 즐기거나 일할 가치가 없습니다. 주님! 저는 주님의 집에 있을 수만 있다면 무엇이든지 되겠습니다. 저를 주님의 지붕 아래에만 있게 해 주십시오. 그러면 제가 다른 대우와 존경과 보상이 없더라도 만족하겠습니다. 주님의 집의 가장 비천한 일이라도 너무나 좋사오니, 저를 문 밖으로 내쫓지만 마십시오."

가나안 여인은 큰 믿음과 끈질긴 기도로 그리스도를 따른 것에 대하여 주님께서 칭찬하실 정도였지만, 그녀는 자녀에게 주어지는 것이 비록 상에서 떨어진 부스러기에 불과할지라도 그것에 만족할 것이라고 할 정도로 순종적이었습니다.[2]

③ 그리스도의 영을 받아들임입니다.

주님께서만 그의 중요한 요구를 주시도록 하기 위해, 그는 어떤 관계들을 포기해야 할 것입니다. 그에게 말하십시오. 그가 그리스도를 소유하고 그분을 따르려면 모든 것을 버려야 한다고 말입니다.

그는 므비보셋과 같이 말할 것입니다. 만약 주님께서 저의 영혼에 평안히

---

2. 마 15:27 여자가 가로되 주여, 옳소이다마는 개들도 제 주인의 상에서 떨어지는 부스러기를 먹나이다 하니.

돌아오신다면, 주님께서 모든 것을 가지시게 할 것이라고 말입니다. 그에게 말하십시오. 만약 그가 약속의 땅을 상속받을 수 있다면, 그는 지금까지 만족해하던 애굽을 반드시 빠져 나와야 하며, 한 발짝도 뒤로 돌아가서는 안 된다고 말입니다.

그리스도께서 들어오신다면 당신의 모든 정욕들, 크거나 작거나, 비밀스러운 것이나 공개된 것이나, 즐기던 것이나 이익이 되던 모든 것들은 그분께 자리를 비켜드려야 할 것이라고 말입니다. 그의 소알들은 재로 변해야 할 것이며 그의 헤로디아, 즉 즐기던 죄와는 이별해야 할 것입니다. 가장 좋고 살찐 소 떼, 즉 이익을 주던 죄악들은 아말렉의 남겨진 아이들과 함께 칼로 베어 내야 할 것입니다. 안장 아래 숨겨진 그의 비밀스런 우상은 불태워 버려야 할 뿐만 아니라, 모세가 송아지 우상을 그랬던 것처럼, 가루로 만들어 버려야 할 것입니다.

또 그에게 말하십시오. 그가 그리스도와 연합하게 된다면, 그의 친척과 아비의 집을 잊어야 하며, 그의 오래된 지인들과 교제들도 잊어야 할 것이라고 말입니다. 왕이 그의 아름다움을 기뻐해야 만족하는 것과 같이, 그리스도께서 그로 즐거워하셔야 만족하시게 될 것입니다.

또 그에게 말하십시오. 그가 중보자로서의 그리스도를 소유하게 된다면, 왕으로서의 그분께 순종해야 할 것을 말입니다. 그는 말할 것입니다. "만약 금홀이 내 앞으로 내밀어진다면, 저는 그것에 영원히 복종할 것입니다"라고 말입니다.

그에게 말하십시오. 만약 그가 그리스도의 영을 소유하게 된다면, 그는 은혜의 영으로 그분을 소유하며 탄원하는 영으로 그분을 소유하게 될 것이라고 말입니다. 그는 유쾌함을 포기할 것입니다. 그는 거룩함을 황금으로 짜여진 의복이라 여길 것이며, 그것이 그를 부유하고 아름답게 할 것입니다. 성령님의 거룩하게 하시는 역사는 그에게 만족스러운 것이 되고, 인치심의 역사 역시 마찬가지일 것입니다.

그에게 말하십시오. 수용함으로써 주님의 이름을 부르는 자는 반드시 죄악을 떠나야 한다는 것을 말입니다. 그는 즉시 대답할 것입니다. "제가 우상들과 더 이상 무엇을 하겠습니까?" 이렇게 그리스도와 그리스도의 영을 받아들이는 것을 복음적 용어로 믿음이라고 부릅니다(요 1:12 참고).

④ 그리스도를 주로 인정합니다.

그리스도께로 나아오는 것은 그의 영혼을 활짝 펴서 그리스도를 의지하는 것이며, 그의 마음을 열어 그리스도를 품고 소망의 날개로 날아 그분께 가까이 날아가는 것입니다. 이처럼 믿음은 '가까이 나아가는 것'으로 표현됩니다(히 10:22 참고).

비록 그가 믿음의 완전한 확신으로 나아가지 못한다고 하더라도, 애정의 돛을 올리고 갈 수 있습니다. '약속을 끌어안는 것'으로 그렇게 할 수 있습니다(히 11:13 참고). 비록 약속을 끌어안지 못한다고 하더라도, 현재의 몫으로 약속을 받았기에, 멀리 있는 약속을 붙드는 것으로 끌어안을 수 있습니다(히 11:18 참고). 비록 그의 보물과 소유로 그리스도를 붙들지 못한다고 하더라도, '그리스도께 나아오는 것'으로 그의 앞에 놓여 있을 소망은 있습니다(요 6:35 참고).

나는 그분께 나아가기에 무가치한 사람입니다. 그러나 내가 순종할 가치가 있는 그분께서 나에게 나아오라고 명령하십니다. 비록 그분께서 나를 즐거워하실지는 확실하지 않지만, 나아가지 않는다면 나에게 파멸 이외에 다른 길이 없습니다. 그분께서 나를 초대하십니다. 그러므로 그분께서 나를 받아 주실지 누가 압니까?

나에게는 다가갈 다른 대상이 없으며, 이미 이 세상을 버렸습니다. 그러므로 세상으로 나아가는 것은 원수의 칼에 넘어지는 것입니다. 나는 정욕들을 다 버렸습니다. 그러므로 다시 정욕으로 돌아가는 것은 파멸로 달려가는 것입니다. 나의 영혼이 다가갈 안식처는 그리스도 이외에 아무 곳도 없습니다. 보십시오! 그분께서 나를 부르십니다. "내가 당신께 나아가오니, 당신은 주님이십니다."

⑤ 그리스도를 결코 놓칠 수 없다는 결심입니다.

그리스도께로 나온 다음, 그는 그곳에 계속 있을 것이라고 결심합니다. 그가 죽는다면, 그리스도의 발 앞에서 죽을 것입니다. 그가 파멸한다면, 그리스도의 팔에 안겨서 그리스도와 함께 파멸할 것입니다. 만일 정의가 그를 붙들고, 제단 뿔 앞에서 그를 죽인다고 하더라도, 어떤 것도 그를 놀라게 해서 그가 붙드는 것을 놓게 할 수 없습니다.

"죽음이 오고, 지옥이 온다고 하더라도, 나는 주님을 보낼 수 없습니다." 아니, 두려워할수록, 그는 더욱 단단히 매달릴 것입니다. "내가 두려워할 그 때에도, 나는 주님을 의뢰할 것입니다. 비록 나를 죽이실지라도 여전히 나는 그분을 의지할 것입니다. 여전히 나는 그분을 굳건히 붙들 것입니다. 죽어 있는 나를 찾는 자들은 나의 마음과 나의 손이 그리스도를 굳건히 잡고 있는 것을 발견하게 될 것입니다."

어떤 것도 그를 두렵게 할 수 없는 것처럼, 어떤 것도 그가 붙드는 것을 놓게 할 수 없습니다. 그는 룻이 나오미에게 대답한 것처럼 대답할 것입니다. "당신이 가시는 곳에, 나도 가겠나이다"(룻 1:16,17 참고).

⑥ 그리스도께 무엇인가를 기대합니다.

그리스도께 붙어 있기로 결정한 다음, 그는 그분으로부터 무엇인가를 기대합니다. 비록 그의 소망이 연약할지라도, 그가 붙드는 분께서는 강하십니다. 소망이 그의 앞에 있으며, 비록 그가 자신에게서 소망을 발견하지 못한다고 하더라도 그는 그것을 붙듭니다.

비록 그는 사도들이 언급한 것처럼 완전한 소망의 확신을 가지고 은혜의 보좌에 담대히 나아가지 못한다고 하더라도, 또한 비록 그가 전속력으로 그곳에 도달하지 못한다고 하더라도 그 소망은 여전히 그럴 가능성의 미풍을 받으며, 그를 계속해서 움직이게 하고 그의 머리가 물 밖에 떠 있도록 두 다리를 받쳐 주며, 비할 데 없는 비천한 상태에서도 그를 도와주기에 충분한 것입니다.

"궁핍한 자가 항상 잊어버림을 보지 아니함이여, 가난한 자가 영영히 실망치 아니하리로다"(시 9:18)라고 말씀합니다. 비록 그것이 그가 탄 널빤지를 흔들고, 바위를 향하며 이리 저리로 돌진하게 한다고 하더라도 파멸하지는 않을 것입니다. 혹은 이것이 비록 잠시 동안에는 파멸될 것으로 보이지만, 결코 영원히 파멸하지는 않을 것입니다.

(4) 믿음은 특별한 격려를 받습니다

기도의 성공이라는 측면에서 이러한 믿음이 가지는 특별한 격려는 다음과 같습니다.

① 주님께서는 자신의 약속을 지키시는 데 실패치 않으십니다.

이러한 하나님을 의존하는 것은 하나님께서 기도에 응답하시게 하는 것으로, 주님께서는 자기 약속을 지키시는 데 결코 실패하지 않으실 것입니다. 어떤 사람이 은혜를 입기 위해서 훌륭한 사람을 의지하며 그가 은혜를 베풀어 줄 것이라고 격려를 받았는데, 그가 막상 의지하는 사람을 실망시키는 것은 훌륭한 사람의 신용과 명예와는 일치하지 않는 것입니다.

주님께서 자신을 의지하는 자를 실망시키는 것은 더더욱 그러합니다. 그분께서는 자신의 명예를 주의 깊게 돌보시는 분입니다. 의존하는 영혼은 그분께 다가와서 다음과 같이 말합니다. "주님께서는 저의 피난처로 주님께 날아가도록 초청하셨습니다. 저를 지켜 줄 사람은 아무도 없습니다. 제가 의존하던 모든 것을 버렸습니다. 만일 주님께서 저를 저버리신다면, 저는 멸망할 것입니다."

이처럼 안식처 되시는 주님께서 날아오는 자에게 알맞은 시간에 든든한 위로를 주실 것입니다. 그리스도께서는 지성소로 날아오는 자들을 공의의 심판에게 결코 내어주지 않으실 것입니다.

② 의존하는 믿음을 귀히 여기십니다.

그리스도께서는 이 의존하는 믿음을 귀하게 여기시며, 이것을 칭찬하시며, 특별한 것으로 여기십니다. 백부장은 그리스도께 "다만 말씀으로만 하옵소서. 그러면 내 하인이 낫겠삽나이다"(마 8:8)라고 말하였습니다. 이것이 바로 의존하는 믿음의 표현입니다. 만약 여기에 어떤 확신이 있었다면, 그것은 그리스도의 능력에 대한 절반의 확신이었지, 그리스도께서 기꺼이 고쳐 주실 것이라는 의지에 대한 확신은 아니었습니다. 여기에는 그러할 것이라는 암시가 나타나 있지 않습니다.

이것은 마태복음에 나오는 가나안 여인에게도 마찬가지였습니다. 그리스도께서는 여인의 모든 확신을 깨 버리셨습니다. 즉 그녀가 구하는 것이 그녀에게는 적합하지 않다고 말씀하셨습니다. "자녀의 떡을 취하여 개들에게 던짐이 마땅치 아니하니라"(마 15:26)라고 하셨습니다.

물론 그리스도께서는 그녀의 확신을 깨 버릴 목적으로 말씀하신 것은 아닙니다. 그분의 뜻은 그녀에게 어떤 확신의 근거를 남아 있지 않게 하시고, 오직 이 의존하는 믿음으로 그리스도께서 주실 때까지, 그녀가 성공할 때까지 그녀가 그리스도께 매달리고 그분께 간청하며, 호소하도록 하시는 것이었습니다. 기도 가운데 이런 믿음의 능력을 경험하십시오. 이것은 그리스도로 하여금 우리가 원하는 모든 것을 얻도록 합니다.

③ 순전한 믿음을 귀히 여기십시다.

오직 하나님을 찾는 것에 의존하는 믿음을 가진 사람의 순종이 어떤 면에서는 확신을 가진 사람의 순종보다도 더 훌륭한 것입니다.

아버지의 미소와 사랑을 받아온 아이가 아버지께 상냥하게 대하며 애교를 떠는 것은 어려운 문제가 아닙니다. 그러나 아버지가 인정하지도 않고, 아버지의 유산을 물려받을 수 있을지 없을지를 알지도 못하는 사람이 아버지께 순종하며 애정을 표한다는 것은 어려운 일입니다. 그러한 순종은 순전하고 아주 훌륭한 것이며, 보기 드물게 귀한 것입니다.

마찬가지로 하나님의 사랑을 확신하고, 그분의 얼굴의 빛 가운데서 걸어가며, 천국이 자신의 몫인 줄 알고 있는 사람이 하나님을 찾고 그분을 기다리는 것은 그리 어려운 일이 아닙니다.

그러나 하나님의 얼굴에서 주름살 이외에 아무것도 보지 못하며, 하나님께 수종드는 것으로 과연 보상을 받을 수 있을지를 확신하지도 못하는 사람이 기도에 열심이며, 그분을 따르고 그분을 부지런히 기다리는 것은 쉬운 일이 아닙니다. 그것이 정말 순전한 순종인 것입니다. 이것이 진정으로 하나님께서 원하시는 행동이 아니겠습니까?

어떤 순교자가 "나는 비록 그리스도께서 나를 사랑하시는지 알지는 못해도, 그분을 위해서 죽을 것입니다"라고 말한다면, 주님께서 이런 그의 사랑을 높이 평가하시지 않으시겠습니까? 그런 기도에 그분께서 아름다운 보답을 하시지 않으시겠습니까?

④ 확신하는 사람에게는 특권을 주십니다.

의존하는 믿음을 가진 사람은 비록 자신은 이해하지 못하지만, 확신하는 사람에게 주어지는 모든 특권들에 대한 권리를 가지고 있습니다. 의존하는 믿음은 사람을 의롭게 합니다. 그리고 의롭게 된 사람의 기도는 받아들여집니다. 이 믿음은 언약의 유익을 가져다주며, 이 언약 안에 있는 사람은 모든 약속에 대한 권리들을 가집니다. 이 믿음은 그리스도 안에 있는 유익을 가져다주며, 그리스도의 중보하심과 하나님의 사랑과 성령의 도움을 받을 권리를 가집니다.

더 이상 무엇이 기도가 성공하는 데 요구되는 것입니까? 기도가 받아들여진다면 그 기도는 응답 받을 것입니다. 비록 기도하는 사람이 이를 잘 알지 못하더라도 주님께서 약속하신 것이라면, 그리스도께서 중보하신다면, 성령님께서 도우신다면 그의 기도는 응답 받을 것입니다.

2. 추정의 기도와 육적인 확신, 그리고 믿음의 기도의 구별

중생하지 못한 사람에게서도 하나님께 호소할 때 확신의 모습이 있는 것을 흔히 봅니다. 우리는 많은 사람들이 자신들의 상태, 즉 자신들은 구원을 얻을 것이라고 확신하며, 자신들의 구원을 위해서 기도할 때, 그 기도가 받아들여질 것이라고 확신하는 것을 흔히 봅니다. 사람이 다급할 때 비록 자기가 믿지 않았던 그 어떤 힘 있는 존재나, 심지어 보지도 듣지도 못했던 그 어떤 막연한 대상이라 할지라도 찾으며 부르짖게 되는 경우도 있습니다.

이러한 추정(推定)보다 흔하고도 위험한 것은 없습니다. 그들의 이런 추정은 너무나 강력하기 때문에, 이것을 분쇄하며, 무너뜨리고 이러한 것에서 죄인들이 빠져 나오도록 하는 것은 복음 사역자의 가장 힘든 사역 가운데 하나입니다. 이것은 사탄의 가장 강력한 요새 중의 하나로써 사탄은 이 요새 안에서 율법의 공격으로부터 일반 사람들을 지키고 있으며, 그들을 그리스도 앞에 엎드리게 하며 항복하게 하는 복음의 공격으로부터 지키고 있는 것입니다.

이러한 확신을 우리는 누가복음 18장의 바리새인들에게서 찾아볼 수 있습니다. 또한 아모스 3장에서 아모스 선지자는 타락하고 세속화된 이스라엘 백성들 가운데 있는 이것에 대하여 말씀하고 있습니다.[3]

여기에 바로 질문이 있습니다. 믿음의 확신과 추정의 확신을 어떻게 알고, 구별할 수 있습니까? 진정한 신자가 하나님께 나아갈 때 어떻게 자신의 확신이 위선자들의 추정하는 것이 아니라고 구별할 수 있습니까? 또한 죄인들의 추정이 그들의 육적인 대담함이며 믿음의 확신이 아니라는 것을 어떻게 설득시킬 수가 있습니까? 믿음의 기도가 추정의 기도나 육적인 확신과 구별될 수 있습니까?

기도가 가지는 믿음의 확신은 추정의 확신과 다음과 같은 점에서 확연히 구별됩니다.

1) 발생에서부터의 차이

육적인 사람은 알지도 못하는 가운데 이러한 추정의 확신에 도달합니다. 마치 연회를 주관하는 자가 예복을 입지 않은 사람에게 "당신이 여기에 어떻게 왔습니까?"라고 물으면, 그는 만족할 만한 대답을 할 수 없으며, 어떻게 그가 이러한 확신을 얻었는지를 올바로 설명할 수 없습니다. 그는 자신이 기도하기에 익숙하기 때문이며, 자신이 기억하는 한 계속 이것을 지녀왔다고

---

3. 암 3:9-11 아스돗의 궁들과 애굽 땅 궁들에 광포하여 이르기를, 너희는 사마리아 산들에 모여 그 성중에서 얼마나 큰 요란함과 학대함이 있나 보라 하라. 자기 궁궐에서 포학과 겁탈을 쌓는 자들이 바른 일 행할 줄을 모르느니라. 이는 여호와의 말씀이니라. 그러므로 주 여호와께서 가라사대 이 땅 사면에 대적이 있어 네 힘을 쇠하게 하며 네 궁궐을 약탈하리라.

대답할 것입니다. 그는 이런 확신을 쉽게 얻었습니다. 그리고 이것은 그에게 어떤 대가도 요구하지 않습니다. 그것은 마치 버섯처럼 갑자기, 그의 주의나 노력 없이 그 속에서 생겨난 것입니다.

반면에 믿음의 확신은 일반적으로 그렇게 갑자기, 쉽게, 또한 무심결에 얻어지는 것이 아닙니다. 신자들은 그들의 육적인 확신은 종의 영에 의해서 쓰러졌다는 것과 그들의 영적인 확신이 어려움 없이는 나오지 않고, 조금씩 자라난다는 것을 충분히 기억하는 사람들입니다.

이는 시간과 노력이 엄청나게 드는 일입니다. 마치 산을 옮기고, 계곡을 메우는 것과 같습니다. 믿음의 확신을 이루기 위해서는 율법과 복음이 하는 일로는 부족한 것이었습니다. 죄와 하나님의 진노를 자각한 이후에야 그들의 죄악과 무가치함은 그들의 영혼에 깊은 계곡을 만들며, 가파르게 우뚝 서 있던 그들의 추정의 산을 여지없이 무너뜨립니다. 그리고 그것을 고르는 작업을 하게 합니다.

그들의 영혼을 믿음의 확신으로 자라게 하는 것은 힘든 일입니다. 그들은 두려움과 확신이 자신들의 영혼 속에서 싸우는 것을 발견합니다. 마치 리브가의 뱃속에서 쌍둥이가 싸우듯이 말입니다(창 25:22 참고). 베레스와 세라가 먼저 나오려고 싸우듯이 말입니다(창 38:27-29 참고). 의심과 두려움은 이런 확신 이전에 손을 내밀어 먼저 터치고 나오는 것입니다. 그러는 동안에 영혼은 산고를 겪습니다.

2) 추정은 근거가 없기에 추정일 뿐

추정은 근거가 없는 것으로, 있다고 하더라도 모래 위에 집을 짓는 것과 마찬가지입니다. 이것은 그들의 본성적인 기질에서 나오는 것으로, 사람에게 담대하며 확신하는 것처럼 하나님께 그렇게 하는 것입니다. 하나님께서는

"네가 나를 너와 같은 줄로 생각하였도다"(시 50:21)라고 하신 것처럼 그들에게 질책하실 것입니다.

하나님에 대한 그들의 이해는 사람에 대한 것과 다르지 않기에, 그들이 가족들에게 담대한 것처럼 하나님께도 담대한 것입니다. 그들은 때때로 그들의 기도를 근거로 삼기도 합니다. 특별히 그들이 오랫동안, 그리고 자주 기도해서 그것으로 하나님께 의무를 다했으므로 자신들이 기대하는 것을 하나님으로부터 얻을 것이라고 결론 내리기도 합니다. 그러나 그 응답이 자신들의 기대에 맞지 않으면, 하나님께서 자신들에게 잘못을 했다고 말하는 자들처럼, 그들은 하나님을 쉽게 비방하는 것입니다.[4]

때로는 이 추정의 확신이 누가복음 18장의 바리새인들과 같은 근거에서 나오는 것입니다. 그들은 남들과 같이 나쁘지 않고, 남들보다 선한 일을 더 많이 했으므로 하나님께로부터 좋은 대접을 받을 것이라고 그릇되게 확신하는 것입니다.

그러나 믿음의 확신은 은혜의 능력으로 새롭게 되고 강하게 된 때에, 육체로는 가장 부끄럽고 겸손한 사람들에게 나타나는 것입니다. 그리스도와의 약속이 바로 이 확신의 근거입니다. 이는 그들의 기도에 있는 것도 아니고, 그들 자신의 의에 있는 것도 아닙니다.

그들은 자신들의 의로움의 조각들을 다 모아 보아도, 더럽혀졌고 혐오스러운 누더기와 같을 뿐임을 잘 알고 있습니다. 이는 부끄럽고 얼굴을 붉힐

---

4. 사 58:2,3 그들이 날마다 나를 찾아 나의 길 알기를 즐거워함이 마치 의를 행하여 그 하나님의 규례를 폐하지 아니하는 나라 같아서, 의로운 판단을 내게 구하며 하나님과 가까이 하기를 즐겨하며, 이르기를 우리가 금식하되 주께서 보지 아니하심은 어찜이오며 우리가 마음을 괴롭게 하되 주께서 알아주지 아니하심은 어찜이니이까 하느니라. 보라. 너희가 금식하는 날에 오락을 찾아 얻으며 온갖 일을 시키는도다.

수밖에 없는 경우로, 그들은 이런 참담한 지경에서 확신을 가질 수 없습니다. 그들은 그들의 모든 기도와 죄를 절제하고 의를 실천한 것을 실패로 여길 뿐이며, 거기에서는 어떤 확신도 가질 수 없습니다. 오직 그리스도 안에서만 가질 수 있는 것으로 여깁니다(빌 3장 참고).

믿음의 확신에 관하여서는 이전에 이미 많이 설명해 드렸습니다.

3) 동반하는 것이 다름

믿음의 확신은 다음과 같은 것을 동반합니다.

(1) 믿음의 확신에는 경외감이 따릅니다

자녀로서 하나님께 가지는 거룩한 두려움을 말합니다. 신실한 히브리인들에게 담대함과 믿음의 확신으로 하나님께 나오라고 권고하던 사도는 이 확신에 동반되는 경외감도 가지고 나오라고 합니다. "이로 말미암아 경건함과 두려움으로"(히 12:28)라고 말씀합니다. 우리는 이 확신을 붙들어야 하며, 그럼으로써 우리는 경외함으로 하나님을 섬길 수 있는 것입니다.

소망(때로는 믿음과 확신으로 사용되는)은 두려움과 합쳐진 것입니다. 시편의 말씀처럼 "주의 풍성하신 인자를 힘입어"(시 147:11, 5:7 참고) 확신할 수 있는 것입니다.

신자는 자신의 죄악을 인식하고 하나님의 위엄과 거룩함을 알며, 자신의 생각의 낮음과 하나님의 생각의 높으심을 아는 사람입니다. 이런 생각들은 영혼에 하나님에 대한 깊은 위엄을 심어 주고 경외감과 순전한 공포심으로 영혼을 채웁니다. 마치 어린아이가 아버지에게로 가까이 나아갈 때 자신의 아버지를 화나게 하지 않도록 하기 위해 두려워하는 것처럼, 이 기도의 의무 가운데 어떤 말이나 행동이 하나님을 모욕하거나 명예를 더럽히지 않고 그분의 위엄에 흠이 되지 않도록 하기 위해서 말입니다.

추정하는 믿음을 가진 사람들은 자신에게는 자만심을 가지고 있지만, 하나님은 낮게 생각하고 있습니다. 바리새인들이 그 예입니다. 그의 기도에는 하나님을 찬양하는 것보다 자신을 찬양하는 것이 더 많습니다. 하나님에 대한 그들의 생각이 높아진다고 하더라도, 그들의 마음속에 새겨지는 것은 거의 없습니다. 하나님에 대한 그들의 생각이 높아지면 높아질수록 그 영향력이 더 적어집니다. 마치 우리가 별을 볼 때 높이 있는 별의 빛이 약한 것과 같이 말입니다.

그들은 하나님에 대한 위엄과 두려움을 그들의 마음에 남기지 않습니다. 만약 두려움이 있다고 하더라도, 하나님의 명예를 더럽히는 것에 대한 두려움보다는 하나님께서 주실 고통과 고난에 대한 것일 뿐입니다. 마치 노예가 자신의 주인을 불쾌하게 만들거나 비난하게 되는 두려움보다는, 채찍이나 몽둥이를 두려워하는 것처럼 말입니다.

(2) 하나님의 뜻과 지혜를 따름에서 다릅니다

믿음의 확신은 자신의 뜻과 지혜보다 하나님의 뜻과 지혜를 따르는 것입니다. 그리하면 기도의 응답에 관해서 하나님의 시간과 방법과 뜻과 그것에서 나온 모든 환경에 만족해할 것입니다.

그러나 추정하는 확신은 자신이 원하는 것을 가져야 하며, 그것이 아니면 아무것도 아니라고 생각합니다. 자신이 구하는 것이 아니면 아무것도 아니고, 자신이 구하는 방법과 자신이 구하는 수준까지 얻지 못하면 가질 가치가 없다고 생각합니다. 이것은 영혼의 교만함이며 완악함입니다. 무엇을 얻을 것인지를 자신의 뜻대로 정하는 것이고 무엇이 최상의 것인지를 자신의 지혜로써 판단하는 것이며, 자신의 뜻과 지혜가 하나님의 뜻과 지혜에 비하여 악하거나 낮은 것이 아니라고 생각합니다.

그는 마치 완고한 거지와 같아서 자신이 구하는 것은 반드시 받아야 합니다. 그렇지 않으면, 그로부터 심한 욕을 듣게 될 것입니다. 만약 주님께서 그가 원하는 것을 정확하게 만족시켜 주지 않으신다면, 그는 하나님께 완악한 생각을 품으며 불평불만을 주절거릴 것입니다. 마치 모세의 인도 아래에서 이스라엘 백성들이 그러했듯이 말입니다.

진정한 확신은 그리스도를 근거로 하는 것으로, 부드러운 식물이 태양을 향하여 줄기를 뻗어 나가듯이 하나님께서 기뻐하는 뜻 쪽으로 휘어지며 굽어집니다. 그러나 거짓 확신은 딱딱한 목재와 마른 막대기처럼 힘을 주면 부러져 버릴 것입니다.

4) 효과 면에서 서로 다름

확신은 열정이 생기게 합니다. 우리의 경험으로 보아, 얻을 것이라는, 비록 미약하지만, 그것이 반드시 내게로 올 것이라는 소망이 있을 때, 그 소망은 구하는 데 열정을 불러일으킵니다. 얻을 것이라는 올바른 확신은 신자로 하여금 구하는 것에 열심을 내도록 합니다. 사도는 믿음의 기도란, 열심 있는 기도라고 말합니다. 야고보서 5장의 믿음의 기도는 바로 열심 있는 기도였습니다(약 5:15-18 참고).

믿음의 기도의 예로 엘리야의 기도는 17절에서[5] 간절한 기도로 표현되었습니다. '프로슈케 프로쉬카토($\pi\rho\sigma\epsilon\upsilon\chi\tilde{\eta}$ $\pi\rho\sigma\epsilon\upsilon\xi\alpha\tau o$)'는 문자적으로 "그의 기도 가운데 기도한다"는 것으로, 히브리어의 일반적인 용법으로는 간절히 기도함을 나타내는 것입니다. 그는 간절히 기도했습니다. 진정으로 확신하는 사람은 기도를 가지고 기도하는 것이지만, 그렇지 않는 사람들

---

5. 약 5:17 엘리야는 우리와 성정이 같은 사람이로되 저가 비 오지 않기를 간절히 기도한즉, 삼 년 육개월 동안 땅에 비가 아니오고.

은 그의 기도를 그저 말할 뿐입니다.

만약 사람이 자기 위에 있는 어떤 물건을 가지고 싶어한다고 합시다. 그것을 잡으려는 소망이 있다면 그렇게 하려고 자신의 손을 뻗을 것입니다. 이런 소망, 즉 우리가 하나님으로부터 원하는 것을 얻을 것이라는 확신은 우리의 기도가 우리의 영혼이 하나님께 손을 뻗도록 할 것입니다. 그것은 철없는 어린이가 갖고 싶은 물건이 앞에 있을 때 손을 뻗는 것과 같습니다. 이런 표현이 사도행전 12장 5절[6]에 '프로슈케 엑테네스($\pi\rho o\sigma\varepsilon\upsilon\chi\dot{\eta}\ \dot{\varepsilon}\chi\tau\varepsilon\nu\dot{\eta}s$)'라고 나오는데, 이것은 기도하는 가운데 영혼이 하나님께 손을 뻗는 것을 말합니다.

이러한 확신에서 나오는 기도는 영혼의 수고이며 영혼의 해산입니다. 마음은 기도하는 도중에 수고하고 있는 것입니다.

그러나 추정의 기도는 단순히 입술이 수고하는 것일 뿐이며, 내부의 사람이 아닌, 외적인 사람의 수고이고, 육체적인 운동에 지나지 않습니다. 마음과 감정은 살아 있는 움직임이 없으니 차갑고 죽은 것입니다.

거기에 어떤 열기나, 생명이나 간절함이 있다고 하더라도 그것은 짧은 기간일 뿐이며, 또한 몇몇의 경우를 위한 것일 뿐입니다. 그들이 임박한 위험에 처해 있을 때나, 쓰라린 고통 안에 있을 때는 잠시 동안 간절함이 있을 수 있습니다. 그 순간을 간절히 찾을 것입니다. 그러나 다른 때에는 아무런 관심도 보이지 않습니다.

혹은 그들은 어떤 것들을 위해서는 열심을 냅니다. 즉, 현세적인 축복과 외적인 도움을 위해서 말입니다. 그들은 양식과 술을 위해서는 자신의 침대 위에서 악을 쓰며 부르짖지만, 마음을 사로잡는 정욕에 대항하는 능력과 거룩

---

6. 행 12:5 이에 베드로는 옥에 갇혔고 교회는 그를 위하여 간절히 하나님께 빌더라.

함을 위해서는 그렇게 하지 않습니다.

   그들은 능력과 거룩함을 위해서도 기도할 수는 있습니다. 그러나 마치 아우구스티누스가 회심하기 전에 이런 기도가 받아들여질 것을 두려워하면서 기도한 것처럼 할 것입니다. 혹은 기도의 어떤 부분에만 정성을 다하기도 합니다.

   그들이 긴급한 외적인 도움을 구할 때에는 열정과 끈질김이 그들의 기도 속에 있을 수 있습니다. 그들은 기도를 쏟아냅니다. 그들의 마음은 마치 구원에 대한 열망의 뜨거움으로 다 녹아버린 것처럼 간청하는 것으로 흘러내립니다(사 26:16 참고).

   그렇지만 그것이 죄에 대한 고백과 애통한 마음으로 인해 녹은 것입니까? 거기에 하나님을 찬양하는 열정과 사모함이 있습니까? 결코 아닙니다. 그런 사람들이 드리는 찬양의 제사에는 제단에 불도 없으며, 사모함의 열기와 향기도 없습니다. 하늘로부터 내린 불이 아닌 자신들의 이권과 염려가 불붙인 잘못된 불 이외에 다른 불은 아무것도 없습니다.

제8장

믿는 자, 믿음 안에서 죽다

"이 사람들은 다 믿음을 따라 죽었으며"(히 11:13).

앞장(히브리서 10장)에서 사도가 믿음 안에서 인내할 것을 권고했다면, 히브리서 11장[1]에서는 믿음의 본질을 설명합니다. 1절에서는 믿음의 특징들을 가지고 믿음을 설명하고 있으며, 믿음 있는 신실한 사람들의 예를 들면서 믿

---

1. 히 11:1-13 믿음은 바라는 것들의 실상이요, 보지 못하는 것들의 증거니, 선진들이 이로써 증거를 얻었느니라. 믿음으로 모든 세계가 하나님의 말씀으로 지어진 줄을 우리가 아나니, 보이는 것은 나타난 것으로 말미암아 된 것이 아니니라. 믿음으로 아벨은 가인보다 더 나은 제사를 하나님께 드림으로 의로운 자라 하시는 증거를 얻었으니 하나님이 그 예물에 대하여 증거하심이라. 저가 죽었으나 그 믿음으로써 오히려 말하느니라. 믿음으로 에녹은 죽음을 보지 않고 옮기웠으니 하나님이 저를 옮기심으로 다시 보이지 아니하니라. 저는 옮기우기 전에 하나님을 기쁘시게 하는 자라 하는 증거를 받았느니라. 믿음이 없이는 기쁘시게 못하나니 하나님께 나아가는 자는 반드시 그가 계신 것과 또한 그가 자기를 찾는 자들에게 상 주시는 이심

음을 확증하고 있습니다. 2절에서는 믿음에 대한 대체적인 설명을 하고 있으며, 특별히 4절에서는 아벨을, 5,6절에서는 에녹을, 7절에서는 노아를, 8-10절에서는 아브라함을, 11,12절에서는 사라를 예로 들고 있습니다.

13절에서는 그들의 믿음을 네 구절로 설명하고 있습니다. 첫 번째 구절은 믿음의 기간과 죽었다는 것, 즉 믿음으로 살았고 믿음 안에서 죽었다는 것을 설명하고, 두 번째 구절은 믿음의 대상, 즉 약속에 대해 설명하며, 세 번째 구절은 믿음의 행동, 즉 보는 것과 설득되는 것과 영접 받음을 설명하고, 네 번째 구절은 믿음의 영향, 즉 그들이 나그네임을 인식하는 것을 설명하고 있습니다. 그러면 먼저 첫 번째 구절로부터 살펴봅시다.

1. 믿음 안에서 죽은 믿음의 선조들

1) 믿음의 고백 속에서의 죽음

그들은 하나님의 진리를 죽을 때까지 굳건히 붙들고 있었습니다. 그들은 진리를 부정하지 않았으며 믿음을 난파된 배로 만들지도 않았습니다. 그들

을 믿어야 할찌니라. 믿음으로 노아는 아직 보지 못하는 일에 경고하심을 받아 경외함으로 방주를 예비하여 그 집을 구원하였으니 이로 말미암아 세상을 정죄하고 믿음을 좇는 의의 후사가 되었느니라. 믿음으로 아브라함은 부르심을 받았을 때에 순종하여 장래 기업으로 받을 땅에 나갈째 갈 바를 알지 못하고 나갔으며, 믿음으로 저가 외방에 있는 것같이 약속하신 땅에 우거하여 동일한 약속을 유업으로 함께 받은 이삭과 야곱으로 더불어 장막에 거하였으니, 이는 하나님의 경영하시고 지으실 터가 있는 성을 바랐음이니라. 믿음으로 사라 자신도 나이 늙어 단산하였으나 잉태하는 힘을 얻었으니, 이는 약속하신 이를 미쁘신 줄 앎이라. 이러므로 죽은 자와 방불한 한 사람으로 말미암아 하늘의 허다한 별과 또 해변의 무수한 모래와 같이 많이 생육하였느니라. 이 사람들은 다 믿음을 따라 죽었으며 약속을 받지 못하였으되, 그것들을 멀리서 보고 환영하며 또 땅에서는 외국인과 나그네로 증거하였으니.

은 사탄이나 그의 도구들이 자신들을 속이도록 하지 않았습니다. 환상과 속임수로 믿음을 바꾸지도 않았습니다. 변절하지도 않았고 믿음에서 떨어지지도 않았습니다.

그들은 마지막 때의 많은 것을 바라보았습니다. 그들의 생각을 육적인 이익 앞에 종속되도록 하지도 않았습니다. 바람을 따라 갈지자로 걸으며 휘청거리지도 않았으며 모진 바람에 쓸려가지도 않았습니다. 진리 안에 닻을 굳건히 내린 그들의 분별력은 궂은 날씨를 견뎌 내며 거친 폭풍에 굴하지도 않았습니다.

2) 믿음의 상태에서의 죽음

믿음의 조상들은 살아 있을 때와 마찬가지로, 죽을 때도 믿었던 사람들이었습니다. 성령으로 시작하여 육체로 마치지 않았습니다. 그들은 충실하게 성령님의 권고하심을 지켰습니다. 믿음의 습관을 잊어버리지 않았으며 믿음이 썩어지고 쇠약해지지 않도록 노력했습니다. 반면에 믿음을 튼튼히 하고 완전한 것으로 나아가도록 했습니다. 비록 그들의 겉사람은 후패했을지라도 믿음은 계속하여 자랐습니다. 그들은 가장 약할 때, 즉 죽음 앞에서 가장 강했습니다.

3) 믿음의 표현 안에서의 죽음

하나님 안에서의 진정한 믿음의 표현은 하나님께 충성하는 것입니다. 그래서 그들은 죽을 때까지 충성했습니다. 때로는 사탄의 장소에 있다고 하더라도, 그들은 언약을 거짓되게 다루지 않았습니다. 언약의 조건들을 수행하려고 노력하였으며, 정직함으로 하나님께 걸어갔습니다. 그들은 즉각적인 회개와 새로운 순종으로 언약을 충실하게 지켰으며, 약속된 것을 시행했고 그 약속들에 대답하였습니다.

4) 믿음의 훈련 가운데서의 죽음

앞에서 설명한 것도 사실이지만, 이것이야 말로 가장 적합한 말인 것 같습니다. 그들은 삶 가운데서 믿음을 수행한 것처럼, 죽음 가운데서도 그러했습니다. 바울이 말했듯 그들의 삶은 믿음의 삶이었습니다(갈 2:20 참고). 믿음은 그들의 삶의 모든 행동에 영향을 주었습니다.

자연적인 행동으로 사라는 믿음으로 임신했고 믿음으로 해산하였습니다(히 11장 참고). 시민적인 행동으로 아브라함은 잠시 체류하였습니다(9절). 영적인 행동으로 아벨은 믿음으로 제사를 드렸고(4절), 일반적인 행동으로 아브라함은 여행을 떠났으며(8절), 비상식적인 행동으로 노아는 방주를 지었습니다(7절).

그들은 모두 믿음으로 행하였습니다. 다시 말해서 그리스도의 능력에 의지하고, 도움과 성공을 위한 약속을 믿음으로 행한 것입니다. 하나님의 속성과 섭리를 생각하면서, 그분의 선하심과 신실하심에 대한 경험을 가지고 그들이 무슨 명령을 받든지 그대로 하였으며, 어느 장소로 불려갔든지 거기로 갔으며 어떤 약속이든지 기대하였습니다.

그들이 이처럼 살았기에 자신들이 죽고 난 다음에라도 하나님께서 그들에게 혹은 그들의 자손들에게 약속하신 것을 반드시 이루신다는 확신과 믿음 안에서 죽었던 것입니다. 그들의 삶 가운데서 맺은 그 약속들은 그들의 삶에서나, 혹은 그들의 죽음 이후에라도 완전하게 성취될 것을 믿었습니다. 또한 이전에는 전혀 실행되지 않은 약속이라도, 이후에는 반드시 성취될 것을 믿었습니다.

하나님께서는 아브라함에게 가나안, 즉 천국의 모형을 약속하셨으며 구세주, 즉 그것을 사서 주실 분을 약속하셨습니다. 아브라함은 믿음 안에서 죽었습니다. 이것은 그가 천국에 들어갈 것이라는 확신을 가지고 이 땅을 살아갔다는 것을 말합니다(10절). 또한 후손들이 가나안 땅을 상속받을 것과 메시야께서 자신의 자손으로부터 나오실 것을 확신하였습니다. 그는 그리스도의 날을 바라보았기에 그 광경이 믿음에 힘을 더하고 죽음의 날을 기쁨의 날로, 즐거운 날로 만들었습니다. 믿음 안에서 죽었습니다. 다시 말해서 약속들이 이루어질 것을 기대하면서 죽었습니다.

2. 적용- 우리가 본받아야 할 선조들의 삶과 죽음

우리는 위대한 믿음의 선조들을 본받도록 노력해야 합니다. 믿음으로 살아감으로써 믿음 안에서 죽을 수 있습니다. 그들을 본받도록 노력하는 데 주저할 필요가 없습니다. 왜냐하면 하나님께서 우리에게 그들의 예들을 추천하시기 때문입니다(2절). '무엇에든지 칭찬할 만할' (빌 4:8 참고) 것을 권고합니다. 믿음 안에서 죽는 그는 명예롭게, 편안하게, 그리고 행복하게 죽는 것입니다.

1) 명예롭게 하심

그는 하나님께 영광을 돌리며, 하나님께서는 그를 명예롭게 하십니다. 견고한 믿음은 언제나 하나님께 영광을 돌립니다. 그렇다면 죽음 안에서는 더욱 영광을 돌립니다(롬 4:20 참고). 왜냐하면 믿음이 그때에 가장 낙담할 수 있음에도 불구하고 믿는다면 하나님께 큰 영광이 되기 때문입니다. 어떻게 주님께서 믿음을 명예롭게 하는지에 대하여서는 사도가 하나님의 영감을 받아 믿음과 믿는 자들에 대하여 명예롭게 언급한, 히브리서 11장 외에 더 많은 예들을 살펴볼 필요가 없을 것 같습니다.

여기에서는 이후에 올 모든 후손에게 영원한 믿음의 기념비를 남기고 있습니다. 하나님께서는 이렇게 하나님을 영광스럽게 한 사람은 명예롭게 하실 것입니다. 그들은 축복받은 사람들로 기억될 것이며, 또한 모든 세대가 그들을 그렇게 부를 것입니다. 그들이 자신들이 정당하다는 것을 증명하지 못하고 죽어서 한줌의 재가 될 때, 주님께서는 하늘로부터 세상의 모든 비방에 대해 충분히 변호해 주실 것입니다. 주님께서 명예롭게 하시는 사람을 누가 모욕하겠습니까?

2) 편안하게 하심

믿음과 기쁨은 상호 작용을 합니다. 강한 믿음이 있는 곳에는, 살아 있든지 죽든지 간에 강한 위안이 있습니다. 믿음이 쇠퇴하면 기쁨도 쇠퇴합니다. 믿음의 샘솟는 물결은 기쁨의 강한 물길을 열어 줍니다. 믿음의 확신이 있는 곳에서 영혼은 그리스도의 품으로 전속력으로 나아갑니다. 약한 믿음은 기어서 천국에 들어가지만, 강한 믿음은 넓고 큰 천국의 문을 통해 활보하며 들어갑니다.

3) 행복하게 하심

끝까지 충성하는 자가 구원을 얻습니다. 그는 하나님의 입으로부터 '잘하였도다. 착하고 충성된 종아'라는 황홀한 환영의 말씀을 들을 것이고, 그리스도의 손으로부터 '죽도록 충성하였노라'라고 하며 영광의 면류관을 받을 것입니다.

믿음은 승리함으로 천국에 들어가며, 모든 적들을 정복할 것입니다. 이것이 바로 당신과 당신의 믿음이 세상과 싸워 승리한 것입니다. 믿음은 사탄을 정복합니다. 믿음의 방패는 사탄의 불화살을 꺼버리고 죄를 이기며 죽음을 이깁니다. 믿음은 사탄을 무장해제하고, "사망아, 네가 쏘는 것이 어디에 있느냐?"라고 외치며 승리로 천국에 들어갑니다. 그리스도를 통한 승리가 우리에게 주어집니다. 그리스도를 통해서 우리가 얻은 것은 그리스도 안에 있는 믿음에 의한 것입니다.

3. 믿음에서 살고 죽으라는 명령

1) 진리 안에서 살고 죽도록

과거 성도들에게 주신 그리스도를 믿는 믿음, 다시 말해서 하나님의 진리 안에서 살고 또한 죽어야 합니다. 당신은 요동하지 않고 계속적으로 믿음 안에 있도록 해야 합니다. 흔들리지 않고 악한 자들과 죄악들과 시대에 유행하는 환상에 휩쓸리지 않도록 해야 합니다. 당신은 죄악의 물결, 즉 뱀이 토하여 낸 강물에 떠내려가지 않도록 해야 합니다.[2] 그러므로 이것을 황금률로 받아들이십시오. 진리를 사랑함으로 받아들이십시오.[3] 당신이 진리 안에 계속해서 거한다면 하나님께서 진리 안에서 당신을 튼튼히 세워 주실 것이며 진리 자체를, 다른 어떤 것보다 사랑하게 됩니다.

그러나 사악한 이익이나, 관습에서 나온 것이나, 칭찬 혹은 비난을 피하기 위한 수단으로 진리를 사랑하는 사람은 이런 측면들이 멈출 때에 진리와 곧장 헤어지고, 그런 측면들과 어울리는 죄악들을 껴안게 됩니다.

---

2. 계 12:15 여자의 뒤에서 뱀이 그 입으로 물을 강같이 토하여 여자를 물에 떠내려가게 하려 하되.
3. 살후 2:10 불의의 모든 속임으로 멸망하는 자들에게 임하리니 이는 저희가 진리의 사랑을 받지 아니하여 구원함을 얻지 못함이니라.

이것이 이 세대가 불충성하는 중요한 이유입니다. 왜 많은 사람들이 이전에 굳게 붙잡고 유지하며, 고백하던 진리들을 버리고 부인하는 것입니까? 그것은 그들이 진리 자체를 사랑하지 않았으며, 사랑했더라도 저속한 측면에서 사랑했기 때문입니다. 그들은 결코 진리라는 신부와 사랑에 빠진 적이 없습니다. 단지 그 신부의 복장이나 지참금에 반해 있었던 것입니다.

그러하기에 죄악이 육신의 마음을 즐겁게 하며 저속한 마음에 대해 더욱 이익이 되는 지참금을 가지고 신부의 복장 안으로 들어오면, 그 바람둥이는 더 이상 진리를 즐거워하지 않습니다. 반면에 죄악, 즉 방안에 있는 죄악의 매춘부를 끌어안는 것입니다.

칭찬을 위해서 진리를 사랑하는 사람이 더욱 칭찬을 받는다고 한다면 그는 죄악을 끌어안을 것입니다. 진리보다 육체의 즐거움을 더 사랑하는 사람은 묵인을 허용하는 죄악들을 즐길 준비가 되어 있을 것입니다. 일반적으로 사람들에 의해 진리로 받아들여지기 때문에 진리를 받아들이는 사람은 시대가 변하면 그의 생각도 바뀔 것입니다.

사람의 육적인 마음이 진리와 완전히 결별하지 않을 것 같으면 주님께서는 진리 자체를 사랑하지 않는 사람들, 저속한 것들에 몸을 파는 사람들에게는 진리의 축복을 주시는 것을 허용하지 않으실 것입니다. 다만 주님께서 그들의 망상에 합당한 것을 주실 뿐입니다.

2) 믿음의 상태에서 살고 죽도록

당신은 믿음의 상태에서 살고 죽도록 해야 하며, 그런 행복한 상태로 들어가야 합니다. 믿음이 당신의 마음에 깊이 뿌리내리도록 하십시오. 그러면 당신은 든든할 것입니다. 하나님의 능력으로, 믿음으로 구원을 얻게 될 것입니다. 당신은 믿음 없이는 살 수도, 죽을 수도 없습니다. 믿음 없이 산다면 당신은 사형 언도 아래에서 살아가는 것입니다. 또한 당신이 믿음 없이 죽게 된다면, 그 죽음은 당신을 사형을 집행하는 곳으로 데리고 갈 것입니다.

속지 마십시오. 믿음이 아닌 것을 믿음으로 여기지 마십시오. 당신이 하나님의 말씀이 진리라고 믿고, 하나님에 관해 계시된 것과 그리스도와 거룩함과 행복이 진리라고 믿는다고 해서 당신이 믿음을 가졌다고 생각하지 마십시오. 이것도 믿음이기는 합니다. 그러나 그러한 믿음은 악한 영들도 가지고 있는 믿음입니다. 그러한 믿음은 살아 있는 동안이나, 죽을 때에도 어떤 이익을 가져다주지 못합니다. 그러한 믿음으로 당신이 이단들과 구별될 수는 있어도, 불신자들과 구별될 수는 없습니다.

구원 얻는 믿음은 하나님께로 나온 증명들을 받고 그리스도를 나의 왕과 구세주로 기꺼이 끌어안으며, 그분께 기꺼이 순종하고 그로 인하여 구원 얻을 것과 거룩하여지며 의롭게 된다는 것을 믿는 믿음입니다. 그 믿음은 사랑으로 역사하며, 마음을 정결케 하고 성령님의 열매를 맺게 합니다.

당신은 바로 이런 믿음으로 살아가야 합니다. 또한 행복하고 편안하게 죽기를 원한다면, 그 믿음 속에서 죽어야 합니다. 이러한 믿음을 얻도록 말씀에 열심히 주의를 기울여야 합니다. 이 명령은 사도 바울이 한 명령입니다(롬 10:14,17 참고). 믿음을 낳는 것도, 믿음을 자라게 하는 것도 말씀입니다. 말씀을 무시하는 사람은 자신들이 어떻게 살아야 하며 어떻게 죽어야 하는지에 관심조차 없는 사람들입니다.

3) 믿음의 표현 안에서 살고 죽도록

당신은 믿음의 표현 안에서 살고 죽도록 해야 합니다. 다시 말해서, 당신은 언약을 불성실하게 다루지 말아야 합니다. 그런 불성실함이 얼마나 악한 것인지 생각해 보십시오. 사람에게도 불성실하게 대하는 사람들은 약간의 이익을 얻기 위해서라면 거짓말도 하고 거짓 맹세도 합니다. 여기에도 이러한 유혹이 있습니다. 하나님께 불성실하게 대하는 사람은 자기 자신을 망치게 하려고 하나님을 불성실하게 대합니다. 이렇게 하는 것은 이 땅에서 아무런 유익이 없습니다.

이 죄는 극도로 악한 것이며 변명할 수 없는 것입니다. 언약을 불성실하게 다루는 사람은 하나님의 명예를 극도로 실추시키는 것이며, 그것은 자기 자신을 저주하는 것과 마찬가지입니다. 믿음과 회개를 무시하면서, 당신은 무엇을 할 수 있습니까? 어떤 유혹이 당신에게 있습니까? 어떤 이익을 기대하고 계십니까?

4) 믿음의 훈련 속에서 살고 죽도록
(1) 믿음의 훈련 속에서 살아가는 법을 배우십시오

믿음은 더 많이 실천할수록 더 쉽게 실행할 수 있습니다. 살아가는 동안 믿음의 삶과는 거리가 멀었던 사람들은, 그들이 죽을 때 믿음을 실천한다는 것이 낯설다는 것을 발견할 것입니다. 만약 당신이 지금 실천하지 않는다면, 그때에 자연스럽게 실천한다는 것은 거의 불가능합니다. 믿음 안에서 죽는 길은 믿음으로 사는 것입니다.

계속해서 하나님께 의존하며 살아가는 법을 배우십시오. 당신이 가진 모든 것으로 그분을 신뢰하며, 당신이 원하는 모든 것에 그분을 의존하고 부족함을 채우는 것도 그분을 의지하며, 의무를 다하는 것에 도움도, 노력의 성공도, 유혹에 저항하는 힘도, 정욕을 이기는 것도, 고통을 참는 것과 당신의 즐거움에 대한 축복에 관한 것을 모두 하나님께 의존하는 법을 배우십시오. 항상 하나님께 기대서 걸어가십시오.

그러므로 히브리어 단어 '쇠안(שׁען)'은 마치 어린아이가 어머니의 가슴을 의지하듯이, 하나님을 의지한다는 뜻입니다. 믿음의 황홀한 능력으로 당신이 부족한 것이 무엇이든지 그분의 모든 충만하심에서 끌어오도록 하십시오. 당신이 살아가는 이 삶이 믿음으로 사는 삶이 되도록 하십시오. 그리하면 당신의 죽음은 믿음의 선조들의 죽음과 같은 것이 될 것입니다. 그리고 이 말이 당신의 기념비에 새겨질 것입니다. 아니, 적어도 천국에 이렇게 기록될 것입니다. "이 사람들은 모두 믿음으로 죽었다."

(2) 마음속에 약속들을 보물처럼 소중히 저장하십시오

이것과 같은 보물은 없습니다. 당신은 죽음의 시간에 부요함이 헛된 것이라는 사실을 알게 될 것입니다. 그 부요함은 죽음에서 우리를 구원할 수 없습니다. 그러나 약속 안에서 실행된 믿음은 죽음 안에서 큰 힘이 될 뿐만 아니라, 죽음에서 구원을 얻게 합니다. 그 약속들은 가장 좋은 강장제이며, 생명의 떡인 만나보다 더 단 것임을 알게 될 것입니다. 그 약속을 먹고 사는 영혼은 결코 활기를 잃지 않을 것입니다.

죽음이 우리를 공격할 때, 믿음은 영혼을 지탱해 줍니다. 그리고 약속들은 믿음을 지탱해 줍니다. 그들은 생명의 양식입니다. 믿음은 약속을 주식으로 하고, 약속은 믿음을 자라게 하여 힘이 있게 합니다. 그런 힘은 죽음의 고통과 두려움을 승리로 뚫고 나가게 합니다. 그러므로 약속들이 아무 소용없는 것처럼 무시당하게 놓아두지 마십시오. 가장 적합한 약속들과 역경 가운데서도 당신을 붙들어 주는 약속들을 선택하십시오. 그리고 영광에 가까이 가는 당신의 기대의 수준을 높이십시오.

(3) 천국에 대한 당신의 증거들을 분명히 하십시오

당신이 주장할 수 있는 자격이 어두워질 때 믿음은 약해집니다. 당신이 언약 안에 있다는 것을 확신하지 못하면서, 어떻게 언약의 영원한 축복에 대하여 확신할 수 있겠습니까? 당신의 램프에 기름이 있는지 알지도 못하면서,

어떻게 신랑을 맞이하러 나가겠습니까?

그러므로 모든 열심을 다해서 당신의 부르심과 선택을 분명히 하십시오. 그것이 분명해지기까지 믿음은 확고한 발판을 발견할 수 없어서 흔들리며 비틀거립니다. 당신이 믿음 안에 있는지 스스로 시험하십시오. 당신이 사망으로 말미암아 사망의 세력을 잡은 자를 없이하시는 분 안에서 믿음을 가진 것을 알기 전까지는 결코 쉬지 마십시오. 그리스도께서 당신의 구원이신 것을 확신할 때까지는 결코 편안하게 떠나게 될 것을 확신할 수 없습니다.

당신이 이 증거를 분명히 하고 난 다음에는 그것을 유지하도록 노력하십시오. 죄는 그것을 흐리게 합니다. 죄악은 그 증거에 오점을 남깁니다. 당신이 삶 속에서 이런 것들을 피하지 않는다면, 죽음 앞에서 당신의 증거들을 읽기가 힘들어질 것입니다. 그때에는 당신이 가장 필요로 하는 믿음은 난처할 것입니다.

하나님께나 사람들에게 항상 선한 양심을 유지하도록 하십시오. 이것으로 당신은 죽음의 침상에서 하나님의 증거와 양심의 증거를 얻을 것입니다. 고린도후서의 말씀처럼 우리가 가진 '거룩함과 진실함'으로 교제한 것이라는 것을 듣게 될 것입니다(고후 1:12 참고). 이러한 증거는 모든 현실적인 격려들이 실패할 때에도 믿음에게는 엄청난 격려가 될 것입니다.

(4) 경험들을 모아두십시오

당신의 삶 속의 하나님의 시험과 자비와 신실하심에 대한 기억은 죽음 안에서 믿음에 대한 달콤한 도움이 될 것입니다. 하나님의 사람들은 이런 목적

---

4. 딤후 4:18 주께서 나를 모든 악한 일에서 건져내시고 또 그의 천국에 들어가도록 구원하시리니, 그에게 영광이 세세무궁토록 영원히 있을지어다. 아멘.

으로 경험들을 선하게 사용해 왔습니다. 다윗과 디모데후서 4장 18절4에서 말씀하는 바울이 그러했습니다.

믿음은 다음과 같은 전제로부터 감미로운 결론을 이끌어 냅니다. "주님께서는 나를 죄의 영역에서 건져 내셨고, 사탄의 잔인함에서 구해 주셨습니다. 그러므로 그분께서는 나를 사망의 권세로부터도 건져 내 주실 것입니다. 내가 살아 있는 동안 천국의 첫 열매를 주신 주님이시기에, 죽음 이후에 영광의 풍성한 추수를 나에게 안겨 주실 것입니다."

제9장

믿는 자, 이 땅에서 나그네로 살다

"나그네로라 증거하였으니"(히 11:13).

당신은 이 구절에서 창조주 하나님의 충성스런 종들의 삶과 죽음에 대한 설명을 엿볼 수 있습니다. 그들의 죽음에 관하여서는 '믿음을 따라 죽었으며'라고 말씀하시며, 그들의 삶에 관하여서는 '외국인과 나그네'라고 말씀하십니다.

그들이 그렇게 죽었다는 것에 대해서는 '이 사람들이 다 믿음을 따라 죽었으며'라고 말씀하신 하나님의 증명을 우리가 가지고 있으며, 또한 그들이 그렇게 살았다는 것에 대해서는 그들의 고백을 통해 우리가 알 수 있습니다. 그들의 삶은 나그네로서의 삶이었고 죽을 때까지 충성하였으며, 그러하기에 하나님의 사람의 모범으로 기록되어서 모든 세대에 알려졌습니다. 그들은 이처럼 살았으며, 또한 죽었습니다.

I. 믿음 안에서 죽는 길은 나그네로서 사는 것

믿음 안에서 죽고 싶은 사람은 이 땅에서 나그네와 순례자로 살아가야 합니다. 이것을 설명하기 위해서 무엇이 믿음 안에서 죽는 것인가, 그리고 무엇이 나그네로 살아가는 것인가를 살펴보고자 합니다.

먼저 첫 번째 것을 설명하기 위해서 하나님의 사람, 즉 믿음의 선조들이 그러했듯이 믿음 안에서 죽는 것에 대해 설명하고자 합니다. 그들의 믿음의 고백과 믿음의 상태와 믿음의 표현과 믿음의 훈련에서 살았고 죽었듯이 말입니다.

두 번째 것을 설명하기 위해서는 먼저 '호티(무엇 때문에 · $ὅτι$)'를 설명하고, 다음으로 '포스(어떻게 · $πῶς$)'를 설명하고자 합니다.

1) 나그네인 하나님의 사람들

하나님의 사람들은 모든 세대에 걸쳐 나그네처럼 살았습니다. 야곱은 바로에게 자기 자신과 자신의 조상들이 그러했다고 고백합니다.[1] 주님께서도 야곱의 다음 세대의 모든 이스라엘 자손들에게 나그네라고 지칭하셨습니다.[2]

그들이 가나안에 정착하지 않은 것이 그런 이유 때문입니까? 아닙니다. 가나안은 그들이 유산으로 물려받은 것이었습니다. 그들이 가나안을 소유하고

---

1. 창 47:9 야곱이 바로에게 고하되, 내 나그네 길의 세월이 일백삼십 년이니이다. 나의 연세가 얼마 못되니 우리 조상의 나그네 길의 세월에 미치지 못하나 험악한 세월을 보내었나이다 하고.
2. 레 25:23 토지를 영영히 팔지 말 것은 토지는 다 내 것임이라. 너희는 나그네요, 우거하는 자로서 나와 함께 있느니라.

몇 백 년이 흐른 뒤에, 다윗은 자신과 자신의 조상들이 나그네임을 고백합니다.3 이것은 다윗이 핍박 아래에 있었고 버려졌으며, 쫓기는 신세이기 때문에 한 말입니까? 그렇지 않습니다. 이러한 고백은 그가 유다와 이스라엘의 왕권을 굳건히 한 후에도, 국가 내부와 외부의 적들을 모두 물리친 이후에도 계속됩니다. 이것은 역대상 19장 15절4에서 명백하게 알 수 있습니다.

하나님의 사람들이 율법 아래에 있다고 해서 나그네가 아닌 것도 아니며, 복음 아래에 있다고 해서 나그네가 아닌 것도 아닙니다. 베드로 사도는 하나님의 사람들이 나그네라는 개념 아래에서 편지를 쓰고 있습니다(벧전 2:11 참고). 이처럼 하나님의 사람들이 나그네라는 것은 명백합니다. 그러면 과연 어떤 측면에서 그러합니까?

2) 무엇이 그들을 나그네로 만드는가

그들은 나그네이며 순례자입니다.

(1) 그들이 처한 위치적 측면에서

그들이 이 땅에 있는 동안에 그들은 낯선 나라에 있는 사람들입니다. 이 땅에 있는 그들은 집에서 멀리 떨어져 있는 것입니다. 이 세상은 낯선 나라이며, 그들은 그 낯선 나라에서 거주하고 있습니다. 이 땅의 시민이라는 측면에서 비록 많은 것을 소유하고 있다 하더라도, 그들이 머무르는 곳은 본향의 집을 향해 가는 여행 중에 잠시 머무르는 여관에 불과합니다.

---

3. 시 39:12 여호와여, 나의 기도를 들으시며 나의 부르짖음에 귀를 기울이소서. 내가 눈물 흘릴 때에 잠잠하지 마옵소서. 대저 나는 주께 객이 되고 거류자가 됨이 나의 모든 열조 같으니이다.
4. 대상 19:15 암몬 자손은 아람 사람의 도망함을 보고 저희도 요압의 아우 아비새 앞에서 도망하여 성으로 들어간지라. 이에 요압이 예루살렘으로 돌아오니라.

약속의 땅도 아브라함에게는 단지 낯선 나라일 뿐이었습니다. 그가 그곳에서 사는 것도 잠시 머무르는 것이었으므로, 그는 자신이 외방에 있는 것같이 여겼습니다(히 11:9 참고).

이 세상은 하나님의 사람들에게는 낯선 나라입니다. 이 세상의 사람들은 낯선 언어와 낯선 관습과 낯선 법률을 사용하는 사람들로 자신들의 나라의 것과는 사뭇 다른 것들입니다.

낯선 언어는 아스돗의[5] 언어입니다. 하나님의 이름이 멸시를 받고 하나님의 사람이 비난을 받으며, 거룩함은 비방 받고 멸시 당하는 것을 듣습니다. 더럽고, 냄새나며 복수로 가득 찬 말을 듣습니다. 사람들이 세상적인 이야기에 사로잡혀 있고 세상적인 것만을 말하는 것을 듣습니다.

이러한 것들은 참으로 하나님의 사람들에게는 낯선 언어들입니다. 자신들의 나라에서는 이러한 말들은 들을 수가 없습니다. 이 땅에 있는 동안, 그들은 낯선 말과 풍습과 법률을 사용하는 사람들 사이에 있는 것입니다. 그러한 것들은 자신들의 나라에서는 행할 수도, 자리 잡을 수도 없는 것들입니다.

그들은 공적인 예배와 가정 예배를 무시하고, 오직 육체를 위한 양식을 만듭니다. 이 땅에서만 보물을 쌓아 두고 하나님을 무시하며, 그들의 영혼과 영원에 대한 것을 무시합니다. 이러한 것들이 바로 이 땅의 관습입니다. 그래서 그들은 오히려 하나님의 사람들이 욕하고 술 취하지 않고 자신들과 함께 즐기지 않는 것을 이상하게 여깁니다.[6] 그들은 낯선 교훈의 사람들[7]이고,

---

5. 역자주 – 수 15:46의 블레셋의 다섯 성읍의 수도로 유다지파에 배당되었지만 아낙 족속이 여호수아의 군대에 강하게 저항했던 곳입니다.
6. 히 13:9 여러 가지 다른 교훈에 끌리지 말라. 마음은 은혜로써 굳게 함이 아름답고 식물로써 할 것이 아니니, 식물로 말미암아 행한 자는 유익을 얻지 못하였느니라.

헛된 것들의 사람들[8]이며, 다른 신의 사람들입니다.[9] 그 다른 신은 그들에게 법을 제공하는 자로서, 이 세상의 법칙은 그의 법에 따른 것입니다.[10]

그러나 하나님의 사람들의 나라에서는 그런 것들이 있을 수 없습니다. 거기는 믿음의 법과, 사랑의 법이, 자기 부정과 원수를 사랑함이 있는 곳입니다. 그런 나라가 바로 하나님의 사람들의 나라입니다. 이러한 측면에서 이 세상은 그들에게 낯선 나라입니다.

(2) 계획과 방향의 측면에서

그들의 계획과 움직임은 여전히 고향을 향해 있습니다. 이 낯선 나라는 그들을 좋아하지 않으며, 그들도 이 나라를 좋아하지 않습니다. 그들은 다른 곳으로 여행하고 있습니다. 그곳을 그들은 본향이라 말합니다. 하늘나라가 이곳보다 더 좋은 나라이며, 그 성은 그들을 위해 예비 되었고 그 성의 건축자는 바로 하나님이십니다. 이러한 신실한 사람들은 말합니다.[11] 즉 고백하고 선포합니다.[12] 그 하늘나라는 주님께서 계시는 곳입니다. 그 주님께서는

---

7. 벧전 4:4 이러므로 너희가 저희와 함께 그런 극한 방탕에 달음질하지 아니하는 것을 저희가 이상히 여겨 비방하나.

8. 렘 8:19 딸 내 백성의 심히 먼 땅에서 부르짖는 소리로다 이르기를, 여호와께서 시온에 계시지 아니한가, 그 왕이 그 중에 계시지 아니한가, 그러나 여호와께서는 이르시기를, 그들이 어찌하여 그 조각한 신상과 이방의 헛된 것들로 나를 격노케 하였는고 하시니.

9. 고후 4:4 그 중에 이 세상 신이 믿지 아니하는 자들의 마음을 혼미케 하여 그리스도의 영광의 복음의 광채가 비취지 못하게 함이니, 그리스도는 하나님의 형상이니라.

10. 엡 2:2 그때에 너희가 그 가운데서 행하여 이 세상 풍속을 좇고 공중의 권세 잡은 자를 따랐으니, 곧 지금 불순종의 아들들 가운데서 역사하는 영이라.

11. 히 11:14 이같이 말하는 자들은 본향 찾는 것을 나타냄이라.

12. 히 11:16 저희가 이제는 더 나은 본향을 사모하니 곧 하늘에 있는 것이라. 그러므로 하나님이 저희 하나님이라 일컬음 받으심을 부끄러워 아니하시고 저희를 위하여 한 성을 예비하셨느니라.

그들의 하나님이시며, 그 나라는 그들의 나라이기에 그들의 본향인 것입니다. 그들은 이것을 바라보고(히 11:10 참고), 찾으며(14절), 사모하는 것입니다(16절). 그들의 기대와 애정과 열정은 하늘을 향한 것입니다.

반면 그들이 이 땅에 있는 현재는 자신들의 집에서 떠나 있는 것입니다. 그래서 그들의 삶은 그 집을 향하며 여행 도중에 있는 것입니다. 집을 향해 여행하는 것, 즉 천국을 향해 여행하는 것입니다. 그곳이 그들 여행의 종착지이며 그들의 순례의 목적지입니다. 그곳에 이르기까지, 천국의 집에 이르기까지 그들은 나그네일 뿐입니다.

(3) 즐거움에 대한 측면에서

그들은 이 땅에서 나그네와 같이 숙박할 따름입니다. 많은 것은 오히려 그들의 여행에 짐이 되고, 방해가 될 뿐입니다. 그들은 손에 많은 것을 붙들기보다는 소망을 더 많이 붙듭니다. 이 사람들은 약속들, 다시 말해 약속된 모든 선한 것들을 받지 못하고 죽었습니다. 그러나 그것이 아닙니다. 그들의 즐거움은 천국에 있습니다. 여행 중의 풍성함이나 여행 중의 그들의 상태는 문제가 아닙니다.

사실 그들이 지나는 이 땅에서는, 다른 사람들은 그들을 이상한 사람들이라고 여기며 알아주지 않습니다. 비록 그들이 왕자이고 하나님의 아들이며, 면류관의 상속자이며, 그들의 아버지께서 이것을 가장 좋은 것이라 보시며 그들에게 가장 안전한 것이라 여기시지만, 그들이 여행하는 동안에는 그것을 숨기고 여행하는 것입니다.

요한일서 3장 2절의 말씀처럼 이 땅의 낯선 사람들이 그들을 어떻게 여기든지 간에, 그들이 지금 즐기는 것은 여관에서 숙박하는 것과 같을 뿐이며, 그것은 여행하기에 충분한 것입니다. 그들의 보물과 면류관과 영광은 천국의 집에 있는 것이며 아버지의 집에 있는 것입니다. 그리고 그곳에 갈 때까지 그들은 나그네입니다.

(4) 그들이 가진 관습의 측면에서

그들은 이 세상이 알아주지 않는 사람들입니다. 그래서 그들은 거칠게 다루어집니다. 이 낯선 땅에서 그들은 소수의 친구들을 만나는 반면, 많은 해로움을 당합니다.

이 세상이 세상적인 가치가 없는 사람들을 어떻게 취급하는지 보십시오.[13] 바로 이것이 이 땅의 낯선 사람들이 그들을 다루는 모습입니다. 나그네가 조롱당하고 멸시당하는 것은 이상한 일이 아닙니다. 그의 습관과 태도와 언어는 그가 있는 곳과는 어울릴 수 없는 것입니다. 그들의 습관과 언어와 관습은 자신들의 나라, 즉 천국에 적합한 것입니다. 지금 그것은 이 땅의 것과는 반대되기 때문에 반대를 만나고 멸시와 비난, 미움을 만나는 것입니다. 이것은 그리스도와 그분의 제자들, 그리고 그분의 백성들이 모든 세대에 걸쳐 겪은 것입니다.

이것이 바로 그들이 이 세상에 속한 사람들이 아니라, 나그네인 이유입니다.[14]

만약 그들이 세상에 속하였으면, 세상적인 존경은 받을 수 있을 것입니다. 그러나 세상의 사람들의 마음은 그들을 미워합니다.[15]

---

13. 히 11:36-38 또 어떤 이들은 희롱과 채찍질 뿐 아니라 결박과 옥에 갇히는 시험도 받았으며, 돌로 치는 것과 톱으로 켜는 것과 시험과 칼에 죽는 것을 당하고 양과 염소의 가죽을 입고 유리하여 궁핍과 환난과 학대를 받았으니, (이런 사람은 세상이 감당치 못하도다) 저희가 광야와 산중과 암혈과 토굴에 유리하였느니라.
14. 요 17:14 내가 아버지의 말씀을 저희에게 주었사오매 세상이 저희를 미워하였사오니, 이는 내가 세상에 속하지 아니함같이 저희도 세상에 속하지 아니함을 인함이니이다.
15. 요 15:18,19 세상이 너희를 미워하면 너희보다 먼저 나를 미워한 줄을 알라. 너희가 세상에 속하였으

(5) 머무는 기간의 측면에서

그들이 이 땅에서 머무르는 시간은 짧습니다. 나그네와 여행자는 한 장소에 오래 머무르지 않습니다. 이러한 측면에서 다윗은 자신과 하나님의 사람들을 나그네라고 불렀습니다.[16]

그들은 아브라함이 장막에서 거한 것(히 11:9 참고)처럼 지냅니다. 그 장막은 움직이면서 거주하는 곳으로, 쉽게 빨리 치워 버릴 수 있는 것입니다. 그것은 자신의 집에 이르기까지 계속되고, 지속되도록 기초를 가진 거주지가 아닙니다(히 11:10절 참고). 이 땅에서의 기간은 단지 그림자와 같은 것이며, 한번 스쳐 지나가는 것일 뿐입니다.

(6) 교제와 관계의 측면에서

그들이 사모하는 교제는 다른 나라에 있습니다. 그들의 아버지, 그들의 남편, 그들의 큰 형님, 사랑하는 친구와 위로자, 그들의 형제들과 자매들, 그들 모두는 천국에 있습니다. 사모하는 사람과 친척과 멀리 떨어져 살아가는 그가 나그네로서 지나가는 것은 당연한 것입니다.

2. 하나님의 사람이라고 자처하는 자들에게의 적용

1) 본향보다 경유지에 마음을 뺏기는 자들

자신들이 하나님의 사람들이라고 고백하면서 여전히 하나님의 사람처럼

면 세상이 자기의 것을 사랑할 터이나 너희는 세상에 속한 자가 아니요, 도리어 세상에서 나의 택함을 입은 자인 고로 세상이 너희를 미워하느니라.

16. 대상 29:15 주 앞에서는 우리가 우리 열조와 다름이 없이 나그네와 우거한 자라. 세상에 있는 날이 그림자 같아서 머무름이 없나이다.

살지 못하는 사람들에 대하여 책망합니다.

그들은 마치 이 땅이 그들의 집인 것처럼 살아가며, 이 땅을 생각하는 것만큼 천국을 생각하지 않습니다. 그들은 자신들의 생각과 애정과 열정을 세상의 것으로 가득 채웁니다. 이 세상이 그들이 기대하는 본향이라도 되는 듯이 세상의 것을 기대합니다. 이 세상에서 나그네가 되기는커녕 오히려 천국에 대한 생각과 수고와 열정에 대하여 낯선 사람들인 것입니다.

일찍 일어나는 것도 세상의 보물을 쌓기 위함이고, 그 보물로 자신의 마음과 영혼을 둘러쌉니다. 이런 사람들이 죽지 않으려고 하는 것은 당연합니다. 왜냐하면 죽는다는 것은 마치 자신의 나라에서 추방당하는 사람이 떠나듯이, 그들도 이 세상을 떠나는 것이기 때문입니다. 이 땅에서 이와 같이 살아가는 사람은 믿음 안에서 죽는다는 것을 기대할 수 없습니다. 그들은 누구의 형상과 이름을 지닌 자들입니까?

2) 자신이 누구인지를 알아야 하는 사람

하나님의 사람들에게 다음과 같이 훈계합니다.

당신은 나그네이며 순례자입니다. 그러하다면 나그네로서 살아가도록 노력하십시오. 당신의 믿음 안에서 죽기를 기대합니다. 그러하다면 그렇게 죽기 위해서 살아가십시오.

(1) 이 세상과 친숙해지지 마십시오

이 세상의 즐거움과 육체적인 이익이 당신에게 낯선 것이 되게 하십시오.[17] 이 세대를 본받지 마십시오.[18] 천국이 당신의 집이며 당신의 나라라고

---

17. 벧전 2:12 너희가 이방인 중에서 행실을 선하게 가져 너희를 악행한다고 비방하는 자로 하여금 너희 선한 일을 보고 권고하시는 날에 하나님께 영광을 돌리게 하려 함이라.

여긴다면, 이 땅의 관습과 유행과 언어를 당신의 나라의 것들보다 더 좋아해서 천국을 하찮게 여기지 않도록 하십시오.

천국의 대화를 이 땅의 대화보다 앞에 두는 것을 부끄러워하는 것은 당신의 나라, 즉 천국을 부끄러워하는 것입니다. 당신의 삶을 속에서 당신이 천국의 시민이며, 이 땅에서는 나그네임을 증명하십시오.

(2) 이 땅의 모든 불편을 참으십시오

이 땅에서 당신이 만나는 모든 고통과 모욕과 비난들, 당신을 거칠게 다루는 모든 것들 아래에서도 인내하십시오. 이것은 나그네의 몫입니다. 만약 당신이 유명인이라면, 당신은 아마도 좋은 대우를 기대할 것입니다. 그러나 이 땅에서 당신은 나그네이므로, 모든 잘못된 것들과 고초들은 참아야 합니다. 낯선 나라에 있으면서, 자신이 올바로 대접받기를 원하는 것은 얼마나 어리석은 것입니까? 당신의 나라에 가기까지는 변호받을 것을 조금도 기대하지 마십시오.

(3) 당신이 누리는 것에 만족하십시오

지금 누리는 것들이 비록 작고 초라한 것이라고 하더라도, 나그네에게는 충분한 것입니다. 더 많은 것은 오히려 당신에게 짐이 됩니다. 그래서 자신의 고향을 사모하는 여행자들은 짐을 피해야 합니다. 이 세상의 것들은 성가신 것들입니다. 그것들은 당신의 여행을 지겹게 만들고, 당신이 바라는 고향과는 떨어져 있도록 만드는 것입니다.

잠시 동안 만족해하십시오. 정말 잠깐일 뿐입니다. 그런 후에는 당신의 고향에 있게 될 것입니다. 그때에는 보다 많은 것을, 보다 나은 즐거움을 발견

---

18. 롬 12:2 너희는 이 세대를 본받지 말고 오직 마음을 새롭게 함으로 변화를 받아 하나님의 선하시고 기뻐하시고 온전하신 뜻이 무엇인지 분별하도록 하라.

하게 될 것입니다.

(4) 당신의 마음을 아래에 있는 것들에 두지 마십시오

이 땅에 있는 동안, 당신은 단지 여관에 머무르고 있다는 것을 기억하십시오. 자신의 집과 멀리 떨어져 있는 여행자가 여관에 자신을 붙들어 매고, 그 여관과 사랑에 빠지는 바보가 어디에 있겠습니까? 이 세상에 마음을 고정시키는 것은 어리석은 것, 아니 그것보다 더한 것이 될 것입니다. 아래에 있는 것들은 순간적인 것임을 명심하십시오. 그것들을 사용하되, 익숙하게는 하지 마십시오.

(5) 본향으로 서둘러 나아가십시오

이 낯선 나라에서 필요한 시간보다 더 오래도록 머무르지 마십시오. 곧장 발걸음을 옮기십시오. 당신을 쉽게 에워싸는 세상의 근심과 계획과 육체적인 정욕의 짐을 내려놓으십시오. 이 세상에서 당신이 해야 할 일은 전력을 다하여서 본향에 적합한 사람이 되는 것입니다. 신속히 나아가십시오. 서두르십시오. 당신이 누구에게로 가며 어디로 가는지를 기억하십시오. 당신의 아버지께서 당신을 기다리고 계십니다.

신랑께서는 당신이 오기를 애타게 바라고 계십니다. 그분께서는 당신과 함께 영원히 기뻐하실 것입니다. 지금 당신은 약혼한 상태이며, 당신이 갈 그때에 결혼식이 올려질 것입니다. 그리고 그분께서는 당신을 기쁨으로 맞이하시고, 영원한 사랑의 팔로 당신을 안으실 것입니다. 그분께서 당신을 초청하시는 달콤한 소리를 들어보십시오. "나의 사랑, 나의 어여쁜 자야, 일어나서 함께 가자"(아 2:10).

죄와 허영의 곁길로 가지 마십시오. 뒤를 돌아보지도 마십시오. 히브리서 12장 1,2절[19]의 친절한 권고의 말씀을 가까이 하십시오. 예수 그리스도의 생각으로 빨리 향하도록 하십시오. 당신이 육체를 벗어나는 동안에 당신의 마

음을 당신의 집, 천국에 있도록 하십시오. 그곳이 바로 당신의 보물이며, 즐거움이고 면류관이며, 영광이고 당신의 기업이며, 당신의 남편입니다. 이것만으로도 충분히 매혹적이지 않습니까? 이것이 바로 당신이 집에서 떨어져 있는 동안에 집으로 향하는 길입니다.

(6) 죽음을 두려워하지 마십시오

죽음은 잠자는 것입니다. 그리스도의 죽음이 죽음의 성질을 바꾸어 놓지 않았습니까? 순례자, 고단한 여행자가 잠을 두려워합니까? 당신이 죽음의 문에 도착했을 때, 그곳에는 당신과 집 사이에 단 한 걸음만 남아 있을 것입니다. 그것이 바로 죽음이라는 것입니다. 우리는 그곳을 기쁨으로 지나가야 하며, 당신의 그 바로 다음 발걸음은 천국에 있을 것입니다.

이것이 여행의 마지막 날이라는 생각은 고단한 여행자를 얼마나 격려하는 것입니까? 내일이면 나는 나의 집에 있을 것이며, 나의 사랑하는 친척들과 함께 있을 것입니다. 그곳에서 나는 편안하게 쉴 것이며, 많은 환영을 받게 될 것입니다. 생각해 보십시오. 이것으로 나의 모든 여행의 최악의 날, 그리고 가장 심한 폭풍의 날이 끝나는 것입니다. 내일이면, 이 모든 것을 완전히 보상받게 됩니다.

그러한 날이 바로 죽음의 날입니다. 고단한 순례의 마지막 날이며, 나그네가 사랑하는 집과 하나님의 품과 그리스도의 가슴으로 오는 날입니다. 또한 이 땅에서는 볼 수 없었고 들을 수도 없었던, 그분의 나라가 주는 모든 즐거움과 약속들로 들어가는 날입니다.

---

19. 히 12:1,2 이러므로 우리에게 구름 같이 둘러싼 허다한 증인들이 있으니 모든 무거운 것과 얽매이기 쉬운 죄를 벗어 버리고 인내로써 우리 앞에 당한 경주를 경주하며, 믿음의 주요, 또 온전케 하시는 이인 예수를 바라보자 저는 그 앞에 있는 즐거움을 위하여 십자가를 참으사 부끄러움을 개의치 아니하시더니 하나님 보좌 우편에 앉으셨느니라.

이것이 나그네로서 살아가는 길의 일부분입니다. 이렇게 살아간다면, 믿음 안에서 죽게 될 것입니다. 또한 믿음 안에서 죽는 자들은 주님 안에서 죽는 자들입니다. 그러하기에 그들은 복받은 자들입니다.

옮긴이 송영의(宋英義) 목사는 서울대학교 인문대학 국문학과를 졸업한 후 총신대학교 신학대학원(MDiv)을 나왔다. 동 대학원에서 석사과정(Th.M.)을 거쳐 현재 박사과정(Ph.D.)에 있다. 평택 남부전원교회 담임목사로 봉직하면서 문서선교의 중요성을 인식, 틈틈이 주옥같은 고전을 그의 탁월한 지적 역량으로 번역하여 한국교회에 소개하고 있다. 목회와 번역을 통한 문서선교 활동 외에 수원신학교 등에서 강의를 하는 등 후진 양성에도 열정을 쏟고 있다. 역서로는 『초대 교회의 문제, 부와 재산』, 『요한 크리소스톰, 에베소서 강해』, 『구원 얻는 믿음』(지평서원) 등이 있다.

경건신서 29
살아 역사하는 믿음

지은이/ 데이비드 클락슨
옮긴이/ 송영의 목사
펴낸곳/ 지평서원
펴낸이/ 박명규
편집고문/ 노태진 목사
교정·교열/ 한혜진, 강정현
기획/ 지평선교원 (원장 박 은)
펴낸날/ 2006년 9월 1일 초판
서울 강남구 역삼동 684-26 지평빌딩 135-916
☎ 538-9640,1 / Fax. 538-9642
등 록 / 1978. 3. 22. 제 1-129

값 8,500원
ISBN 89-86681-58-5 94230
ISBN 89-86681-17-X (세트)

메일 주소 gipyung@korea.com